Susanne Keuchel, Viola Kelb (Hg.)
Diversität in der Kulturellen Bildung

Perspektivwechsel Kulturelle Bildung: Fachdiskurs, Fortbildung, Forschung

Band 1

Editorial

Die Kulturpädagogik der 1970er-Jahre entwickelte aus der außerschulischen Praxis heraus ein eigenes Handlungsfeld und etablierte hierfür den Begriff »Kulturelle Bildung«. Dieser trat der bisherigen einzeldisziplinarischen Betrachtungsweise der »Künste« in der Pädagogik entgegen und steht für einen eigenen pädagogischen Wertekanon.

Das wachsende Interesse der Politik an Kultureller Bildung führte zu einem deutlichen Ausbau der kulturpädagogischen Praxis. Die damit einhergehende Zunahme an Akteuren im Feld, an zielgruppenspezifischen Segmentierungen, neuen Orten und politischen Zuständigkeiten hat die kulturelle Bildungslandschaft verändert. Neue Partnerschaften und eine zunehmende Internationalisierung des Feldes werfen neue Fragen für die kulturpädagogische Praxis auf: nach relevanten »Qualitäten«, Wirkungen sowie Interdependenzen mit gesellschaftlichen Prozessen, etwa dem soziodemografischen Wandel, zunehmender Diversität, Kommerzialisierung, Medialisierung oder Globalisierung.

Die Schriftenreihe Perspektivwechsel Kulturelle Bildung greift diese Fragestellungen auf, um notwendige Aktualisierungen der kulturpädagogischen Praxis zu prüfen. Neue Erkenntnisse aus dem Fachdiskurs und der Fortbildung werden dabei ebenso berücksichtigt wie aktuelle Forschungsergebnisse.

Die Reihe wird herausgegeben von der Akademie Remscheid unter redaktioneller Verantwortung von Prof. Dr. Susanne Keuchel, Direktorin der Akademie.

Susanne Keuchel, Viola Kelb (Hg.)

Diversität in der Kulturellen Bildung

[transcript]

Mit Nennung der männlichen Funktionsbezeichnung ist in diesem Buch, sofern nicht anders gekennzeichnet, immer auch die weibliche Form mitgemeint.

Gefördert von:

Ministerium für Familie, Kinder,
Jugend, Kultur und Sport
des Landes Nordrhein-Westfalen

Akademie Remscheid
Küppelstein 34
42857 Remscheid
Telefon: (02191) 794-0
www.akademieremscheid.de

Bibliografische Information der Deutschen Nationalbibliothek
Die Deutsche Nationalbibliothek verzeichnet diese Publikation in der Deutschen Nationalbibliografie; detaillierte bibliografische Daten sind im Internet über http://dnb.d-nb.de abrufbar.

Umschlaggestaltung: Kordula Röckenhaus, Bielefeld
Lektorat: Helga Bergers, Redaktionsdepot, Köln
Printed in Germany
Print-ISBN 978-3-8376-3240-8
PDF-ISBN 978-3-8394-3240-2

Gedruckt auf alterungsbeständigem Papier mit chlorfrei gebleichtem Zellstoff.
Besuchen Sie uns im Internet: *http://www.transcript-verlag.de*
Bitte fordern Sie unser Gesamtverzeichnis und andere Broschüren an unter: *info@transcript-verlag.de*

Inhalt

KAPITEL III
DIVERSITÄT IM KONTEXT VON METHODIK UND (FORT-)BILDUNG DER KULTURELLEN BILDUNG

Einleitung

Den Auftakt der Schriftenreihe „Perspektivwechsel Kulturelle Bildung – Fachdiskurs, Fortbildung, Forschung“ bildet der vorliegende Band zum Thema „Diversität“. Damit ist eine sehr bewusste Entscheidung auf ein Thema gefallen, das einen wichtigen Arbeitsschwerpunkt der Akademie bildet. Kulturelle Vielfalt positiv begreifbar zu machen, ist als Ziel im Leitbild der Akademie Remscheid verankert. Sie möchte hier Wege aufzeigen, heterogene Ressourcen in der Kulturellen Bildung zu nutzen und Inklusion aktiv zu leben.

Im Zeitalter der Globalisierung und Individualisierung wirft das Thema „Diversität“ für die Kulturelle Bildung neue Fragestellungen auf und bringt neue Herausforderungen. Zwar gilt Vielfalt zunächst als Grundprinzip und große Stärke der Kulturellen Bildung. Schließlich ist sie als eine der wesentlichen kulturpädagogischen Qualitätskriterien postuliert, die Kindern und Jugendlichen künstlerischen Ausdruck ermöglicht und die Persönlichkeitsentwicklung fördert. Angesichts des soziodemografischen Wandels und den gesellschaftlichen, auch medialen Veränderungen stellt sich jedoch durchaus die Frage, wie diversitätsbewusst Kulturelle Bildung aktuell angesichts der neuen gesellschaftlichen Herausforderungen wirklich aufgestellt ist. Das vorliegende Buch bezieht den aktuellen Fachdiskurs rund um die Themen Diversität, Inter- und Transkulturalität sowie Mobilität und Migration auf das Handlungsfeld der Kulturellen Bildung. Dabei setzt es sich durchaus auch kritisch mit der Frage auseinander: Welche Rolle spielt Diversität derzeitig in den Konzepten und Methoden der Kulturellen Bildung? Wie diversitätssensibel begegnet die Kulturpädagogik den Kindern und Jugendlichen mit ihren unterschiedlichen Lebenswelten und Erfahrungen? Wie aktiv wird der inklusive Leitgedanke einer gleichberechtigten Teilhabe aller an Bildungsprozessen in der Bildungspraxis gelebt? Diesen und weiteren Fragestellungen widmen sich die Autoren des vorliegenden Bandes aus ihren unterschiedlichen Fachperspektiven heraus.

Das erste Kapitel bündelt übergeordnete Fachperspektiven auf das Thema Kulturelle Bildung und Diversität. *Michael Wimmer* bezieht sich in seinem Beitrag „Kulturelle Bildung in Zeiten wachsender Unterschiede" sowohl auf den Bildungsbereich als auch auf den Kulturbetrieb. Dabei geht er der grundlegenden Frage nach, auf welche (inter-)kulturelle Verfassung Kulturelle Bildung aktuell stößt und lädt den Leser dabei zu unerwarteten Perspektivwechseln ein.

Susanne Keuchel beschäftigt sich in ihrem Beitrag „Diversität, Globalisierung und Lokalisierung – Zur möglichen Notwendigkeit einer Neuausrichtung in der Kulturpädagogik" mit den Auswirkungen zunehmender kultureller Diversität auf die kulturpädagogische Praxis unter der Fragestellung: Welche Anforderungen stellt Diversität an die Kulturelle Bildung im Spannungsfeld von Globalisierungs- und Individualisierungsprozessen?

Haci-Halil Uslucan beleuchtet in seinem Beitrag „Kulturelle und curriculare Barriere der Potenzialentfaltung von Zuwanderern" das Thema Diversität aus der Perspektive von in Deutschland lebenden Kindern und Jugendlichen mit Migrationsgeschichte. Aus psychologischer Sicht skizziert er Bildungsbeteiligung sowie Bildungshemmnisse und beschreibt systematisch wirkende Barrieren und die Verkennungen der Begabungen von Zuwanderern.

In ihrem Beitrag „Lokale Bildungslandschaften und Diversität – durch vielfältige Kooperationen zu einer vielfältigen Bildungspraxis?" bezieht *Viola Kelb* das Thema „Diversität" auf den Kontext der Bildungskooperationen sowie der lokalen Bildungslandschaften und zeigt auf, unter welchen Voraussetzungen diese zu einer diversitätssensiblen Kulturellen Bildung beitragen können.

Das zweite Kapitel „Diversität im Kontext von Professionalität und Praxis der Kulturellen Bildung" widmet sich dem Thema auf der konzeptionell-praktischen Ebene. Die Frage der Zielgruppen ist dabei zentral. *Michael Götting* stellt in seinem Artikel „Homogene Gruppen in einer vielfältigen Gesellschaft" dar, warum im Rahmen von Empowerment-Ansätzen dem Gebot der Vielfalt nicht zwangsläufig entsprochen werden muss. Er zeigt auf, wann und warum Angebote der Kulturellen Bildung auch für „homogene Gruppen" sinnvoll sind, dessen Mitglieder sich durch gleiche

Merkmale wie etwa Nationalität oder Religionszugehörigkeit verbunden fühlen.

Der Ebene der Fachkräfte widmet sich *Chadi Bahouth* in seinem Beitrag „Diversität – eine Frage der Quote“ Vor dem Hintergrund der Tatsache, dass die pädagogischen Fachkräfte im deutschen Bildungssystem nicht dem Ist-Stand der vielfältigen Zusammensetzung unserer Bevölkerungsstruktur entsprechen, liefert er Begründungen, warum eine Diskussion über Quoten sinnvoll sein könnte.

Brigitte Dietze bringt mit dem Stichwort „Partizipation“ einen wesentlichen konzeptionellen Aspekt für diversitätsbewusste künstlerische Projektarbeit ein. Unter dem Titel „Partizipative Kunstprojekte – Chancen und Herausforderungen für diversitätsbewusste Bildung“ gibt sie einen Überblick über die Entwicklung diversitätsfördernder Partizipationskunst. Sie zeigt auf, welche Faktoren in der Kulturellen Bildung beachtet werden sollten, die Künstler und Institutionen bei der Umsetzung partizipatorischer Projekte unterstützen.

Susanne Keuchel stellt in ihrem Beitrag „‚Internationalität‘ in der Kulturellen Bildungspraxis – Eine explorative empirische Studie“ Ergebnisse einer neuen Studie der Akademie Remscheid vor. Im Rahmen eines empirischen systematischen Ansatzes untersucht sie die geografische Reichweite inhaltlicher Bezüge der Kulturellen Bildung. Dabei fällt auf, dass diese innerhalb der kulturpädagogischen Angebote zunimmt, wenn diese von Fachkräften mit Migrationshintergrund durchgeführt werden.

Barbara Neundlinger und *Eva Kolm* beziehen sich in ihrem Beitrag „Diversität in der Kulturellen Bildung – eine Quadratur des Kreises?“ u.a. auf Erkenntnisse im Rahmen der Organisation KulturKontakt Austria, die neben weiteren Arbeitsbereichen die Kulturvermittlung mit Schulen in Österreich unterstützt. Die Autorinnen arbeiten die Bedeutung von „Partizipation“ in diesem Kontext heraus und machen deutlich, dass der Umgang mit Diversität über den Bildungsbereich hinaus eine gesamtgesellschaftliche Aufgabe ist, die auch politisch-strukturell unterstützt werden muss.

Das dritte Kapitel „Diversität im Kontext von Methodik und (Fort-) Bildung der Kulturellen Bildung“ stellt im Rahmen von drei Beiträgen in der Akademie Remscheid entstandene Fortbildungskonzepte vor. *Susanne Keuchel* und *Maria Dunz* beschreiben, wie die Akademie Remscheid in Kooperation mit der Westfälischen Wilhelms-Universität Münster mit dem Projekt „Diversitätsbewusste Kulturelle Bildung (DiKuBi)“ ein Fortbildungskonzept für Multiplikatoren entwickelt, das Impulse für die Praxis gibt, Diversität mit künstlerischen und ästhetischen Mitteln erfahrbar zu machen.

Horst Pohlmann und *Marietheres Waschk* bieten mit ihrem Beitrag „Digitale Helden, globale Helden? – Kulturelle Diversität in Games" Einblicke in digitale Lebenswelten und beschreiben kulturelle Diversifizierung in und um Games. Damit sorgen sie für einen Perspektivwechsel der besonderen Art und geben fundierte Praxisimpulse für lebensweltlich orientierte Konzepte der Kulturellen Bildung. Sie beziehen sich dabei u.a. auf Beispiele und Erfahrungen einer spiel- und medienpädagogischen Fortbildung mit dem Titel „Digitale Helden und ihre Geschichten" in der Akademie Remscheid.

Unter dem Motto „Choreografie einer Diversität" beschreibt *Ronit Land* transkulturelle Methoden aus der Tanzpädagogik und wertet Erfahrungen eines entsprechenden Akademie-Workshops aus. Unter anderem schildert sie Prozesse, wie das Fremde als neuer Wirklichkeitsraum für die Teilnehmer erfahrbar und biografischer Tanz als Grenzraumerfahrung erlebbar wird.

Im Rahmen seines Beitrags „Transkulturelle urbane Räume – Perspektiven Kultureller Bildung" bringt *Ernst Wagner* mit dem Konzept der „glokalen Kulturpädagogik" einen innovativen Ansatz ein und bezieht diesen auf multi-, inter- und transkulturelle Dimensionen. Ein anschauliches Praxisbeispiel im urbanen Raum bietet er anhand eines kunstpädagogischen Seminars „Fremde Bilder – Beiträge zu einer interkulturellen Kunstpädagogik" der Ludwigs-Maximilians-Universität München. Darin zeigt er beispielhaft auf, wie die eigene urbane Umgebung als hybrider, transkultureller Raum erfahrbar werden kann.

Die vorliegenden Beiträge verdeutlichen, dass die Kulturelle Bildung zweifellos innovative Ansätze innerhalb des Diversitätsdiskurses zu bieten hat. Ebenso zeigt sich: Wir befinden uns in einem Prozess, der eine weitere Öffnung und Flexibilisierung von Inhalten und Strukturen Kultureller Bildung notwendig macht und eine kontinuierliche Reflexion des Themas einfordert. In diesem Sinne ist das vorliegende Buch ein erster Aufschlag von Seiten der Akademie Remscheid. Auch künftig wird sie sich dem komplexen Themenfeld der Diversität intensiv widmen.

Die Herausgeberinnen,
im September 2015

Zur institutionellen Einbindung

Die Akademie Remscheid für Kulturelle Bildung e.V. wurde 1958 gegründet und ist das zentrale Institut für kulturelle Kinder- und Jugendbildung der Bundesrepublik Deutschland und des Landes Nordrhein-Westfalen. Als Fortbildungsakademie für Fachkräfte der Jugend-, Sozial-, Bildungs- und Kulturarbeit ist sie eine anerkannte Einrichtung der Kinder- und Jugendförderung nach § 75 des Kinder- und Jugendhilfegesetzes und qualifiziert im gesamten Themenspektrum der kulturellen Kinder- und Jugendarbeit: Musik, Rhythmik, Tanz, Theater, Spiel, Literatur, bildende Kunst, Medien – Kommunikation, Sozialpsychologie & Beratung, allgemeine Kulturpädagogik.

Sie verfügt über ausgewiesene Expertisen in der Theoriebildung, Politikberatung sowie in der Entwicklung von Berufsbildern und Arbeitsfeldern und ist Teil eines umfassenden Netzwerks von Institutionen und Personen aus dem Feld der Kulturellen Bildung, so u.a. Träger des Deutschen Kinder- und Jugendfilmzentrums (KJF) und der Arbeitsstelle „Kulturelle Bildung in Schule und Jugendarbeit NRW". Weitere Verbände und Organisationen, die ihren Sitz in der Akademie Remscheid haben, sind die Bundesvereinigung Kulturelle Kinder- und Jugendbildung e.V., der Deutsche Bundesverband Tanz e.V., das Institut für Bildung und Kultur e.V. und die LAG Musik Nordrhein-Westfalen e.V.

Schon in der Vergangenheit hat es zum Fachdiskurs der Kulturellen Bildung in der Akademie die Schriftenreihe „RAT – Remscheider Arbeitshilfen und Texte" gegeben, die neue Schriftenreihe „Perspektivwechsel Kulturelle Bildung – Fachdiskurs, Fortbildung, Forschung" knüpft an diese Tradition an.

Kapitel I
Diversität im Kontext fachlicher Perspektiven der Kulturellen Bildung

Kulturelle Bildung in Zeiten wachsender Unterschiede

MICHAEL WIMMER

Die Auseinandersetzung mit dem Thema „Diversität" in diesem Artikel ist durch ein gegenwärtiges Ereignis inspiriert: Die Abfassung fällt zusammen mit der Ausstrahlung des „European Song Contest" (ESC) im TV. Nach dem Sieg der Transgenderfigur Conchita Wurst mit ihrem Lied „Rise Like a Phoenix" fungierte 2015 Wien als traditionelles kulturelles Zentrum im Herzen Europas, als Hauptstadt der Standortbestimmung populärer Unterhaltungsmusik. Mit dem Slogan „Building Bridges" sollte diesmal ganz besonders die Gemeinsamkeit unterschiedlicher Geschlechter und Kulturen zelebriert werden; ein friedlicher Wettbewerb als inter-kulturelles Großereignis im Geist der Toleranz und gegenseitigen Wertschätzung. Einmal mehr sollte Musik den Beweis dafür antreten, dass sie in der Lage ist, eine event-euphorisierte Mehrheitsgesellschaft mit ihren Minderheiten zu versöhnen.

Folgt man den vielfältigen Reaktionen und Kommentaren, dann gibt sich dieser Event als mediales Großereignis,[1] als herausragendes Format Kultureller Bildung im informellen Sektor zu erkennen. Seine inhaltliche Ausrichtung wird wesentlich als Vergleich unterschiedlicher nationaler kultureller Zugänge interpretiert, sodass sich andere Bemühungen zur spielerischen Auseinandersetzung mit Interkultur daran messen lassen müssen.

---

1 Rund 150 Millionen Zuschauer konsumierten die TV-Übertragung; darüber hinaus wurden die nationalen Beiträge bereits vor der Sendung rund 1 Milliarde Mal aufgerufen.

Seine Botschaft: Wir sind lernfähig, wenn es darum geht, überkommene Borniertheiten zugunsten einer umfassend aufgeschlossenen Haltung gegenüber jedweder Unterschiedlichkeit zu überwinden. Und wir sind Teil einer – wenn auch weitgehend virtuellen – Gemeinschaft, die eine kollektive Identifikation mit einem besseren, weil vielfältigeren Europa erlaubt.

Verhandelt wird diese Botschaft als multiästhetisches Gesamtkunstwerk, von dem zu vermuten ist, dass es die ästhetische Urteilskraft der Zuschauer- und Zuhörerschaft ebenso harmonisiert wie nachhaltig beeinflusst. Der texanische Kritiker Pat Blashill hat dafür eine entsprechende Aporie gefunden, wenn er meint: „Wenn du den ESC gewinnen willst, musst du sein wie alle anderen, nur eben anders." (Blashill 2015: 9)[2]

ES WAR EINMAL: DIE WENIGEN ALS REPRÄSENTANTEN EINER FÜR ALLE VERBINDLICHEN KULTUR

Der Hype um diesen Wettbewerb als Referenzmedium kultureller Selbstvergewisserung scheint insofern signifikant, als er für einen umfassenden kulturellen Transformationsprozess steht, der in der Folge kurz skizziert werden soll: Immerhin war es bislang der klassische Kulturbetrieb, der mit seinen Museen, Theatern, Konzert- und Opernhäusern beansprucht hat, zentrale kulturelle Bildungsinstanz der jeweiligen Gesellschaften zu sein. Als staatlich privilegierter Gralshüter vermochte er sich über weite Strecken als Repräsentant einer weitgehend homogenen nationalen Kultur zu empfehlen, an der sich alle anderen kulturellen Ausdrucksformen messen sollten. Eine notwendige Voraussetzung dafür war die Existenz eines gebildeten Bürgertums, das in Gestalt versierter Nutzer in der Lage war, dem zum Teil hoch elaborierten Programmangebot zu entsprechen. Um ein sol-

2 Diese Form der Zuschreibung erklärt möglicherweise auch die Paradoxie, dass nur wenige Tage nach dem ESC in Österreich eine heftige öffentliche Diskussion um die Integration von Asylsuchenden losgebrochen ist. Weil die meisten der Asylsuchenden offensichtlich dem Anforderungsprofil Blashills nicht entsprechen (u.a. weil ihre Lebensumstände zu anders sind), gewann die ausländerfeindliche Freiheitliche Partei in zwei Bundesländern einen Erdrutschsieg just bei den Wählern, die zur vorrangigen Zielgruppe des ESC zählen.

ches Publikum bereitzustellen, kam vor allem den höheren Schulen eine entscheidende Aufgabe zu. Als kulturelle Bildungseinrichtungen fungierten sie, zusammen mit dem Kulturbetrieb, als eine Art kommunizierender Gefäße, um die jungen Menschen in jahrelanger Vorbereitungsarbeit mit allen notwendigen, den Kunstgenuss überhaupt erst ermöglichendem Wissen, Fähigkeiten und Einstellungen auszustatten. Beiden Institutionen kam aufgrund ihrer hohen Selektivität eine wichtige Aufgabe als *Gatekeeper* zu, die all diejenigen als Kulturlose ausschloss, die nicht über entsprechende kulturelle Kompetenzen (weil nicht über den entsprechenden sozialen Hintergrund) verfügten.

Weil in Wien gerade der 150sten Wiederkehr des Baubeginns der Ringstraße mit ihren repräsentativen Kulturbauten gedacht wird, sei an dieser Stelle daran erinnert, dass diese umfassende Stadtumgestaltung die erste große Migrationswelle der damaligen Kapitale der kaiserlichen und königlichen Monarchie begründete. Innerhalb weniger Jahre strömten hunderttausende Böhmen und Mährer nach Wien in der Hoffnung auf einen Arbeitsplatz. Als sogenannte *Zieglbehm* errichteten sie unter zum Teil menschenunwürdigen Bedingungen die bis heute weltweit affirmierten Opern-, Theater- und Museumsbauten. Sie sich in der Folge auch als Nutzer vorzustellen, war zum damaligen Zeitpunkt völlig undenkbar. Das Programmangebot, für das sie die bauliche Hülle errichtet haben, sollte einer bildungsbürgerlichen Elite vorbehalten bleiben, die aufgrund ihrer, in der Familie und Schule erworbenen Vorkenntnisse in der Lage war, die dafür notwendige Wertschätzung aufzubringen.[3] Als solche hatte sie einen, dem Kulturbetrieb inhärenten Qualitätsanspruch verinnerlicht, demnach Kultur all denen, die nicht über das entsprechende ästhetische Instrumentarium verfügten und also keinen Zugang fanden, verschlossen bleiben musste.

Die Erkenntnis, dass nicht nur eine kleine Minderheit ein Recht auf Kultur hat, verdichtete sich erstmals mit dem Aufkommen proletarischer Emanzipationsbewegungen. Mit ihrem Eintritt in die politische Arena er-

3 Diese Form des systematischen Ausschlusses muss insofern als besonders prekär eingeschätzt werden, als sich das Programmangebot ja durchaus humanistischer Traditionen zugunsten einer universellen Bildung, an der konstitutiv alle Menschen teilhaben sollen, verpflichtet fühlte; die Kultureinrichtungen dieses aber nur einer kleinen, wenngleich symbolisch die gesamte Gesellschaft repräsentierende Gruppe öffnete.

hoben sie den Anspruch sozialer Besserstellung; dazu gehörte auch, bislang kategorisch ausgesperrten Vertretern der Arbeiterklasse den Zugang zur staatlich geförderten bürgerlichen Hochkultur zu eröffnen. Weitergehende kulturpolitische Forderungen wollten es freilich mit der Öffnung der bestehenden Einrichtungen nicht bewenden lassen. Sie sahen im bürgerlichen Kulturbetrieb die gebaute Manifestation eines gegen die arbeitenden Menschen gerichteten Machtverhältnisses, das nur dadurch ausgehebelt werden könnte, wenn es ihnen gelänge, sein Angebot im Sinne kultureller *Verlernprozesse* hinter sich zu lassen und ein eigenes, dem Bewusstsein der arbeitenden Bevölkerung entsprechendes Kulturverständnis zu entwickeln.[4]

NACH WIE VOR ENTSCHEIDET DIE SCHULE ÜBER DIE STELLUNG IN DER KULTURELLEN HIERARCHIE

Damit war der Gedanke in der Welt, dass es der jeweilige soziale Status in der Gesellschaft ist, der ein spezifisches kulturelles Selbstverständnis (mit seinen charakteristischen ästhetischen Ausdrucksformen) begründet. Und mit ihm die Vermutung, kulturelle Haltungen ließen sich ohne Infragestellung der sozialen Position nicht beliebig verändern. Spätestens damit verlor Kultur ihre politische Unschuld, wenn kulturpolitische Analysen seither nicht mehr umhin können, ihre ideologische Zuschreibung als quasi übergesellschaftliche Instanz zwingend zu korrigieren und um den Befund zu erweitern, dass die jeweiligen Herrschaftsverhältnisse wesentlich darüber entscheiden, wenn es darum geht, den einen kulturellen Ausdrucksform einen höheren, der anderen einen niedrigeren Stellenwert zumessen.

Seinen unmittelbaren Ausdruck findet dieser Herrschaftszusammenhang in der Aufrechterhaltung eines mehrgliedrigen Schulsystems: Wenn eine kleine Minderheit der Schüler als künftige *White Collar Worker* in den Genuss einer systematischen Kulturellen Bildung (vor allem in Form der verpflichtenden Gegenstände Musikerziehung, bildnerische Erziehung oder Werkerziehung, darüber hinaus Chor, Musikensemble oder Theater als

4 Diese Sichtweise beschränkte sich nicht auf den Beginn der Arbeiterbewegung; noch in den 1960er Jahren forderten selbst prominente Vertreter des Kulturbetriebs seine Zerstörung, um so die bürgerliche kulturelle Hegemonie zu beenden (vgl. Boulez 2015).

Wahlfächer) kommt, während eine gesellschaftliche Ungleichheit perpetuierende Bildungspolitik bis heute meint, dieses Angebot für den großen Rest nicht bzw. nur sehr rudimentär bereithalten zu müssen. Entsprechend war und bleibt es weitgehend außerschulischen Institutionen und Initiativen vorbehalten, ein Ersatzangebot an Kultureller Bildung für die derart benachteiligten jungen Menschen zu entwickeln. Wenig verwunderlich, dass sich dieses nicht an der Zurichtung eines – von staatlichen Institutionen repräsentiertes – Kulturverständnisses orientierte, sondern im Sinne kultureller Selbstermächtigung mithelfen wollte, dem jeweiligen sozialen Status seine kulturelle Ausformung zu geben.

ÜBER DIE DREI GROSSEN ANSPRUCHSWELLEN, DIE GEGEN DIE TORE DES KULTURBETRIEBS SCHWAPPEN: KLASSE, GESCHLECHT, ETHNIZITÄT

Die Demokratisierungsbewegungen der 1970er Jahre, die sich nach der – wie wir heute wissen eher gut gemeinten – politischen Handlungsanleitung unter dem Slogan „Kultur für alle“ zusammenfanden, gingen einher mit einem wachsenden Bewusstsein kultureller Ungerechtigkeit. Die Gesellschaft schloss einerseits weite Teile der arbeitenden Bevölkerung vom traditionellen Kulturangebot aus und vermochte andererseits deren kulturelles Selbstverständnis in keiner Weise im herrschenden Kulturangebot abzubilden. Auf diese Weise blieben die konkreten Lebensumstände einer breiten Mehrheit der Bevölkerung in den großen Erzählungen des Kulturbetriebes systematisch ausgeblendet. Jetzt bemühten sich vielfältige Initiativen zumindest an seinen Rändern, in Form von Arbeiterausstellungen, Arbeitertheater oder Arbeiterkonzerten, dieses Defizit zu kompensieren. Dass diese Form der Öffnung zumindest von Teilen der traditionellen Nutzer mit Argwohn gesehen wurde, versteht sich fast von selbst.

Diese Welle eines neuen Anspruchsdenkens sollte nicht die letzte gewesen sein. Ungefähr zur selben Zeit machte eine sozialkritisch-feministische Gesellschaftsanalyse deutlich, dass bei aller kulturpolitischen Aufbruchsstimmung die Kategorie Geschlecht gegenüber der Kategorie Klasse weitgehend vernachlässigt wurde. Ausgehend vom Slogan „Frauen ins Museum!“ sollte auch der weiblichen Bevölkerung ein aktiverer Part im Kulturbetrieb zugestanden werden und damit eine Form der Mitsprache bzw. Mitwirkung, die der nachhaltigen Veränderung ihrer sozialen Stellung bzw. der Würdigung ihrer gesellschaftlichen Leistungen inner- und außerhalb des Kulturbetriebs entsprechen sollte.

Mittlerweile hat sich eine dritte Anspruchsgruppe formiert, die vor allem dem demografischen Wandel der europäischen Gesellschaften geschuldet ist. Es sind die unterschiedlichen Zuwanderergruppen, die in einzelnen europäischen Städten, wie etwa in Wien, in Summe bereits eine Mehrheit bilden und als solche deutlich machen, dass die Zeiten kultureller Homogenitätspflege im Rahmen nationalstaatlicher Kulturbetrieblichkeit gezählt sein könnten.[5] Wieder lassen sich zwei verschiedene Richtungen festmachen, die beide für die aktuelle Kultur- und Bildungspolitik eine beträchtliche Herausforderung darstellen. Da ist zum einen der Anspruch von Vertretern der unterschiedlichen Zuwanderungsgruppen, einen möglichst umfassenden Zugang zu den staatlich privilegierten Kultureinrichtungen zu erhalten.[6] Und da ist zum anderen die Forderung, entlang der unterschiedlichen sprachlichen, ethnischen und damit kulturellen Hintergründe der jeweiligen Zuwanderungsgruppen eigene Orte der kulturellen Selbstvergewisserung zu betreiben und auf diese Weise sowohl inhaltlich als auch institutionell an der Ausgestaltung kultureller Vielfalt mitwirken zu können.

Während diese neuen Herausforderungen im Schulbereich vor allem vor dem Hintergrund wachsender sprachlicher Vielfalt – und der damit verbundenen Schwierigkeiten bei der Durchsetzung einer gemeinsam verbindlichen Unterrichtssprache – verhandelt wird, mehren sich seit einigen Jahren die kulturpolitischen Zurufe an den Kulturbetrieb, sich nach den Arbeitern und Frauen nunmehr auch verstärkt migranten Zielgruppen gegenüber zu öffnen. Zumindest indirekt verbunden werden damit Erwartungen, so die Legitimationsgrundlagen für eine Fortsetzung staatlicher Privilegierung zu erhöhen. Immerhin ist in Zeiten einer zunehmend argwöhnischen Beobach-

---

5 In den Primarschulen Wiens macht der Anteil der Schüler mit Migrationshintergrund mittlerweile 56 Prozent aus.

6 Der Anspruch ist dahingehend prekär, als er – wie am Anfang der Arbeiterbewegung – nicht gestützt wird durch das Rütteln einer Vielzahl an Migranten an den Toren des Kulturbetriebs, um endlich Einlass zu erhalten. Er entfaltet seine Legitimation in erster Linie indirekt und damit aus grundsätzlichen Überlegungen, wonach in demokratisch verfassten Gesellschaften kulturelle Güter in einer allen Anspruchsgruppen gemäßen Weise zur Verfügung gestellt werden müssen.

tung der Verteilung staatlicher Alimentierungen, Stichwort *Neidgesellschaft* (Bolzano 2007), die Frage zunehmend unabweisbar, warum auch diejenigen, die das staatlich geförderte Kulturangebot nicht nutzen, mit ihren Steuerleistungen zu seiner Aufrechterhaltung beitragen sollen.

VON PAUSCHALEN ZUSCHREIBUNGEN UND DER WELTFREMDHEIT DES KULTURBETRIEBS

Auffallend ist der Bias, der die Diskussion sowohl im Bildungs- als auch im Kulturbereich beherrscht. In beiden Fällen erscheint der Migrationsaspekt eng verbunden mit der Zuschreibung sozialer Inferiorität. Nur in den seltensten Fällen erfährt Migration eine differenzierte Würdigung; etwa wenn es darum geht anzuerkennen, dass es der schieren Bereitschaft, seine gewohnte Lebensumgebung zu verlassen und sich auf – zum Teil existenziell verunsichernde – neue Umstände einzulassen, eines mutigen und aktiven Charakters bedarf, der auf einen besonderen sozialen Aufstiegswillen schließen lässt. Oder die Tatsache, dass mehr Migranten als öffentlich verhandelt, über ein überdurchschnittliches Bildungsniveau verfügen und bereit sind, dies in den Aufnahmeländern zu nutzen. Dazu verfügen Zuwanderer über sprachliche bzw. kulturelle Besonderheiten, die als Stärken definiert werden könnten, um davon prospektiv Gebrauch zu machen. Stattdessen werden diese neuen Mehrheiten nur zu leicht pauschal gleichgesetzt mit sozialer Problemhaftigkeit.[7] In dieser Pauschalierung verweist diese kursorische Zuschreibung unmittelbar auf den Fortbestand kultureller Hierarchien, die das jeweils unterschiedliche soziale Standing der Betroffenen symbolisch verfestigen.

Angesichts der Dramatik der Entwicklung ist es eigentlich verwunderlich, dass der Kulturbetrieb – der sich ansonsten gern als Avantgarde gesellschaftlicher Tendenzen begreift – diese bislang bestenfalls an seinen Rändern antizipiert; mehr noch, dass seine traditionelle Produktions- und

7 Der politische Nutzen einer solchen Zuschreibung liegt in der Kaschierung wachsender sozialer Ungleichheit, von der die autochthone Bevölkerung in zumindest gleichem Maße betroffen ist (siehe dazu etwa die grassierende Jugendarbeitslosigkeit in Europa), ohne dafür noch aussichtsreiche Gegenmaßnahmen anbieten zu können.

Rezeptionslogik der Entwicklung kultureller Vielfalt ungebrochen widerspricht. Mit der traditionellen Rechtfertigung, einen weitgehend sozial kontextlosen Kulturbegriff zu verteidigen, bleibt die geänderte demografische Zusammensetzung strategisch und institutionell größtenteils ausgeklammert bzw. wird deren Antizipation auf die Durchführung punktueller Bildungs- und Vermittlungsprogramme für *sozial benachteiligte Gruppen* reduziert.

Ein Indiz dafür sind die Forschungen von Doris Ruth Eikhof und Chris Warhurst, die in ihrem Beitrag aus dem Jahr 2013 „The Promised Land? Why Social Inequalities are Systemic in the Creative Industries"[8] deutlich belegen, welche Strategien der Kulturbetrieb unternimmt, um sich diesen Herausforderungen nicht zu stellen, sondern weiter unter sich zu bleiben. Den Ergebnissen der Studie folgend erweist sich damit der Kulturbetrieb nicht als ein gestaltendes Element von Vielfalt, sondern als dessen Mitverhinderer. Seine Interessen tendieren dahin, den geänderten gesellschaftlichen Macht- und Einflussverhältnissen möglichst nicht Rechnung zu tragen und sich nicht aus der Deckung zu wagen, wenn es darum geht, sich in der kulturellen Hierarchie zugunsten dieser neuen Generation von Anspruchsberechtigten neu zu verorten.

LIBERALE UND VON RADIKALE STRATEGIEN DER NEUAUSRICHTUNG DES KULTURBETRIEBS

Mit dieser Starrheit bleibt (vor allem der österreichische) Kulturbereich hinter weiten Teilen der Wirtschaft zurück, die um die Etablierung eines Diversitätsmanagements immer weniger herumkommt. Seine vorsichtigen Tastversuche, in seiner strategischen Ausrichtung den Umstand wachsender kultureller Vielfalt zumindest ansatzweise zu berücksichtigen, beschränkt er sich in der Regel auf eine sogenannte liberale Haltung (siehe dazu Syed/Ozbilgin 2015). Diese läuft darauf hinaus, das äußere Erscheinungsbild der jeweiligen Einrichtung bunter und entsprechend der aktuellen Vielfalt nach außen hin schillernder zu gestalten (und ansonsten den alten Routinen zu folgen). Ein solch bloß äußerlicher Zugang ändert nur wenig an der inneren Produktionslogik oder am Programmangebot.

8 Siehe www.emeraldinsight.com/doi/abs/10.1108/ER-08-2012-0061.

Diese Einschätzungen folgen u.a. den Resultaten, die im Rahmen eines europäischen Forschungsprojekts „Brokering Migrants' Cultural Participation", das EDUCULT zurzeit mit einer Reihe österreichischer Kultureinrichtungen durchführt, erhoben wurden. Dabei zeigen sich im europäischen Vergleich gravierende Ungleichmäßigkeiten. Nur wenige Einrichtungen vermochten sich bislang zu einem radikalen Zugang von Zuwanderern zu kulturellen Angeboten durchzuringen. Die Einrichtungen begegneten den Anforderungen einer neuen Vielfalt mit einer umfassenden institutionellen Veränderung, um so den Kulturbetrieb von seinem überkommenen Homogenitätsanspruch zu befreien. Damit stünden sowohl Form als auch Inhalt kultureller Produktion im traditionellen Kulturbetrieb zur Disposition; die kulturpolitische Herausforderung bestünde darin, eine neue Produktionslogik (und Rezeptionslogik) zu entwerfen und umzusetzen, die in der Lage wäre, die Ausdifferenzierung kultureller Vielfalt hinreichend auch institutionell abzubilden.

UND WENN DIE MENSCHEN NICHT MEHR ÜBER DIE FÜR KULTURNUTZUNG ERFORDERLICHEN QUALIFIKATIONEN VERFÜGEN?

Ein solch radikaler Schwenk erscheint umso notwendiger, als es immer weniger Menschen (mit welchem ethnisch-kulturellen Background auch immer) gibt, die über die für eine adäquate Rezeption des kulturellen Angebots des Kulturbetriebs notwendigen Fähigkeiten verfügen. Selbst die mit der Produktion der künftigen Eliten befassten höheren Schulen sehen sich mit ihrem kulturellen Bildungsangebot immer weniger in der Funktion als Zulieferbetrieb für den Kulturbetrieb. Das gilt noch mehr in Schulen, die mit den vermeintlich weniger talentierten jungen Menschen Vorlieb nehmen müssen. Während dort das kulturelle Bildungsangebot immer weiter gestrichen wird (u.a., weil die Qualifikation der mit Kultureller Bildung befassten Lehrkräfte zunehmend an den Rand des curricularen Angebots rückt), beschränken sich die Schulstandorte zunehmend auf die Vermittlung von einigen wenigen Grundkompetenzen, in denen die kulturellen in der Regel nicht enthalten sind. Eigene Beobachtungen im Rahmen einschlägiger Kulturprojekte lassen sogar darauf schließen, dass in diesem Bildungsangebot – gewollt oder ungewollt – die Erfahrung der Nichtzugehörigkeit zur gebildeten Nutzerschaft des etablierten Kulturangebots aufgrund sozialer Herkunft ungebrochen mitinkludiert ist.[9]

Um diesen strukturellen Defiziten entgegenzuwirken, hat sich in den letzten Jahren eine breite Szene außerschulischer kultureller Bildungsangebote entwickelt. Im Rahmen der nonformalen Jugendarbeit, der Entwicklung eines breiten Zusatzangebots von Kultureinrichtungen zur Kulturellen Bildung und Vermittlung, wird versucht, adäquate Kommunikationsformen, vor allem mit als sozial benachteiligt identifizierten Mitgliedern der Gesellschaft – allen voran mit Migranten, denen ein schwacher sozialer Status kursorisch unterstellt wird – herzustellen. In der Regel handelt es sich dabei um punktuelle Begegnungen, in der Hoffnung, damit eine Tür zur Kultur zu öffnen und ein tiefergehendes, im Idealfall nachhaltiges Interesse zumindest bei einigen Teilnehmern zu evozieren. In der Regel ersetzen diese Formate in keiner Weise kontinuierliche familiäre und schulische Angebote, die bisher als notwendige Voraussetzung gesehen worden sind, um das kulturelle Angebot des öffentlichen Kulturbetriebs hinreichend wahrnehmen und wertschätzen zu können.

Damit aber – so meine provozierende Vermutung – lässt sich der ursprüngliche Anspruch des Kulturbetriebs als (nationale) Gemeinschaften stiftende Bildungsinstanz nicht mehr aufrechterhalten. An dieser Stelle konnte nur angedeutet werden, dass die wachsenden Demokratisierungserfordernisse der letzten hundert Jahre mehrere Wellen neuer Anspruchsberechtigungen von sozialen Gruppen in ihren jeweiligen kulturellen Kleidern hervorgebracht haben. Diese zu antizipieren bzw. in seine strategische Weiterentwicklung einzubeziehen, ist vor allem dem staatlich privilegierten Kulturbetrieb bislang nur sehr unzureichend gelungen. Dies auch deshalb, weil sich der Kultur- und der Bildungsbereich im Zuge wachsender gesellschaftlicher Ausdifferenzierung zunehmend auseinanderentwickelt haben

---

9 Siehe dazu u.a. die Studien von Kathrin Hohmaier, wonach Angebote der Kulturellen Bildung geeignet sind, „ein hochgradig präsentes Gefühl der sozialen Exklusion im musealen Raum" zu erzeugen. Hohmaier vermutet, dass sich Vertreter der Kulturellen Bildung ihrer Zielgruppe zu sehr anpassen würden: Statt den Jugendlichen Wissen oder Interpretationen zu den Werken zu bieten, beschränkten sie sich darauf, sie, ausgehend von Exponaten, selbst malen zu lassen. Damit aber wurde ihnen „ihre eigene Bildungsferne […] noch stärker ins Bewusstsein gerufen." (Hohmaier 2015)

(wogegen die programmatische Rhetorik einer *neuen Kulturpolitik* nur wenig auszurichten vermochte).

Die wenig überraschenden Konsequenzen lassen sich auch in Zahlen ausdrücken, wenn die Anzahl der regelmäßigen Nutzer des traditionellen Kulturbetriebs mehr denn je eine Minderheit repräsentiert,[10] mit wenigen konjunkturellen Ausnahmen in einzelnen Sparten weiterhin im Abnehmen begriffen ist. Dazu kommt das Phänomen einer immer häufigeren Nutzung durch immer weniger Bürger. In diesen Zahlen sind – jedenfalls im österreichischen Fall – die kulturellen Hintergründe eines internationalen Tourismuspublikums ebenso überrepräsentiert wie diejenigen lokaler und regionaler Migrantenszenen unterrepräsentiert sind. Die Unterschiede liegen ungebrochen in der selbst- wie in der fremdzugeschriebenen sozialen Zugehörigkeit, die darüber entscheidet, ob die öffentliche Hand für sie Orte der kulturellen Selbstvergewisserung bereithält oder nicht.

UND WAS WÄRE, WENN WIR IM RAHMEN KULTURELLER BILDUNG ÜBER KULTUR NEU NACHDÄCHTEN – UND GLEICH AUCH ÜBER BILDUNG?

Wie in obiger historischer Skizze angedeutet, findet „Kultur“ trotzdem statt. Entlang der unterschiedlichen sozialen (und wie mit der dritten Welle kulturpolitischer Ansprüche hinzugefügt werden soll: Ethnisch-kulturellen) Zugehörigkeiten hat sich mittlerweile eine Vielzahl, oft nur temporär wirksamer kultureller Szenen herausgebildet, die sich zum Teil entlang sehr spezifischer ästhetischer Ausdrucksformen definieren. Im Unterschied zu früher brauchen diese nicht mehr auf ein gesellschaftlich verbindliches Referenzmedium in Gestalt eines staatlichen Kulturbetriebs zu rekurrieren. Sie beziehen ihre Qualitätsvorstellungen aus davon weitgehend unabhängigen Quellen und bilden so scheinbar voneinander unabhängige Bestandteile eines vielfältigen Kulturbetriebs.

10 Siehe dazu diverse Kulturbarometer mit dem Fokus auf verschiedene Zielgruppen. Eine tendenzielle Verringerung der Gesamtzahlen lässt sich insbesondere aus der jüngsten Ausgabe des „Eurokulturbarometer“ 2013 herauslesen (vgl. TNS Opinion & Social 2013).

Dabei könnte ein oberflächlicher Blick auf eine derart pluralistische Kulturlandschaft zur Vermutung weitgehender Gleichwertigkeit von Akteuren, Nutzern und Szenen verführen. Erst bei genauerem Hinsehen erschließt sich die Erkenntnis des Fortbestands hierarchischer Verhältnisse entlang der jeweiligen sozialen Hintergründe der Mitglieder. Es ist unschwer nachvollziehbar, dass eine solche verdeckt hierarchische Ausdifferenzierung dazu angetan ist, eine nachhaltige Konfusion in der Diskussion um künftige inhaltliche, ebenso wie formale Schwerpunkte Kultureller Bildung zu evozieren.

Interessanterweise hat die Kulturwirtschaft früher und umfangreicher auf diese kulturellen Transformationsprozesse reagiert. Immerhin ist es für sie essenziell, die jeweils unterschiedlichen kulturellen Hintergründe ihrer (potenziellen) Kunden in die Entwicklung ihrer Produkte und Dienstleistungen einzubeziehen. Das Ergebnis ist eine bislang ungeahnte Ausdifferenzierung eines kommerziellen Kulturangebots, das sich in der virtuosen Nutzung neuer medialer Vermittlungsformen wesentlich enger an den Bedürfnissen der jeweiligen Zielgruppen orientiert, als es der traditionelle Kulturbetrieb bislang vermocht hat. Dazu gehören auch Innovationen im Bereich der Kulturellen Bildung, wenn – wie im Rahmen des englischen Förderprogramms „Creative Partnerships“[11] – vorrangig von traditionellen Formen Kultureller Bildung ausgeschlossene junge Menschen, unter ihnen viele junge Zuwanderer, auf mögliche Berufe im Bereich der *Cultural and Creative Industries* vorbereitet werden sollten.

Wenn es nunmehr der Kulturwirtschaft im Rahmen des ESC gelungen ist, die Stafette kultureller Selbstvergewisserung im europäischen Maßstab an sich zu reißen und an diejenigen zu übergeben, die sich vom traditionellen Kulturbetrieb nicht bzw. nicht mehr angesprochen fühlen, so wird eine Verlagerung des Ortes deutlich, wo künftig verhandelt wird, mit wem welche (europäischen) Werte mit welchen ästhetischen Ausdrucksformen agiert werden soll. Zumindest aus meiner Sicht handelt es sich dabei um einen umfassenden Transformationsprozess mit nachhaltigen Wirkungen auch auf das, was bislang unter Kultureller Bildung verstanden wurde.

11 Siehe www.creative-partnerships.com/closure-of-creative-partnerships.

DIE NEUEN LEITFIGUREN: VON DEN BILDUNGSBÜRGERLICHEN GRALSHÜTERN ZU DEN ERLEBNISHUNGRIGEN „OMNIVORES" ALS „KULTURSCHWITSCHER"

Im bisherigen Verlauf der Erörterungen sollte klar geworden sein, dass die bestimmende Leitfigur Kultureller Bildung sich an den traditionellen Nutzern des öffentlichen Kulturangebots orientiert hat. Ausgestattet mit einem entsprechenden familiären Hintergrund sowie mit den Früchten einer vieljährigen, kulturell geleiteten schulischen Allgemeinbildung, verfügten ihre Nutznießer über hinreichende Qualifikationen, um am (öffentlich geförderten) Kulturgeschehen aktiv teilnehmen zu können. Die Vertreter aller anderen sozialen Gruppen erfuhren angesichts mangelnder Eingangsvoraussetzungen eine entsprechende Benachteiligung (und erfahren diese bis heute). Für sie wurden im historischen Verlauf alle möglichen Ersatzprogramme entwickelt, die ihnen formell den Zugang zu einem privilegierten Kulturschaffen ermöglichen sollten, real aber vermitteln, dass sie nicht dazugehören. Ein diesbezüglicher Diskurs um Verbesserung der Zugangschancen hält bis heute an, findet aber spätestens dort seine Grenzen, wo an der ursprünglichen Leitfigur geschulte kulturelle Bildner und Vermittler die Aufgabe übernehmen, eine Kommunikation auf Augenhöhe mit ihnen sozial fremden Gruppen aufzubauen und – bis auf wenige Einzelfälle – notwendig daran scheitern.

In nachvollziehbarer Konsequenz wenden sich institutionell Stigmatisierte (wer hört schon gern von sich, dass er zu einer *sozial benachteiligten Gruppe* gehört) vom Angebot des traditionellen Kulturbetriebs ab und organisieren sich (unter tatkräftiger Unterstützung kommerzieller Anbieter) ihre eigenen kulturellen Ausdrucksformen, mit denen sie sich weitgehend ohne fremde Anleitung zu identifizieren und als eigenständig zu erleben vermögen. Die Frage, ob, und wenn ja in welcher Form Kulturelle Bildung hier intervenieren kann bzw. soll, erscheint weitgehend ungelöst. Erfahrungen deuten immerhin darauf hin, dass solche Interventionsformen umso besser gelingen, je näher dran die kulturellen Bildner an den jeweiligen sozialen Gegebenheiten sind, weil sie aus ähnlichem sozialen Milieu kommend – oft ohne viele Worte – die ihnen Anvertrauten unmittelbar verstehen und so ohne missionarischen Anspruch eine notwendige Vertrauensbasis zu schaffen vermögen, die für gemeinsame Lernprozesse konstitutiv sind.

Darüber hinaus versuchen vor allem junge Menschen, sich einem bislang hegemonialen Anspruch gemeinsamer kultureller Verbindlichkeiten zu entziehen, der nach wie vor von Kultureller Bildung ausgeht (siehe die nach wie vor ausstehende gesellschaftliche Evaluierung der in die Jahre gekommenen kulturpolitischen Forderung „Kultur für alle“). Stattdessen scheinen sie den ambivalenten Charakter von Kultur besser verstanden zu haben als so manche Fachperson, wenn für sie die besondere Qualität der jeweiligen kulturellen Szene, vor allem in ihrer Unterscheidungsmacht zu inkludieren *und* zu exkludieren besteht. Junge Menschen setzen den traditionellen, sie ausgrenzenden Settings, so wie Kulturelle Bildung darstellt, damit etwas entgegen.

Die zunehmende Erweiterung, der bislang unangefochtenen Leitfigur des kulturellen Aktivisten aus dem Geist eines bildungsbürgerlichen Selbstverständnisses unwidersprochen zu folgen, lässt diese selbst in die Defensive geraten. Nicht mehr in der Lage, zumindest symbolisch für die gesamte Gesellschaft richtiges kulturelles Handeln zu repräsentieren, sind sie drauf und dran, ihren exklusiven Status zu verlieren.[12] Als Gruppe mutieren ihre Vertreter zu einer unter vielen anderen (ihr Vorzug liegt allenfalls noch darin, dass sie der Staat aus zunehmend nicht genuin kulturpolitischen Gründen privilegiert), die immer weniger stichhaltige Argumente beizubringen vermag, was über bestimmte Formen institutioneller Selbstreferenzialität hinausgehend zur Aufrechterhaltung ihres ehedem hegemonialen Charakters ins Treffen geführt werden könnte.

Hinter dieser Fassade, vor der das Ende der historischen Figur der Kulturbürger verhandelt wird, entstehen – so meine Vermutung – die Umrisse einer neuen Leitfigur, die sich als Virtuose des *Kulturswitschens* beschreiben ließe. Er begreift sich nicht mehr als Eingeweihter eines elaborierten Kulturbetriebs. Die Qualitäten liegen vielmehr darin, sich in unterschiedlichste kulturelle Kontexte ohne viel Mühe einfinden und diese für sich nutzen zu können. Entsprechend lassen sie sich nicht auf den einen oder anderen spezifischen kulturellen Zusammenhang festlegen. Als sogenannte

12 Die Konsequenzen zeigen sich u.a. auch in Studienergebnissen des Eliteforschers Michael Hartmann, wonach wirtschaftliche Führungskräfte „Kultur“ als zunehmend abgewertete Konversationswährung ansehen (vgl. Hartmann 2012).

Omnivores sind sie auf der permanenten Suche nach dem ultimativen kulturellen Kick, der sich ihnen ohne viel Aufwand erschließen soll. Phänotypisch definieren sich Vertreter einer „Multioptionsgesellschaft" (Liessmann 2015),[13] die sich nicht mehr auf eine spezielle kulturelle Verfasstheit festlegen mag; was sie gelernt haben, ist vor allem die Fähigkeit, die Vorzüge des einen kulturellen Kontextes gegenüber einem anderen zu unterscheiden und so als Flaneure multipler Selbstvergewisserung in spielerischer Weise permanent zwischen kulturellen Grenzziehungen hin und her zu wandern. Als solche repräsentieren sie eine neue hegemoniale Figur im Rahmen einer gesellschaftlichen Formation, die immer weniger bereit ist, sich irgendwelche und schon gar nicht unüberwindliche Schranken, und seien es kulturelle, aufzuerlegen, in der alles zu jeder Zeit verfügbar sein soll, und jeder, der es gelernt hat, sich nach seiner Wahl bedienen kann.

HYBRIDISIERUNG, DRITTE RÄUME, TRANSKULTURALITÄT – UND DER PERENNIERENDE BLEIFUSS SOZIALER ZUGEHÖRIGKEIT

Auf dieses spezifische kulturelle Verhalten einer neuen gesellschaftspolitisch liberalen Elite nehmen theoretische Überlegungen zur gesellschaftlichen Hybridisierung Bezug. Vor allem in postkolonialistischem Denken geschulte Theoretiker wie Homi Bhabha (2000) schlagen die Schaffung sogenannter *Dritter Räume* vor, die in der Lage wären, eingefahrene kulturelle Polaritäten zu überwinden. Ihr Ziel ist die Schaffung friedlicher, interaktiver Beziehungen zwischen verschiedenen kulturellen Szenen, zwischen denen eine neue Generation von *Kulturswitschern* möglichst barrierefrei hin und her wandern können soll. Das bedingt auch ein Aufweichen bislang starrer institutioneller Grenzen mit ihren überkommenen Kriterien des Ein- und des Ausschlusses.

In dem Zusammenhang hat der französische Soziologe Luc Boltanski in seinem Beitrag „Leben als Projekt" (Boltanski o.J.) den zunehmend temporären Charakter jeglicher kultureller Verfasstheit betont. Seine Interpretation des aktuellen Zustands kapitalistischer Gesellschaften läuft darauf hi-

13 Siehe dazu den Festvortrag des Philosophen Konrad Paul Liessmann zur 70-Jahr-Feier der Österreichischen Volkspartei (Liessmann 2015).

naus, dem Versiegen ihrer wertebasierten Ressourcen (die im traditionellen Kulturbetrieb ihren bevorzugten Aufenthaltsort fanden) durch die Implementierung einer „Kultur des Projekts" zu begegnen. Diese sei geprägt von der Metapher des Netzes. An die Stelle allgemeiner und klar abgrenzbarer (kultureller) Räume sollten offene Räume der Interaktion treten, mit deren Hilfe ansonsten weitgehend unbezogene Akteure mannigfaltige Verbindungen eingehen können sollen. Besonders wichtig ist ihm dabei die Funktion des Vermittlers, dessen Hauptbeschäftigung darin besteht, „Beziehungen zu knüpfen" und sich so am „Weben des Netzes" zu beteiligen. Boltanskis Analyse läuft darauf hinaus, dass die Existenz solcher Netze (die als solche den Zusammenhalt der angesprochenen *Dritten Räume* gewährleisten können) wesentlich über die Zukunftsfähigkeit von so etwas wie Gesellschaft erzählt, die ansonsten in weitgehend unvermittelte Einzelteile zu zerbrechen droht.

Entsprechend wichtig erscheint also die Funktion der Vermittlung, auch wenn es um Überlegungen zur Zukunft Kultureller Bildung in einer nicht nur kulturell zunehmend ausdifferenzierten Gesellschaft geht. Es sind Menschen mit besonderer Vermittlungskompetenz, denen eine entscheidende Übersetzungsfunktion zukommt, Menschen in einer von einer transkulturellen Leitwährung bestimmten Gesellschaft – die als unübersichtliches Gelände *Kulturen aller Art* scheinbar beziehungslos nebeneinander zum Ausdruck bringt – noch einmal Orientierung zu bieten.

In Projekten zu denken und zu arbeiten und so an der Expansion gesellschaftlicher Netze mitzuwirken, hat freilich zur Voraussetzung, dass man sich das auch leisten kann. In diesem Sinn ist der oben angesprochene *Kulturswitscher* des 21. Jahrhunderts dem Kulturbürger des 19. Jahrhunderts durchaus ähnlich, insofern als dass sein kulturelles Verhalten mehr oder weniger solider sozialer Grundlagen (und einem damit verbundenen Grundvertrauen in die eigenen Fähigkeiten und Stärken) bedarf.

Was aber ist mit all denjenigen, die sich auf keinen vergleichbar privilegierten Status beziehen können? Für sie stellt es eine besondere Herausforderung dar, sich über die oft engen Grenzen ihrer spezifischen kulturellen Kontexte zu erheben. Sie erleben ihren Status als einen wichtigen Haltegriff, mehr noch dann, wenn er als sozial unbefriedigend einzuordnen ist. Die Betroffenen empfinden die Aufrechterhaltung und Pflege gruppenspezifischer Wertvorstellungen und damit verbundene Rituale und Routinen wichtig, weil sie nach ihren prägenden Erfahrungen darüber entscheiden, ob es gelingt, dem Leben trotz aller sonstigen Widrigkeiten zumindest einen peripheren Sinn abzugewinnen.

Dementgegen macht es Angst, die gewohnten kulturellen Umgebungen zu verlassen und sich auf Neues einzulassen. Andere kulturelle Kontexte werden nicht als Bereicherung, sondern als Bedrohung empfunden. Kein Wunder, dass sich eine diesbezügliche Neugierde in Grenzen hält.

Es ist genau diese defensive Haltung, die eine populistische Politik ermutigt, den Tendenzen zur Errichtung einer transkulturellen Hegemonie entgegenzuwirken und stattdessen Konstruktionen kultureller Wirklichkeiten vorzunehmen, die auf eine Vertiefung gesellschaftlicher Polarisierung gerichtet sind. Vor allem in gesellschaftlichen Fraktionen, die sich durch kulturelle Vielfalt verunsichert fühlen, punkten sie nochmals mit scheinbar eindeutigen Zuschreibungen, wenn es darum geht, unterschiedliche kulturelle Szenen gegeneinander in Stellung bringen. Sie konterkarieren damit fundamental oben erwähnte Strategien zur Schaffung *Dritter Räume*, die darauf gerichtet sind, bestehende kulturelle Bastionen zu schleifen und Barrieren abzubauen. Mit ihren politischen Strategien verschärfen sie soziale Hierarchien mit kulturellen Mitteln. Dass freilich Hierarchisierung für eine Wettbewerbsgesellschaft konstitutiv ist (und daher im Kulturbereich nicht beliebig außer Kraft gesetzt werden kann), kann an dieser Stelle nur angemerkt werden.

„Kultur" als Mittel der Verschleierung sozialer Widersprüche

Eine besondere Infamie einer solchen politischen Zuschreibung kultureller Unterschiede liegt im Versuch, damit dahinterliegende soziale Konflikte und Widersprüche zu verschleiern. In einer essentialistischen Sichtweise der ihnen zugesprochenen kulturellen Besonderheiten erfahren die Betroffenen eine weit über ihre kulturellen Eigenarten hinausreichende Stigmatisierung. Sie weist ihnen ihre jeweilige Stellung auf der sozialen Stufenleiter quasi naturhaft zu, ohne dass sie diese aus eigenem Antrieb zu überwinden vermöchten. Ein genaueres Hinsehen sei gerade denjenigen empfohlen, die in durchaus guter Absicht nicht müde werden, Kultur als umfassendes gesellschaftliches Versöhnungsmittel zu propagieren. Eine Analyse der politischen Strategien zur spezifisch ethnisch-kulturellen Begründung von Ausländerfeindlichkeit könnte sie eines Besseren belehren – und bei der Gelegenheit den Ausgangspunkt einer künftigen Zusammenschau von politischen *und* kulturellen Bildungsbemühungen darstellen.

KUNST ALS LACKMUSTEST FÜR DAS VERSTÄNDNIS DES EIGENEN UND DES ANDEREN

In meinen bisherigen Auslassungen ist bislang von Kunst nicht die Rede gewesen. Eine der Gründe mag darin liegen, dass sich weite Teile der kulturellen Bildungsszene vom Kunstbetrieb verabschiedet haben. Sei es im traditionellen Reflex, Kunst diene – siehe oben – ausschließlich der Aufrechterhaltung hegemonialer Kulturvorstellungen einer bildungsbürgerlichen Elite, die in der Lage sei, die dafür notwendigen Ressourcen aufzubringen; sei es aus schierem Unverständnis dem Gegenwartskunstschaffen gegenüber (gepaart mit der Weigerung, sich kundig zu machen). Die Idee des genuin Künstlerischen scheint den kulturellen Bildungsbetrieb heute kaum mehr zu tangieren. Dies ist insofern schade, als sich zuletzt eine Richtung des Kunstbetriebs herausgebildet hat, der sich von der Produktion auratischer Artefakte weitgehend verabschiedet hat und stattdessen versucht, sich am gesellschaftlichen Geschehen unmittelbar zu beteiligen und dabei Kunst als eine soziale Interventionsform mit ästhetischen Mitteln zu begreifen.

Kulturelle Bildung benimmt sich damit der Möglichkeit, die Welt im Spiegel der Kunst (mit allen Sinnen) wahrzunehmen und daraus in einem umfassenden Sinn zu lernen. Immerhin erscheint Kunst nach wie vor ein nachgerade ideales Instrument, mit Unterschieden umgehen zu lernen. Eine ihrer wesentlichen Qualitäten lässt sich mit der Befähigung beschreiben, Unterscheidbarkeiten zu identifizieren, als solche wahrzunehmen, um in der Folge mit den daraus möglichen Konsequenzen umzugehen. Dank dieser Eigenschaften lehrt uns die Kunst in spielerischer Weise, das Andere, das Fremde (an-)zuerkennen und dieses als Bereicherung des Eigenen zu erfahren. Kunst öffnet so die Tür zum einen oder anderen *Dritten Raum*, ohne das Gefühl der Verunsicherung überwältigend groß werden zu lassen.

STATT EINES RESÜMEES – EINE ERMUTIGUNG

Ich sollte mich im Rahmen dieses Beitrags mit dem Verhältnis von Interkultur und Kultureller Bildung auseinandersetzen und fürchte jetzt, mit meinen Überlegungen das Thema verfehlt zu haben. Das gilt vor allem bei denjenigen, die sich bei der Lektüre Hoffnungen auf möglichst unmittelbare Handlungsanleitungen gemacht haben und jetzt scheinbar leer dastehen. Und doch bin ich überzeugt, dass die hier angesprochenen Entwicklungen unsere Zugänge zu Kultureller Bildung in einer sich zunehmend ausdifferenzierenden (und gleichzeitig zunehmend verungleichenden) Gesellschaft nachhaltig beeinflussen, wenn nicht gar konstitutiv bestimmen. Ich habe in meinen Überlegungen den Begriff der *Interkultur* weitgehend vermieden. Damit will ich in keiner Weise die vielfältigen Bemühungen interkultureller Bildung schmälern. Aber ich wollte zumindest ein Stück weit offenlassen, auf welche unterschiedlichen *Kulturen* sich das verbindungstiftende Wort *inter* bezieht.

Es spricht alles dafür, dass jeder Form der Vergemeinschaftung das schiere Faktum mannigfacher Unterschiede gegenübersteht und dass Unterschiedlichkeiten aller Art für eine Gesellschaft sogar konstitutiv sind. Die Entscheidung, ganz bestimmte Unterschiede als solche zu identifizieren, als relevant zu erachten, zu bündeln und dann auch noch zu so etwas wie einer *Kultur* zusammenzuführen ist per se ein politischer Akt, der die Artikulation und Durchsetzung spezifischer Interessenlagen begründet. Dies wird vor allem dort deutlich, wo einzelne Gruppen von sich aus in der Öffentlichkeit gar keinen Anspruch (mehr) anmelden, von kulturellen Besonderheiten getragen zu sein. Nur zu oft wird ihnen dies von externer Seite umso vehementer zugesprochen, um sie in der Folge besser (politisch) instrumentalisieren zu können. Es ist also – zumindest auch – das Verhältnis von Selbstbestimmung und Fremdzuschreibung, das es unabdingbar erscheinen lässt, sich bei kulturellen Bildungsbemühungen auf einen größeren (politischen) Kontext einzulassen, der den unabweisbaren Rahmen für eine Kulturelle Bildung in einer zunehmend sozial und damit auch kulturell fragmentierten Gesellschaft abgibt.

Wenn ich mit zum Teil unsicheren Schritten der Frage nachgegangen bin, auf welche (inter-)kulturelle Verfassung Kulturelle Bildung in diesen Tagen stößt, dann ist es mir angesichts das sozialen Auseinanderklaffens der nationalen Gesellschaften unmöglich, Kultur noch einmal naiv als potenziell allen Gemeinsames zu evozieren. Also freunde ich mich an mit der Vorstellung, dass es auch die Vertreter Kultureller Bildung mit einer mittlerweile unüberschaubaren Vielfalt unterschiedlicher kultureller Ausdrucksformen zu tun haben. Diese stehen freilich nicht für sich, sondern finden ihre Entsprechung in einer sozialen Hierarchie. Sie sind eingebettet in die bestehenden, wenn auch oft verschleierten gesellschaftlichen Gewaltverhältnisse, die kein gleichwertiges Nebeneinander kennen, sondern klaren Regeln der Über- und Unterordnung gehorchen. Diese und ähnliche Fragen mit den Teilnehmern Kultureller Bildung im Kontext des Anspruchs auf Interkultur zu verhandeln, könnte sich als lohnende Aufgabe erweisen.

Das gilt im Übrigen auch für den ESC, der nur einen Sieger und ansonsten viele Verlierer kennt. Während der Erstplatzierte 2015 mit den meisten *12 Points* heftig akklamiert, erfuhr bereits der Zweitplatzierte, im aktuellen Fall ein Star aus Russland, eine heftige Abfuhr. Das ansonsten friedlich enthusiasmierte Publikum agierte, als wäre Polina Gagarina gerade persönlich in die Ukraine einmarschiert. Aber das ist – scheinbar – eine andere Geschichte.

LITERATUR

Bhabha, Homi K. (2000): Die Verortung der Kultur. Tübingen: Stauffenburg.

Blashill, Pat (2015): Wir sind die Nullen unserer Zeit. In: Süddeutsche Zeitung, Nr. 118 vom 26. Mai 2015, S. 9.

Boltanski, Luc (o.J.): Leben als Projekt – Prekarität in der schönen neuen Netzwerkwelt. In: Online-Magazin polar #2 [www.polar-zeitschrift.de/polar_02.php?id=69, zuletzt aufgerufen am: 02.05.2015].

Bolzano, Klaus (2007): Die Neidgesellschaft. Warum wir anderen nichts gönnen. Wien: Goldegg.

Boulez, Pierre (2015): Sprengt die Opernhäuser. In: Zeit online, 26.03.2015 [www.zeit.de/2015/13/pierre-boulez-komponist-geburtstag, zuletzt aufgerufen am: 02.06.2015].

Hartmann, Michael (2012): Wodurch gehört man „dazu“? Beobachtungen zur Kultur der Deutschen Wirtschaftselite. In: Bundesakademie für kulturelle Bildung Wolfenbüttel (Hg.): Kultur für alle oder Produktion der „feinen Unterschiede“. Wolfenbüttel: Eigenverlag.

Hohmaier, Kathrin (2015): Hässlich wie ein modernes Kunstwerk. Die Praxis eines Kunstvermittlungsprojektes für museumsferne Besuchergruppen. In: Danko, Dagmar/Moeschler, Olivier/Schumacher, Florian (Hg.): Kunst und Öffentlichkeit. Wiesbaden: Springer.

Liessmann, Konrad Paul (2015): Der Bürger und seine Partei. Kommentar der anderen [http://derstandard.at/2000015814697/Der-Buerger-und-seine-Partei, zuletzt aufgerufen am: 02.06.2015].

Syed, Jawad/Ozbilgin, Mustafa (2015): Managing Diversity and Inclusion: An International Perspective. o.O.

TNS Opinion & Social (2013): Cultural Access and Participation. Summary [http://ec.europa.eu/public_opinion/archives/ebs/ebs _399_ sum_en.pdf, zuletzt aufgerufen am: 01.06.2015].

Diversität, Globalisierung und Individualisierung

Zur möglichen Notwendigkeit einer Neuorientierung in der Kulturpädagogik

SUSANNE KEUCHEL

Die „Künste", künstlerische und ästhetische Ausdrucksformen, finden sich in einem kontinuierlichen gesellschaftlichen Wandel. Künstlerische Ausdrucksformen, die sich traditioneller Bewertungssysteme entziehen, die sich wandeln vom Werk zum Prozess, die nicht mehr innerhalb von Spartensystemen, sondern als „Gesamtkunstwerk" jenseits künstlerischer Einzelsparten verortet werden, haben neue Anforderungen an die Kulturpädagogik gestellt. Zugleich findet sich auch die Bildungslandschaft in einem kontinuierlichen Transformationsprozess in Abhängigkeit von gesellschaftlichen Veränderungen, denn „[...] pädagogische Ideen entwickeln sich nicht im luftleeren Raum, nicht aus sich selbst heraus, sondern sind in dem Sinne geschichtliche Ideen, [...] innerhalb der politischen und sozialen Auseinandersetzung ihrer Zeit." (Giesecke 2004: 39) Den Herausforderungen eines kontinuierlichen Aktualisierungsprozesses muss sich in diesem Sinne auch die Kulturelle Bildung stellen.

Eine Dimension dieser gesellschaftlichen Veränderungen ist die zunehmende „kulturelle Diversität", deren Ursachen laut UNESCO (2009: 5 f.) zurückzuführen sind auf „Globalisierung", der politischen Öffnung von Märkten und der Weiterentwicklung von Kommunikationsmedien, die weltweiten Handel und Austausch ermöglichen, die zunehmende „Migration" und Zunahme an „interkulturellen Touristen", die durch schnelle und günstige Transport- und Reisemöglichkeiten begünstigt wird, und dem Trend zur „Urbanisierung". Globalisierungsprozesse können grundsätzlich zwei gegensätzliche Tendenzen fördern: Zum einen den vermehrten Rückgriff auf globale kulturelle Praktiken, die sich loslösen von nationalen oder regionsspezifischen Gegebenheiten, insbesondere zu beobachten in urbanen Gebieten, und zum anderen die Rückbesinnung auf das lokale, regional Spezifische in Abgrenzung zum „Mainstream".

Der folgende Beitrag beschäftigt sich mit den Auswirkungen zunehmender kultureller Diversität auf die kulturpädagogische Praxis unter der Fragestellung: Welche Anforderungen stellt kulturelle Diversität an die Kulturelle Bildung im Spannungsfeld von Globalisierungs- und Lokalisierungsprozessen? Oder aus der Subjektperspektive: Wie positioniert sich der Einzelne im Spannungsfeld einer zunehmenden Individualisierung auf der einen Seite, die sich beispielsweise loslöst von bisher bewährten Lebens- und Verhaltensmustern in einer Region oder einem Milieu, und dem Wunsch nach Zugehörigkeit zu gesellschaftlichen Gruppierungen vor Ort auf der anderen Seite?

Mit der Ausgangsthese einer zunehmenden kulturellen Diversität muss innerhalb der Kulturellen Bildung auch die kritische Frage gestellt werden: Dürfen wir angesichts einer zunehmend globalisierten und differenzierten Gesellschaft überhaupt von *einer* veränderten Kunstpraxis bzw. den „Künsten" sprechen oder spiegelt sich hier eine dominierende westlich europäische, angloamerikanische Sicht wider, die angesichts von Migration und Globalisierung und damit auch einhergehend des Trends der Lokalisierung bzw. Regionalisierung (Buß 2002) nicht haltbar ist – oder zumindest erweitert werden muss? So wird beispielsweise u.a. im UNESCO-Weltbericht darauf hingewiesen, „dass westliche Paradigmen durch Vermittlung von Technologien erheblich an Einfluss gewinnen" (UNESCO 2009: 6).

Kulturelle Diversität wird in der folgenden Betrachtung nicht nur als kulturgeografisches Phänomen verstanden, sondern in seiner ursprünglichen Begrifflichkeit auch als milieu-, alters-, ethnisch-, religions- oder regionsspezifische Ausprägungen (Yildiz 1997: 13).

Um sich der Ausgangsfrage anzunähern, werden in einem ersten Schritt unterschiedliche Gesellschaftsmodelle reflektiert auf ihren Umgang mit „Künsten", ästhetischen Ausdrucksformen und Kultureller Bildung, hier insbesondere bezogen auf Fragen von Zugehörigkeits- und Abgrenzungsprozessen. In einem zweiten Schritt werden diese Reflexionen genutzt, um eine Vision zu entwickeln, wie eine zeitgemäße diversitätsbewusste Kulturelle Bildung aussehen könnte im Zeitalter einer „globalisierten" und individualisierten Gesellschaft, mit vielfältigen kulturellen Lebensstilen und künstlerischen Ausdrucksformen: Kulturelle Bildung im Zeitalter kultureller Diversität.

ZUR ROLLE DER „KÜNSTE" UND DER KULTURELLEN BILDUNG ALS KULTURELLER IDENTITÄTSFAKTOR INNERHALB UNTERSCHIEDLICHER GESELLSCHAFTSMODELLE

Künstlerisch-kreative und ästhetische Ausdrucksformen können sehr unterschiedliche Funktionen in unserer Gesellschaft einnehmen, beispielsweise die Dokumentation der Leistungsfähigkeit einer Gesellschaft, der „Willen zur Verewigung" oder der Motor für innovative gesellschaftliche Veränderungen (Kugler 1842: 1). Eine Funktion kann natürlich auch in der Forschung von Identitätsprozessen einer Gemeinschaft liegen. Im Modell kultureller Identitäten vertritt beispielsweise Jan Assmann (2005: 139) die Ansicht, dass kollektive Identität „nicht ‚an sich', sondern immer nur in dem Maße, wie sich bestimmte Individuen zu ihr bekennen" (ebd.: 132), existiert. Für dieses Bekenntnis bedarf es eines gemeinsamen kulturellen Symbolsystems, das nicht nur die Sprache umfasst, sondern eben auch „Riten und Tänze, Muster und Ornamente, Trachten und Tätowierungen, Essen und Trinken, Monumente, Bilder, Landschaften, Weg- und Grenzmarken" (ebd.: 139). Kulturelle Symbole, hier also auch künstlerisch-kreative Ausdrucksformen, dienen nach diesem Modell als wichtige Grundlage für das Konstruieren kultureller Identitäten, die nach Assmann innerhalb einer Gruppe auch der ständigen Reproduktion und Aktualisierung bedürfen. Dieses Modell kann natürlich auf eine kulturelle Gemeinschaft angewendet werden, die sich auf unterschiedlichsten Ebenen definiert: national, regional, alters-, bildungs-, schicht-, milieu- oder beispielsweise interessenspezifisch.

Ein nicht geografisch intendiertes Beispiel für die Rolle der „Künste" in gruppenspezifischen kulturellen Abgrenzungsprozessen wäre das Phänomen der Jugendkultur(-en) mit eigenen künstlerischen und ästhetischen Ausdrucksformen. Dass sich Jugend mit eigenen Kunstformen positioniert, ist ein neueres Zeitphänomen. Die Entdeckung der Bedeutung einer Altersphase zwischen Kind- und Erwachsensein und deren Thematisierung führte auch zu künstlerischen Abgrenzungsprozessen. Dabei werden „Jugendkulturen […] von jeder Generation neu erfunden" (Lissek 2011). Auch wenn sich aktuell die Hip-Hop-, Emo- oder Cosplayer-Szenen zunächst vollkommen voneinander unterscheiden, verfolgen diese doch alle vergleichbare Ziele. Denn es ist wichtig für die Akteure, sich von Erwachsenen, aber in einer zunehmend diversitären Gesellschaft auch von anderen Jugendlichen, abzugrenzen. Dies geschieht, indem mit Gleichgesinnten ähnliche Musikstile, Modeerscheinungen und andere ästhetische Ausdrucksformen entwickelt und gepflegt werden. Zugehörigkeitsprozesse stehen in der Regel also immer in Zusammenhang mit Abgrenzungsprozessen.

Im Folgenden werden unterschiedliche Gesellschaftsmodelle in ihrem Umgang mit den „Künsten" und Kultureller Bildung, speziell bezogen auf Fragen gesellschaftlicher Identitäts- und Abgrenzungsprozesse, reflektiert. Diese Reflexionen sollen im Anschluss helfen, neue kulturpädagogische Ansätze für eine diversitätsbewusste Kulturelle Bildung entwickeln zu können.

„Künste" und Kulturelle Bildung in homogenen Gesellschaftsstrukturen

Welche Rolle nehmen die „Künste" und Kulturelle Bildung bezogen auf Zugehörigkeits- und Abgrenzungsprozesse in homogenen Gesellschaften mit flachen bzw. kaum vorhandenen hierarchischen Strukturen ein, beispielsweise bei Naturvölkern? Karl Woermann vertritt in diesem Kontext, dass ein „Kulturvolk" eine pluriforme, in verschiedenen Disziplinen und Techniken vorkommende und naturalistische Kunst aufweist, ein Naturvolk oder „Halbkulturvolk" dagegen nicht (vgl. Woermann 1900-1924). Dies hieße im Umkehrschluss, dass es sich hier eher um „singuläre Kunstformen" handelt. Im Sinne des vorausgehend skizzierten Theoriemodells von Assmann hätte eine solche Gesellschaftsform festgelegte und allgemein innerhalb dieser Gemeinschaft anerkannte kulturelle Symbolsysteme, auch künstlerische und ästhetische Ausdrucksformen, die jedem innerhalb der Gemeinschaft vertraut sind, die gepflegt werden, beispielsweise im Rahmen von Ritualen, und die entsprechend reproduziert werden. Die Beobachtung des Vorhandenseins eher einheitlicher künstlerischer und ästhetischer Ausdrucksformen, die eine Gemeinschaft stabilisieren, ist dabei nicht gleichzusetzen mit dem Grund, warum künstlerische Ausdrucksformen entstehen. Hier gibt es sehr unterschiedliche Theorien. So sieht beispielsweise Franz Kugler den Ursprung der Kunst in dem von der Rhetorik tradierten „Bedürfnis des Menschen, seinen Gedanken an eine feste Stätte zu knüpfen" im Sinne der Memorialkultur, hier das Ewige im Irdischen zu vergegenwärtigen (Kugler 1842: 1). Die Frage nach den Ursprüngen der „Künste" soll hier nicht weiter thematisiert werden, sondern nur die Rolle künstlerischer und ästhetischer Ausdrucksformen, bezogen auf Identitäts- und Abgrenzungsprozesse innerhalb einer Gemeinschaft. Mit Blick auf homogene Gemeinschaften, wie Naturvölker, kann vermutet werden, dass einheitlich gepflegte kulturelle Aktivitäten bzw. künstlerische und ästhetische Ausdrucksformen eine zentrale Grundlage einnehmen für das Konstruieren einer gemeinsamen kulturellen Identität innerhalb dieser Gemeinschaft.

Für die Didaktik und Aufgabenstellung der Kulturellen Bildung innerhalb einer solchen homogenen Gesellschaftsstruktur heißt dies konkret, dass diese vor allem sicherstellen muss, dass der Einzelne innerhalb dieser Gesellschaft lernt, mit den vorhandenen kulturellen Codes, hier auch den künstlerischen Ausdrucksformen, umzugehen. Es gibt in diesem Fall einen festgelegten inhaltlichen Kanon für die Kulturelle Bildung. Die Entwicklung neuer künstlerischer Perspektiven steht dabei nicht explizit im Fokus.

„Künste" und Kulturelle Bildung in hierarchischen Gesellschaftsstrukturen

Auch in hierarchisch strukturierten Gesellschaften findet sich eine Art „Kulturkanon". Ein Beispiel für eine hierarchisch strukturierte Gesellschaftsform wäre die Ständegesellschaft. „In der Regel nehmen Stände in Anspruch, eine bestimmte Funktion in der Gesellschaft auszufüllen, und versuchen, diese zu monopolisieren." Dabei bilden sie „ein Gruppenbewusstsein und Gruppenhandeln aus" (Bahrdt 1985: 128) und es existieren „Kriterien für eine genaue Festlegung der Zugehörigkeit" (ebd.: 139). Solche Zugehörigkeiten manifestieren sich auch an den gepflegten ästhetischen und künstlerischen Ausdrucksformen, so die höfische Dichtung oder der Minnesang (Nestler 1962: 80 f.) bei Rittern und Adel, der Meistersang (ebd.: 86 f.) der Handwerksgilde oder der Schwank oder das Volkslied (Wiora 1950) für das Volk. Dabei werden die Kunstformen der Elite bzw.

herrschenden Stände oftmals als besondere Leistungen der Gesellschaft kenntlich gemacht. Dies kann in Monarchien beobachtet werden, aber beispielsweise auch noch in der bürgerlichen Gesellschaft. So pflegte das Bürgertum die Rezeption künstlerisch-kreativer Werke und Veranstaltungsformate, die in der Vergangenheit auch vom Adel geschätzt wurden, als Zeichen seiner Zugehörigkeit zu einer privilegierten Bildungsgruppe innerhalb der neu entstandenen Gesellschaftsform.

Bezogen auf das Bürgertum entwickelt Pierre Bourdieu als wichtige theoretische Referenz in den 1970er Jahren seine Theorie des „Kulturellen Kapitals", in der das Motiv der Pflege spezifischer künstlerischer Ausdrucksformen als „Distinktionsgewinn" (Bourdieu 1982) entstand, mit der die Zugehörigkeit zu einer gesellschaftlichen Klasse manifestiert werden soll. Künstlerische Ausdrucksformen dienen nach Bourdieu in diesem Sinne als Mittel, einen spezifischen Geschmack und Lebensstil zu demonstrieren und sich damit von anderen gesellschaftlichen Klassen zu unterscheiden. „Die im objektiven wie im subjektiven Sinn ästhetischen Positionen, die ebenso in Kosmetik, Kleidung oder Wohnungsausstattung zum Tragen kommen, beweisen und bekräftigen den eigenen Rang und die Distanz zu anderen im sozialen Raum." (Ebd.: 107) Analog zu Assmanns werden hier spezielle künstlerische und ästhetische Ausdrucksformen genutzt als gemeinsame Symbole der Verständigung, der Kommunikation, Reproduktion und Aktualisierung, um auf der einen Seite bewusst eine Gruppenzugehörigkeit zu einer gesellschaftlichen Elite zu verdeutlichen und sich zugleich von anderen gesellschaftlichen Gruppen abzusetzen.

Für die Didaktik und Inhalte der Kulturellen Bildung innerhalb einer solchen hierarchischen Gesellschaftsstruktur bedeutet dies, unterschiedliche kulturelle Bildungsangebote für einzelne Gesellschaftsgruppen bereitzustellen. Für diese Gruppen, die selbst keinen Anspruch auf die Zugehörigkeit zu einer Elite haben, sind dies vor allem Angebote, die einen Kulturkanon vermitteln, der die Bedeutung der künstlerischen Ausdruckformen, die die Elite pflegt, unterstreicht und als „künstlerisch" wertvoller etikettiert als andere innerhalb der Gesellschaft gepflegte künstlerische Ausdrucksformen. Dabei müssen diese Angebote so konstruiert sein, dass sie diesen Gruppen kein tieferes Verständnis und damit keinen konkreteren Zugang zu diesem Kulturkanon, seiner Analyse, der Rezeption und vor allem der künstlerischen Reproduktion, ermöglichen. Dies beinhaltet beispielsweise mit dem nur elementaren Musik- und Kunstunterricht in Grundschulen und an Hauptschulen ein deutlich eingeschränkteres kulturelles Bildungsangebot. Umgekehrt ist es für die Elite innerhalb dieser Gesellschaft umso wichtiger, sich im Rahmen von kulturellen Bildungsprozessen sehr intensiv mit diesem Kulturkanon auf der rezeptiven, aber auch künstlerisch-kreativen Ebene auseinanderzusetzen, beispielsweise an Gymnasien durch ein vertiefendes kulturelles Bildungsangebot in Form des konkreten Musik- und Kunstunterrichts, der Existenz von Schulorchestern, durch Instrumentalunterricht an einer Musikschule oder durch eine Privatlehrkraft. Durch zusätzliche kulturelle Bildungsangebote kann sich eine gesellschaftliche Elite „kulturelles Kapital" aneignen und sich so auch von anderen Gesellschaftsgruppen abgrenzen.

„Künste" und Kulturelle Bildung in heterogenen, komplexen Gesellschaftsstrukturen

Die Auflösung einer Vielzahl von verbindlichen gesellschaftlichen Normen in einer Gesellschaft, die das alltägliche Miteinander regeln, führt zu Wahloptionen im Verhalten und in der Positionierung des Einzelnen in einer Gesellschaft. Und diese Wahloptionen begünstigen auch das Bilden komplexer, heterogener Gesellschaftsstrukturen.

Der soziologische Wandel von einer hierarchisch strukturierten Gesellschaft zu einer heterogenen Gesellschaft ist nicht klar abgrenzbar. Der Anspruch der Schichtgesellschaft beispielsweise, eine „offene Gesellschaft" zu sein, mit der Begründung, dass sich der gesellschaftliche Status hier nach der „Leistungsfähigkeit und -willigkeit" richte und „nicht aufgrund von Herkunft oder Vererbung ein für alle Mal zugeschrieben" (Korte/Schäfers 2008: 216) sei, wird durchaus kritisch bewertet. Gegner heben als „wichtigste Dimensionen sozialer Ungleichheit" dieses Modells die „in Schichtgesellschaften graduell verteilte[n] Güter" (ebd.) hervor, hier die berufliche Hierarchie und Qualifikation. Entsprechend könnte im Sinne von Bourdieu argumentiert werden, dass das kulturelle Kapital bzw. kulturelle Güter innerhalb der Schichten unterschiedlich verteilt seien, wie der kostenpflichtige Besuch einer Musikschule oder das Eintrittsgeld für das Museum. Damit bliebe die Verknüpfung zwischen Status und Rückgriff auf „Künste" und ästhetische Ausdrucksformen auch in einer Schichtgesellschaft zunächst bestehen, da vor allem Beruf und Qualifikation vererbte Gesellschaftspositionen weitgehend ersetzen. Komplex werden Gesellschaftsmodelle dann, wenn kein eindeutiger kausaler Zusammenhang mehr besteht zwischen gesellschaftlichem Status und Vererbungs- oder beruflichen Kontexten, wenn sich „Schicht-, Standes- oder Klassenzugehörigkeit entkoppeln [...] vom Lebensstil, von den Präferenzen des Handelns, den politischen Überzeugungen [...]“ (ebd.: 205) und somit auch dem kulturellen Handeln, wie der Rückgriff auf spezifische künstlerische und ästhetische Ausdrucksformen. Dafür bedarf es jedoch zunächst eines Infragestellens von kausalen Zusammenhängen. Historisch betrachtet war die so genannte 68er-Bewegung in diesem Sinne eine wichtige Bewegung für das Infragestellen gesellschaftlicher, hier auch bestehender künstlerisch-ästhetischer Normen. Auch lässt sich kritisch betrachten, inwieweit die in den vergangenen zwanzig Jahren zunehmende Kommerzialisierung von Kunst und ästhetischen Ausdruckformen diesen Prozess der Auflösung von einfachen kausalen Zusammenhängen weiter vorangetrieben hat, z.B. die starke Akzentuierung auf Jugend als idealisierte Lebensphase in der Werbung, die dazu führt, dass ältere Bevölkerungsgruppen jugendkulturelle Ausdrucksformen nicht mehr ablehnen, sondern stattdessen bewusst aufgreifen und imitieren. Damit verlieren Jugendkulturen zugleich zunehmend ihren Protestcharakter.

Die Auflösung eines verbindlichen Kulturkanons für konkrete Gesellschaftsgruppen führt in letzter Konsequenz zu Raum und Wahloptionen für den Rückgriff auf beliebige ästhetische und künstlerisch-kreative Ausdrucksformen und damit zum Verlust von klaren künstlerischen Wertigkeiten, wie spezifische Kunstformen für eine Elite. Zugleich wird der Entscheidungsprozess, sich mit spezifischen künstlerischen Ausdrucksformen auseinanderzusetzen, weniger von dem Motiv gelenkt, die eigene Wertigkeit innerhalb einer Gesellschaft zu erhöhen als vielmehr von individuellen Interessen und/oder, im Sinne von Assmann, von dem Wunsch, die Gruppenzugehörigkeit zu einem Milieu oder einer spezifischen Gruppe innerhalb dieser vielschichtigen Gesellschaft zu demonstrieren. Dabei zeichnet sich eine heterogene Gesellschaftsstruktur dadurch aus, dass die Gruppenzugehörigkeit eben nicht nur durch ein wesentliches Merkmal bestimmt ist, wie die berufliche oder finanzielle Situation, sondern beispielsweise auch durch Wertorientierungen oder Lebensstile, die sich auch innerhalb einer Berufs- oder Bildungsgruppe unterscheiden.

Ein theoretischer Ansatz in diese Richtung, der hier jedoch nicht die Zugehörigkeit, sondern Abgrenzungsprozesse in den Mittelpunkt stellt, entwickelten Stuart Hall und Paul du Gay (1996), Vertreter der *Culture*

Studies. Hall vertritt die Ansicht, dass angesichts einer zunehmenden heterogenen und pluralistischen Gesellschaftsstruktur große Sinnsysteme nicht mehr in der Lage sind, Gemeinsamkeit zu stiften, sondern vielmehr die Abweichung von der kulturellen Norm nun die Grundlage für kulturelle Identität bildet (vgl. Keupp et al. 2008: 172). Entsprechend konnte in einer Studie, die den Einfluss von Migration auf Kunst und Kultur in Deutschland (Keuchel 2012) im Rahmen einer bundesweiten Bevölkerungsumfrage untersuchte, beobachtet werden, dass das Herkunftsland für migrantische Bevölkerungsgruppen oder die Religionszugehörigkeit für Bevölkerungsgruppen, die eine Minderheitenreligion innerhalb einer Gesellschaft zugehörig sind, einen wichtigen Stellenwert als Identitätsmerkmal einnimmt. So konnte in der Studie ein stärkeres Interesse einzelner Bevölkerungsgruppen an Künstlern und Kunstwerken aus ihrer Herkunftsregionen beobachtet werden. Es wurde zugleich jedoch anhand der Ergebnisse deutlich, dass migrantische Bevölkerungsgruppen sich in ihrer Identität eben nicht nur auf ein beschreibendes Identitätsmerkmal, wie das der Herkunft, reduzieren lassen, sondern vielfältige Identitätsbezüge setzen. Dies drückt sich beispielsweise in einem vielfach erweiterten kulturellen und künstlerischen Interessensspektrum, das eben auch Künstler und Kunstwerke aus dem Kulturraum des Aufnahmelands mit einbezieht, aus.

Die kontinuierliche Zunahme an unterschiedlichen gesellschaftlichen Gruppierungen mit eigenen kulturellen Codes, ästhetischen Ausdrucksformen und Lebensstilen, die nicht auf ein konkretes gesellschaftliches Zuordnungsmerkmal reduziert werden können, spiegelt sich auch in der wachsenden Bedeutung von Milieustudien wider, wie die „Sinus-Migranten-Milieu-Studie“[1] mit derzeit rund zehn unterschiedlichen Milieus in Deutschland oder beispielsweise Gerhard Schulze in einem entsprechenden kultursoziologischen Ansatz mit fünf unterschiedlichen Milieus, die sich auf eine gegenwartsbezogene, hedonistische und individualistische Ausgestaltung des eigenen Lebensstils beziehen (Schulze 2005). Dieser eher individualistische, auf das Erlebnis bezogene Ansatz, zielt weniger auf Abgrenzung bzw. Distinktion ab. Im Kontext der Künste wird im Rahmen des Unterhaltungsmilieus beispielswiese der unterhaltende Aspekt der „Künste“

1 Das Sinus-Institut Heidelberg hat mittlerweile Milieustudien für unterschiedlichste Bevölkerungsgruppen erstellt, beispielsweise für junge Bevölkerungsgruppen oder solche mit Migrationshintergrund.

betont. Im Fokus steht hierbei stärker das individuelle Zugehörigkeitsgefühl des Einzelnen zu einer Gruppe (ebd.).

Solche Perspektiven verdeutlichen, dass gesellschaftliche Positionierungen heute durch den Rückgriff auf spezifische künstlerische und ästhetische Ausdrucksformen schwieriger sind, aufgrund der Zunahme an Wahloptionen, Lebensstilen und Milieus. Das bedingt die Auflösung zweidimensionaler kultureller Referenzsysteme, hier die Gegenüberstellung der „Kunst" einer Elite mit einer höheren Wertigkeit, in Abgrenzung zu anderen künstlerischen und ästhetischen Ausdrucksformen in einer Gesellschaft, und damit einhergehend die Auflösung eines Kulturkanons. Dabei ist zu prüfen, ob die frühere Rolle einer Kulturelite bei der Bewertung von „Künsten" heute abgelöst wird von der Legitimation einer Mehrheitsgesellschaft als Indikator für die Relevanz von „Künsten" und eines spezifischen Kulturkanons.

Damit hätten sich die theoretischen Grundlagen der Kulturellen Bildung, wie sie in den 1970er Jahren diskutiert wurden – als der Begriff Kulturelle Bildung eingeführt wurde als Gegenmodell zu damals bestehender kulturpädagogischer Praxis – erneut verändert. Wurde die „Kulturpädagogik alter Prägung" in Abgrenzung zur neuen Stoßrichtung „ als Einführung und Einweisung in je herrschende, geltende Symbolsysteme und rituelle wie kommunikative Lebensregelungen mit den Zielen Wertesicherung, Werteverwirklichung und Wertsteigerung […] die bildende Substanz" bewertet (Zacharias 2001: 71), wurde die Aufgabe der neuen Kulturpädagogik auch darin gesehen, sich „frei zu machen von einer hierarchisierend-dominanten Hochkulturorientierung" (ebd.: 219). Kulturelle Bildung hatte damit letztlich auch die Aufgabe, kulturelle Normen und Wertigkeiten im Sinne einer Elite unter Bezug auf Bourdieu zu entlarven und ästhetische und künstlerische Ausdrucksformen in den eigenen Lebenswelten aufzuwerten.

Die Entlarvung eines „klassischen Kulturkanons" durch bewusste Fokussierung auf gelebte künstlerische Praxis des Subjekts im Alltag setzt jedoch letztlich immer auch die „gelebte" Existenz eines konkreten „Kulturkanons" innerhalb der Gesellschaft voraus. Daran knüpft sich die aktuelle Frage an, ob es überhaupt noch einen verbindlichen Kulturkanon innerhalb der Gesellschaft gibt oder, ob das Kultur-Elite-Modell Bourdieus abgelöst wurde von anderen kulturellen „Machtstrukturen". Legitimiert sich aktuell, angesichts zunehmender Migration und Globalisierung ein neuer Kulturkanon, basierend auf ästhetischen Erfahrungen einer Mehrheitsgesellschaft, die wichtige Kommunikationsmedien dominiert, wie der westliche, europäisch-angloamerikanische Kulturraum oder global agierende Medienkonzerne? Ist es angesichts solcher Perspektiven – neben der konkreten Lebensweltorientierung des Subjekts – nicht ebenso wichtig, den Einzelnen mit unterschiedlichen ästhetischen Positionen innerhalb der eigenen Gesellschaft vertraut zu machen und sich mit diesen zu arrangieren. Max Fuchs (1999: 36) verweist in diesem Sinne darauf, dass es „vermutlich [...] sogar [das] politisch entscheidende Gegenwartsproblem [ist], die Pluralität der 2000 Kulturen, die nach Aussage der UNO weltweit existieren, so miteinander in Verbindung zu bringen, dass weder ein konfliktreiches Gegeneinander noch eine gewaltförmige Assimilation entsteht." Wie könnte also letztlich die Kulturelle Bildung in ihrer Didaktik und ihren Inhalten in einer kulturell diversitären Gesellschaft aussehen?

EXKURS: KULTURELLE BILDUNG IN EINER RISIKOGESELLSCHAFT

Bevor in einem abschließenden Fazit Visionen aufgezeichnet werden, welche Anforderungen Kulturelle Bildung im Zeitalter kultureller Diversität erfüllen sollte, wird vorab noch ein weiteres spezifisches Gesellschaftsmodell in Form der Beck'schen „Risikogesellschaft" (1986) in seiner Bedeutung für die Kulturelle Bildung reflektiert. Hintergrund ist der aktuelle politische Trend, Kulturelle Bildung als ein „Allheilmittel" für die Lösung aktueller gesellschaftlicher Probleme zu sehen, beispielsweise für *Social cohesion* (Manhart 2014: 18) oder dem Bestehen auf dem Arbeitsmarkt und Erwerb grundlegender Kompetenzen (vgl. Stiftung Mercator o.J.). Entsprechend werden in sozialen Brennpunkten gezielt junge sozial- und schulbildungsbenachteiligte junge Bevölkerungsgruppen mit großflächig angelegten kulturellen Bildungsprogrammen angesprochen, um deren Lebenssituation allgemein zu verbessern. Eines der ersten flächendeckenden kulturellen Bildungsprogramme in dieser Richtung war das venezolanische „Sistema"[2] mit dem Ziel, jungen Leuten aus ärmlichen Verhältnissen mit dem Instrumentalspiel „erstmals" eine Lebensperspektive zu geben. Dieses Programm

2 Siehe www.elsistemausa.org/el-sistema-in-venezuela.htm.

ist mittlerweile aufgrund des großen Erfolgs Vorbild für viele weitere Transferprogramme dieser Art in Südamerika und Europa geworden, so beispielsweise auch das deutsche Programm „Jedem Kind ein Instrument". Kulturelle Bildung mit dem Anspruch zu verbinden, die Lebensgestaltung junger benachteiligter Menschen zu verbessern, kann jedoch wie beispielsweise Michael Wimmer (2013, siehe auch Wimmer in diesem Band, S. 15 ff.) betont, beispielsweise angesichts europäischer Jugendarbeitslosigkeit durchaus kritisch bewertet werden:

> „Diese Jugendlichen brauchen kreative Gestaltungsräume; aber sie brauchen auch Sicherheit, Berechenbarkeit, nachvollziehbare Perspektiven. Für sie geht es nicht nur um Kreativität an sich, sondern zuallererst um die Verbesserung der Umstände, in denen sie ihre kreativen Qualitäten zu realisieren vermögen."

In diesem Sinne weist Ulrich Beck in seinem theoretischen Modell der „Risikogesellschaft" nicht nur auf Chancen hin, die die zunehmende Individualisierung der Gesellschaft und die Auflösung verbindlicher gesellschaftlicher Normen mit sich bringt, sondern sehr konkret auch auf Gefahren. Nach Beck führt die zunehmende Individualisierung auf der einen Seite zur Wahlfreiheit des Einzelnen, zugleich verschiebt sich jedoch damit auch die gesellschaftliche Verantwortung für den Einzelnen auf das Individuum. Denn der Einzelne und nicht die Gesellschaft wird für das Gelingen der eigenen Biografie – und hier auch der eigenen kulturellen Biografie – verantwortlich gemacht. „Ein wesentlicher Ausdruck der Individualisierung ist der Modus der Selbstzurechnung, das heißt, dass man alle positiven und negativen Ergebnisse sich selbst zurechnet." (Beck 2007: 63) Im Gegenzug betont Giddens (2012: 35), dass „traditionelle Kulturen […] keinen Risikobegriff" hätten, da hier Lebenswege weitgehend vorgegeben waren. Damit stellen sich weitere Herausforderungen an die Kulturpädagogik: Bestand in den 1970er Jahren eine wichtige Aufgabe darin Alternativen zu dem gesellschaftlich anerkannten Kulturkanon aufzuzeigen, ist heute vielleicht stärker eine Didaktik gefragt, aus einer Vielzahl an Ausdrucksmöglichkeiten Hilfestellungen für eigene Entscheidungsprozesse an die Hand zu geben. Wie kann Kulturelle Bildung eine Entscheidungshilfe geben, einen Beitrag leisten für die Entwicklung einer eigenen kulturellen Identität bei einer Vielzahl an ästhetischen Ausdrucksmöglichkeiten und fehlenden Wertigkeiten bzw. normativen gesellschaftlichen Vorgaben?

KULTURELLE BILDUNG IN ZEITEN KULTURELLER DIVERSITÄT, GLOBALISIERUNG UND INDIVIDUALISIERUNG

Mögliche Ausblicke auf eine Neuorientierung ...

Vorausgehend wurden Fragen zur Gestaltung von Kultureller Bildung unter dem Einfluss der Faktoren Diversität, Globalisierung und Individualisierung aufgeworfen. Diese konzentrierten sich vor allem auf drei Themenaspekte:

a) Muss Kulturelle Bildung auch in Zeiten kultureller Diversität kritisch Stellung beziehen zur Wertigkeit von Künsten innerhalb der bestehenden Gesellschaftsstrukturen?
b) Ist es mit der Perspektive der „Kultur als Pluralitätsbegriff" notwendig, in der Kulturellen Bildung nicht nur künstlerische und ästhetische Ausdrucksformen der eigenen Lebenswelt, sondern kulturelle Vielfalt anhand unterschiedlicher künstlerischer und ästhetischer Ausdrucksformen zu thematisieren? Und wählt man diese Inhalte aus, um auf der einen Seite Wahloptionen für die Gestaltung der eigenen Biografie zu ermöglichen und zugleich einen „Clash of Civilizations" (Huntington 1996) zu vermeiden?
c) Ist es eine Aufgabe der Kulturellen Bildung, angesichts kultureller Vielfalt und fehlender gesellschaftlicher Vorgaben und Wertigkeiten, Entscheidungshilfen und Orientierungen zur Gestaltung der eigenen kulturellen und künstlerischen Biografie an die Hand zu geben? Wie könnten solche Orientierungshilfen aussehen?

All diese Fragestellungen thematisieren künstlerische und ästhetische Ausdrucksformen verschiedener Lebenswelten und „Kulturen". Das Zusammenspiel verschiedener „Kulturen" im Sinne des Pluralitätsbegriffs kann im Rahmen unterschiedlicher Deutungsmuster umschrieben werden. Im aktuellen Diskurs dominieren vor allem drei zentrale Deutungsmuster (vgl. Göhlich et al. 2006: 20 ff.), die in der Praxis oftmals durch unterschiedliche politische Interessen und Steuerungsprozesse geprägt sind, so *Poly-, Inter-* und *Transkulturalität* (Welsch 1995: 39 ff.).

Polykulturalität als Deutungsmuster betont das Nebeneinander unterschiedlicher, vielfältiger Lebenswelten und Kulturen, die gemeinsam in einem Raum gegenseitiger Wahrnehmung existieren. *Interkulturalität* als Deutungsmuster unterstreicht die Dialogperspektive und Interaktion zwischen unterschiedlichen, vielfältigen Lebenswelten und Kulturen und die Selbstdefinition in Bezug auf das jeweils andere. *Transkulturalität* als Deutungsmuster hebt insbesondere die Verschmelzungs- und Neuausprägungsprozesse unterschiedlicher, vielfältiger Lebenswelten und Kulturen (Hybridisierung) und die Möglichkeiten multipler und variabler Orientierungen hervor.

Im Folgenden werden die Überlegungen einer kulturpädagogischen Neuorientierung im Sinne einer diversitätsbewussten Kulturellen Bildung im Kontext dieser Deutungsmuster reflektiert.

Polykulturalität und Fragen zu Wertigkeiten

Wie vorausgehend aufgezeigt, hat sich seit der Etablierung des Begriffs „Kulturelle Bildung", und damit einhergehend einer Neuorientierung der Kulturpädagogik, in den 1970er Jahren die kulturelle Praxis in der Gesellschaft sehr deutlich verändert. Diese gesellschaftlichen Veränderungen wurden vorausgehend soziologisch u.a. anhand von Gesellschaftsmodellen veranschaulicht, so dem Wandel von einer Schichtgesellschaft hin zu Milieu-Modellen,[3] die dem Individuum per se eine Vielzahl an möglichen kulturellen Ausdrucksformen und Lebensstilen an die Hand geben, unabhängig spezieller Statusmerkmale, wie Beruf oder Bildung. Dies beinhaltet Chancen, aber auch Gefahren im Sinne des soziologischen Modells der „Risikogesellschaft" von Beck (1986), so vor allem die Frage nach Orientierungen für den Einzelnen, angesichts der Mehrdimensionalität ästhetischer Ausdrucksmöglichkeiten in unterschiedlichen Lebenswelten. Damit steht die vorausgehend thematisierte Frage im Raum: Bedarf es in der Kulturellen Bildung einer Didaktik, die hilft, aus einer Vielzahl an Wahloptionen, Wege für die Gestaltung einer eigenen kulturellen Biografie und Identität zu ermöglichen? Um diese Gestaltungsfreiheit zu ermöglichen, bedarf es zum einen der Kenntnis und Identität von Wahloptionen. Für ein zeitgemäßes kulturelles Bildungskonzept könnte dies im Umkehrschluss bedeuten, dass

3 Beispielhaft wurden vorausgehend hier die Sinus-Milieu-Studien oder die Milieus von Schulze thematisiert (vgl. Sinus Sociovision 2008 oder Schulze 2005).

grundsätzlich verschiedene künstlerische und ästhetische Ausdrucksformen aus unterschiedlichen Milieus, Kulturräumen oder beispielsweise Altersgruppen thematisiert werden.

Wird dabei von der Annahme ausgegangen, dass Wertigkeiten innerhalb der „Künste" heute keine bzw. eine untergeordnete gesellschaftliche Relevanz besitzen, könnten Entscheidungshilfen in der Kulturellen Bildung ermöglicht werden: durch das Sichtbarmachen aktueller Abgrenzungs- oder auch Identitätsprozesse innerhalb bestehender Milieus, durch Rückgriff auf spezifische ästhetische und künstlerische Ausdrucksformen. Diese Sichtbarmachung kann den Einzelnen bei der Erschließung und Gestaltung der eigenen kulturellen Biografie innerhalb bestehender kultureller „Vielfalt" unterstützen.

Wird jedoch von der Annahme ausgegangen, dass noch Wertigkeiten innerhalb der „Künste" in der heutigen Gesellschaft bestehen, stellt sich die Frage nach der Notwendigkeit, entsprechende „Machtverhältnisse" und „hierarchisch-dominierende" Muster aufzudecken und zu diskutieren. Vorausgehend wurde schon die Frage aufgeworfen, ob sich „hierarchisch-dominierende" Muster in den „Künsten" in der Gesellschaft, z.B. auch aufgrund von Globalisierungseffekten, verändert haben und heute weniger in Richtung einer gesellschaftlich anerkannten „Hochkultur" als vielmehr in Richtung einer Dominanz angloamerikanischer, westeuropäischer Kulturvorstellungen beobachtet werden können oder auch angesichts der Dominanz der Märkte in kommerziell und medial gelenkten Interessenskontexten. Mit einer Neuausrichtung von Kultureller Bildung sollte der Anspruch verbunden werden, „hierarchisch-dominierende" Muster in den „Künsten" im Rahmen des gesellschaftlichen Wandels immer wieder neu zu analysieren und kritisch zu reflektieren.

Interkulturalität und Dialogfähigkeit

Existieren viele unterschiedliche kulturelle Lebensstile mit unterschiedlichen ästhetischen und künstlerischen Prägungen nebeneinander, stellt sich die Frage nach der Dialogfähigkeit dieser Gruppen und Individuen. Eine solche Dialogfähigkeit könnte innerhalb kultureller Bildungskonzepte zum einen gestärkt werden durch die schon geforderte notwendige Thematisierung vielfältiger ästhetischer und künstlerischer Ausdrucksformen in der Vermittlungsarbeit, um den Einzelnen für die bestehende kulturelle Vielfalt und damit auch bestehender Differenzen zu sensibilisieren. Dabei ist es entscheidend aufzuzeigen, dass die eigene Ausgangsposition, die eigenen künstlerischen und ästhetischen Prägungen, sich grundlegend von denen Dritter unterscheiden können. Das Wissen, dass die eigenen ästhetischen Prägungen und Wahrnehmungsperspektiven nicht unreflektiert auf Dritte übertragen werden können, ist besonders wichtig für Vermittler in der Kulturellen Bildung in einer diversitären Gesellschaft.

Vermittelnde in der Kulturellen Bildung brauchen also zunehmend Konzepte, wie sie unterschiedliche ästhetische Vorprägungen innerhalb ihrer Zielgruppe berücksichtigen können.[4] Die Fähigkeit zu einem Perspektivwechsel, Vertrautes aus einer neuen nicht funktionalen Perspektive zu betrachten, ist im Grundprinzip der „Künste" verankert. Die Fähigkeit Perspektivwechsel einzunehmen, kann möglicherweise auch durch die gezielte Auseinandersetzung mit stark kontrastierenden ästhetischen und künstlerischen Ausdrucksformen gefördert werden. Vermittelnde in der Kulturellen Bildung müssen sich zunehmend mit Rezeptionsvoraussetzungen innerhalb ihrer Zielgruppen auseinandersetzen, die von der Mehrheitsgesellschaft deutlich abweichen, wie z.B. Vierteltonmusik oder die Ablehnung naturgetreuer körperbetonter Darstellung von Menschen in der Bildenden Kunst etc. Zugleich entsteht damit auch die Herausforderung, kulturelle und künstlerische Stereotypisierungen (Groot 2008: 33; siehe auch Fiedler et al. 2014: 100) von Minderheiten, kulturelle Merkmalsreduzierungen Einzelner, z.B. auf ihre Herkunft, in der Kulturellen Bildung zu entlarven und aufzugreifen.

Transkulturalität und Fragen zur Gestaltung eigener kultureller Biografien

Neben Entscheidungshilfen und der Offenlegung von Hintergründen für den Rückgriff Einzelner auf spezifische ästhetische und künstlerische Ausdrucksformen, kann die Fähigkeit, transkulturelle Prozesse (Welsch 1995)

4 Die Akademie Remscheid für Kulturelle Bildung entwickelt derzeit zusammen mit der Universität Münster ein Weiterbildungsprogramm „DiKuBi – Diversitätsbewusste Kulturelle Bildung" für Kunst- und Kulturschaffende in der Kulturellen Bildung mit Fördermitteln des Bundesministeriums für Bildung und Forschung (BMBF).

zu entdecken und wahrzunehmen, helfen, die eigene kulturelle Biografie aktiv selbst zu gestalten. Der erste Schritt liegt in der Kulturellen Bildung in dem Erkennen von Wahloptionen bei der eigenen ästhetischen und künstlerischen Positionierung; und der zweite liegt in der Förderung eines spielerischen Umgangs mit unterschiedlichen ästhetischen und künstlerischen Ausdrucksformen zur Entwicklung neuer Ausdrucksformen. Um die Stärkung des Einzelnen zu ermöglichen, helfen angeleitete Analysen von Kunstwerken, die transkulturelle Merkmale der Werke sichtbar machen. Ein mögliches kulturelles Bildungskonzept in diese Richtung zeigt der Beitrag von Ernst Wagner zu transkulturellen, urbanen Räumen auf (vgl. Wagner in diesem Band, S. 235 ff.). Auch das Pilotprojekt „Kulturgeschichten aus dem Museum für Islamische Kunst", das das Museum im Berliner Pergamonmuseum im Dezember 2011 mit Unterstützung des Beauftragten der Bundesregierung für Kultur und Medien und der Bahcesehir Universität realisierte, bietet ein entsprechendes Konzept an. In dem letztgenannten Projekt wurde beispielsweise die Geschichte des zentralanatolischen Drache-Phönix-Teppichs aus dem 15./16. Jahrhundert thematisiert, um Kinder in die Lage zu versetzen, auf den Spuren der Seidenstraße den bereits damals vorhandenen internationalen Austausch nachzuvollziehen und so über frühere und heutige Globalisierungsprozesse nachdenken zu können (vgl. hierzu Keuchel 2012: 180). Dass das Erkennen und Selbstinitiieren von transkulturellen Prozessen den positiven Umgang mit kultureller Vielfalt und Diversität in besonderem Maße fördert, konnte in verschiedenen Kontexten beobachtet werden (Welsch 1995: 179; siehe auch Keuchel/Larue 2013: 220). Hier gilt es, noch Pionierarbeit zu leisten für die Entwicklung konkreter transkultureller Bildungskonzepte.

Fazit – Kulturpädagogische Neuorientierung in Richtung einer diversitätsbewussten Kulturellen Bildung

Kulturelle Diversität innerhalb ästhetischer, künstlerischer, sinnlich wahrnehmbarer Dimensionen zu thematisieren, hilft dem Einzelnen, diese zu erkennen, mit ihr umzugehen und eigene Wege zu beschreiten. Zugleich bieten transkulturelle Prozesse, wie vorausgehend thematisiert, Potenziale, kulturelle Vielfalt neu zu gestalten. Eine diversitätsbewusste Kulturelle Bildung kann so dazu beitragen, auf der einen Seite den Zusammenhalt und den Dialog innerhalb einer diversitären kulturellen Gesellschaft zu stärken, zugleich aber auch dem Individuum Entscheidungshilfen und Gestaltungsmöglichkeiten für die eigene kulturelle Biografie an die Hand zu geben. Inhaltlich könnte sich eine diversitätsbewusste Kulturelle Bildung wie folgt charakterisieren:

(Neu-)Konzeptionierung einer diversitätsbewussten Kulturellen Bildung ...

- Vermittlung und Thematisierung von vielfältigen künstlerischen und ästhetischen Ausdrucksformen aus unterschiedlichen Milieus, Kulturräumen etc., unter bewusster Berücksichtigung von deutlichen ästhetischen Differenzen.
- Vermittlung gängiger (geschichtlicher) Entstehungs- und Entscheidungsprozesse für differierende künstlerische und ästhetische Ausdrucksformen innerhalb der Gesellschaft (Fragen zur Identität, Abgrenzungsmechanismen, geschichtliche Hintergründe, Globalisierungseffekte etc.).
- Definition, Offenlegung und kontinuierliche Neureflexion „hierarchisch-dominierender“ Muster innerhalb der „Künste“, mit Blick auf gesellschaftlichen Wandel, wechselnde Eliten oder einer neuen Dominanz von Mehrheitsgesellschaften
- Stärkung der eigenen Wahlfreiheit bei ästhetischen und künstlerischen Positionierungen.
- Befähigung zur künstlerisch-kreativen Arbeit mit und künstlerisch-kreativer Aneignung von verschiedenen ästhetischen Ausdrucksformen aus unterschiedlichen Kulturräumen oder Milieus.
- Förderung der Analyse und Selbstinitiierung von eigenen transkulturellen Gestaltungsprozessen innerhalb der „Künste“.

Dieser Beitrag wurde in ähnlicher Form in englischer Sprache bereits veröffentlicht in dem Sammelband „Arts Education Beyond Art: Teaching Art in Times of Change, Reihe Antennae Nr. 16, herausgegeben von Barend van Heusden und Valiz Pascal Gielen 2015, Amsterdam.

LITERATUR

Assmann, Jan (2005): Das kulturelle Gedächtnis: Schrift, Erinnerung und politische Identität in frühen Hochkulturen. München: Beck.

Bahrdt, Hans Paul (1985): Schlüsselbegriffe der Soziologie. Eine Einführung mit Lehrbeispielen. München: Beck.

Beck, Ulrich (1986): Risikogesellschaft. Auf dem Weg in eine andere Moderne. Frankfurt a.M.: Suhrkamp.

Beck, Ulrich (2007): Die Risikogesellschaft. In: Pongs, Armin: In welcher Gesellschaft leben wir eigentlich? München: Dilemma Verlag, S. 39-74.

Bourdieu, Pierre (1982): Die feinen Unterschiede. Kritik der gesellschaftlichen Urteilskraft. Frankfurt a.M.: Suhrkamp.

Buß, Eugen (2002): Regionale Identitätsbildung: Zwischen globaler Dynamik, fortschreitender Europäisierung und regionaler Gegenbewegung. Schriftenreihe der Stiftung Westfalen-Initiative. Bd. 2. Münster: Lit.

Fiedler, Herbert/Land, Ronit/Martens, Gitta/Roth, Michael M./Schultze, Barbara (Hg.): Ausgrenzung hat viele Gesichter. Impulse und Reflexionen aus der kulturpädagogischen Praxis. München: kopaed.

Fuchs, Max (1999): Mensch und Kultur. Zu den anthropologischen Grundlagen von Kulturarbeit und Kulturpolitik. Opladen, Wiesbaden: Westdeutscher Verlag.

Giddens, Anthony (2012): Entfesselte Welt. Wie die Globalisierung unser Leben verändert. Frankfurt a.M.: Suhrkamp.

Giesecke, Hermann (2004): Einführung in die Pädagogik. Weinheim: Beltz Juventa.

Göhlich, Michael/Liebau, Eckart/Leonhard, Hans-Walter/Zirfas, Jörg (2006): Transkulturalität und Pädagogik. Interdisziplinäre Annäherungen an ein kulturwissenschaftliches Konzept und seine pädagogische Relevanz. Weinheim, München: Juventa.

Groot, Marjan (2008): Geschlechtlich konnotierte Sphären im niederländischen Galeriebetrieb der Moderne: die Rezeption von Arts and Craft, außereuropäischem Kunsthandwerk und Volkskunst. In: John, Jennifer/Schade, Sigrid (Hg.): Grenzgänge zwischen den Künsten: Interventionen in Gattungshierarchien und Geschlechterkonstruktionen. Bielefeld: transcript, S. 15-34.

Hall, Stuart/Gay, Paul, du (Hg.) (1996): Questions auf Cultural Identity. London: Sage Publications Ltd.

Huntington, Samuel P. (1996): Der Kampf der Kulturen (The Clash of the Civilizations). München, Wien: Europaverlag.

Keuchel, Susanne (2012): Das 1. InterKulturBarometer. Migration als Einflussfaktor auf Kunst und Kultur. Köln: ARCult Media.

Keuchel, Susanne/Larue, Dominic (2013): Empirische interkulturelle Forschung in der Erwachsenenbildung. In: Hoffmeier, Andrea/Smith, Dolores: Interkulturelle Kompetenz und Kulturelle Erwachsenenbildung. Bielefeld: Bertelsmann, S. 192-223.

Keupp, Heiner/Abbe, Thomas/Gmür, Wolfgang/Höfer, Renate/Mitzscherlich, Beate/Kraus, Wolfgang/Straus, Florian (2008): Identitätskonstruktionen. Das Patchwork der Identitäten in der Spätmoderne. Reinbek: rororo.

Korte, Hermann/Schäfers, Bernhard (Hg.) (2008): Einführung in Hauptbegriffe der Soziologie. Wiesbaden: VS Verlag für Sozialwissenschaften.

Kugler, Franz (1842): Handbuch der Kunstgeschichte. Stuttgart: Salzwasser-Verlag in Europäischer Hochschulverlag.

Lissek, Michael (2011): Von Wandervögeln bis zum HipHop [http://ondemand-mp3.dradio.de/ file/ dradio/ 2010 /08/10/drw_201008101319_archiv_der_jugendkulturen_22d8c276.mp3, zuletzt aufgerufen am: 19.11. 2014].

Manhart, Christian (2014): UNESCO's Present Position toward Arts Education. In: O'Farrell, Larry/Schonmann, Shifra/Wagner, Ernst (Hg.): International Yearbook for Research in Arts Education 2/2014, S. 18-20.

Nestler, Gerhard (1962): Geschichte der Musik. Gütersloh: Atlantis-Musikbuchverlag.

Schulze, Gerhard (2005): Die Erlebnisgesellschaft: Kultursoziologie der Gegenwart. Frankfurt a. M: Campus Verlag.

Sinus Sociovision (Hg.) (2008): Die Milieus der Menschen mit Migrationshintergrund in Deutschland. Heidelberg.

Stiftung Mercator (o.J.): Kulturelle Bildung 2020. Wir wollen den Stellenwert von Kultureller Bildung in Deutschland erhöhen. Unser Einsatz für Kulturelle Bildung. Essen [www.stiftung-mercator.de/de/unsere-themen/kulturelle-bildung/strategie, zuletzt aufgerufen am: 10.07.2015].

UNESCO (2009): UNESCO-Weltbericht. In kulturelle Vielfalt und interkulturellen Dialog investieren. Kurzfassung. Bonn [www.unesco.de/fileadmin/ medien/ Dokumente/ Kultur/ Weltbericht_FINAL.pdf, zuletzt aufgerufen am: 10.07.2015].

Welsch, Wolfgang (1995): Transkulturalität. Zur veränderten Verfasstheit heutiger Kulturen. In: Institut für Auslandsbeziehungen (Hg.): Migration und Kultureller Wandel, 45. Jg. 1995/1.Vj. Stuttgart, S. 39-44.

Wiora, Walter (1950): Das echte Volkslied. Heidelberg: Müller-Thiergarten.

Wimmer, Michael (2013): Bildung für alle gestalten. Auf dem Weg zu mehr Bildungsgerechtigkeit. In: Online-Magazin „Kultur macht Schule“, 02.10.2013. Remscheid [www.kultur-macht-schule.de/om/artikel/id/7921.html, zuletzt aufgerufen am: 10.07.2015].

Woermann, Karl (1900-1922): Geschichte der Kunst aller Zeiten und Völker. 6 Bde. 1900-1922. Wien, Leipzig: Bibliographisches Institut.

Yildiz, Erol (1997): Die halbierte Gesellschaft der Postmoderne. Wiesbaden: VS Verlag für Sozialwissenschaften.

Zacharias, Wolfgang (2001): Kulturpädagogik: kulturelle Jugendbildung. Eine Einführung. Leverkusen: Leske und Budrich.

Kulturelle und curriculare Barrieren der Potenzialentfaltung von Zuwanderern

HACI-HALIL USLUCAN

EINLEITUNG

Es gibt einige Themen in der Welt, bei denen wir uns von Fiktionen, Wünschen und Halbwissen leiten lassen und uns daran wenig stören. Doch wenn dieses Wissen bzw. Halbwissen praktisch wird, z.B. etwas mit uns zu tun hat, werden wir zu Recht etwas aufgeregt, werden dann genauer, wollen mehr Sicherheit und Verlässlichkeit. Häufig passiert uns das im Kontext von Zuwanderung und den Erfolgen und Misserfolgen von Zuwanderern.

Es gibt hierzu viel Bauchevidenz, die medial verfestigt wird; manchmal auch Interessengruppen, die die eine oder andere „Wahrheit" als die zentrale Erklärungsfigur gelungener/gescheiterter Integration heranziehen, gleichwohl sich diese aus einer etwas größeren Entfernung oft nur als ein Puzzleteil, als ein kleiner Mosaikstein eines größeren Bildes entpuppt.

Vor allem zu den Defiziten von Zuwanderern im Bildungssektor ist bereits viel geforscht worden. Diese Ergebnisse werden auch immer wieder öffentlich politisiert und skandalisiert. Doch wie steht es um die Potenziale, um Begabungen, um Hochbegabungen Zuwanderern? Wie kommt es, dass dieser Diskurs schwach ausgeprägt ist? Woher kommt es, dass diese Begabungen selten identifiziert, gewürdigt und auch zu wenig ausgebaut werden? Was sind also die kulturellen Barrieren der Wahrnehmung dieser Potenziale? Und mit Fokussierung auf den Bildungssektor: Was sind die schulischen bzw. curricularen Barrieren der Identifikation dieser Potenziale?

Die gesellschaftspolitische Relevanz dieses Themas erfordert eigentlich keine besondere Begründung; denn es ist heutzutage unbestritten, dass sich kaum eine Gesellschaft – vor allem nicht eine die in erster Linie auf Wissen und Können als ihre grundlegenden „Rohstoffe" aufbaut – es sich leisten kann, die Talente und Begabungen einiger ihrer Mitglieder zu ignorieren, verkümmern zu lassen oder unangemessen zu fördern. Und dies gilt unabhängig von der Frage nach ethnischen, religiösen, sozialen, kulturellen etc. Zugehörigkeiten. Doch genau hier liegt ein eklatanter Widerspruch: Einerseits ist die Schere zwischen einheimischen und jenen Schülern, die eine kulturelle, sprachliche oder religiöse Diversität aufweisen, nach wie vor zuungunsten der letzteren offen und die Anstrengungen zur Schließung dieser Lücke nicht ausreichend; und andererseits wird systematisch versäumt, die außergewöhnlichen Fähigkeiten und Potenziale dieser Gruppe (und dies manchmal trotz ihrer Mehrbelastungen) zu entdecken und auszubauen.

Im folgenden Beitrag werden zunächst kurz aus psychologischer Sicht die Bildungsbeteiligung und die Bildungshemmnisse skizziert; dann soll im nächsten Kapitel auf Konzeptionen von Intelligenz und Begabungen eingegangen werden. Das zentrale dritte Kapitel setzt den Schwerpunkt auf systematisch wirkende Barrieren und die Verkennungen der Begabungen von Zuwanderern.

Die Ausführungen fokussieren häufig die türkei-stämmige Population, weil diese die größte ethnische Gruppe in Deutschland bildet, gleichwohl wir im Blick haben sollten, dass auch dort eine große kulturelle, sprachliche und soziale Heterogenität herrscht.

BILDUNGSBETEILIGUNG UND BILDUNGSERFOLGE/-MISSERFOLGE VON ZUWANDERERN

Wird der Blick auf die Bildungslandschaft in den letzten Jahrzehnten gerichtet, so wird deutlich, dass Kinder und Jugendliche mit Zuwanderungsgeschichte in Schulen, die früher Sonderschulen/Förderschulen hießen, überrepräsentiert sind. Ihre Schullaufbahnen verlaufen häufig ohne Hauptschulabschluss. Auch bei Abschlüssen haben sie in der Regel geringwertigere.

Nach wie vor scheinen Übergangssituationen für sie kritisch zu sein. Einheimische Kinder schaffen, je nach Bundesland, dreimal häufiger den Übergang auf ein Gymnasium. Das zeigt, dass Entscheidungen über Bildungswege auch ein Stück weit von den örtlichen Bildungsgegebenheiten und von dem Bildungskontext abhängen und nicht allein den Merkmalen der Zuwanderer geschuldet sind.

Die Wiederholerrate bei Kindern mit Zuwanderungsgeschichte ist doppelt oder viermal so hoch. Und auch der Anteil derjenigen, die die Schule ohne einen Hauptschulabschluss verlassen, ist deutlich höher (vgl. Matzner 2012). Grob lässt sich eine starke Überrepräsentation in eher niedriger wertigen Schultypen feststellen, wenngleich dies natürlich nicht für alle Zuwanderergruppen gleichermaßen gilt (vgl. Thränhardt 2012). So ist beispielsweise hervorzuheben, dass Schüler aus Vietnam, der Ukraine oder dem Iran, in etwa genauso oder erfolgreicher als Einheimische sind.

Was sind aus psychologischer Sicht Aspekte des Bildungsmisserfolges? Aus der Vielzahl von Erklärungen will ich nur zwei herausgreifen:

1) Erlernte Hilflosigkeit und
2) Bedrohung der Identität durch Stereotype (*Stereotype Threat*).

Wir erleben im Alltag häufig Situationen, in denen gesagt wird, „Mensch, das kannst du doch, warum machst du es nicht? Du hast doch die Fähigkeiten dazu." Dieser Aufforderung begegnen Zuwanderer sehr häufig; und eine vorschnelle Erklärung liegt dann in ihrer vermeintlichen „Integrationsresistenz". Dringt man jedoch in die Lernbiografien ein Stück weiter ein, dann zeigt sich häufig, dass diese Schüler in der Vergangenheit Erfahrungen der Hilflosigkeit gemacht und diese irgendwann verinnerlicht haben. Das heißt, sie haben mehrere Versuche unternommen, sind gescheitert, und haben dann Hilflosigkeit als misslingenden Bewältigungsstil „erlernt". Hat beispielsweise ein Schüler versucht, etwas auf Deutsch grammatisch korrekt auszusprechen und ist dabei mehrfach gescheitert, hält er sich unter Umständen auch bei einfachen Aufgaben zurück.

Dieses Konzept ist von Martin E.P. Seligman und Steven F. Maier 1967 in die Psychologie eingeführt worden. Die Autoren zeigten, dass Menschen auch bei jenen Aufgaben keine Anstrengungen unternehmen, die sie eigentlich schaffen würden, wenn sie wissen, dass sie ihre Umgebung nicht kontrollieren können, ihrer Umgebung also hilflos ausgesetzt sind. Gerade diese Erfahrungen der Hilflosigkeit (Unkontrollierbarkeit der sozialen Umgebung, der Bildungskontexte) ist ein Aspekt, denen Zuwanderer in ihrer Biografie häufiger ausgesetzt sind. Die Bildungslandschaft in Deutschland und ihre Organisationen zeigen sich ihnen weniger transparent. Auch wenn die Schüler gegenwärtig selbst keine aktive Zuwanderungsgeschichte mehr haben, so können unter Umständen die Art und Weise des Umgangs mit Stress und mit der Hilflosigkeit über die Elterngeneration transmittiert werden. Die Folgen von Migrationsprozessen erstrecken sich in der Regel noch in die nachfolgende Generation (vgl. Gavranidou/Kahraman 2009).

Eine zweite Erklärungsfigur, der in der pädagogischen Forschung in letzter Zeit eine immer stärkere Bedeutung zukommt, ist der *Stereotype Threat*, also die Bedrohung der Identität durch Stereotype. Genau genommen bedeutet *Stereotype Threat*, dass die situative Aktivierung negativer, leistungsbezogener Stereotype (z.B. Mädchen sind in Mathematik schlechter als Jungen) bei den von den Stereotypen betroffenen Gruppenmitgliedern tatsächlich auch zu Leistungseinbußen führt, wie dies durch eine Vielzahl von Forschungen belegt werden konnte (vgl. Keller 2007; Rahhal/Hasher/Colcombe 2001; Spencer/Castano 2007; Steele/Aronson 1995).

Der „Mehrwert" dieser Forschungsrichtung liegt darin, gezeigt zu haben, dass die Bedrohung der Identität durch Stereotype nicht nur das Selbstwertgefühl beeinträchtigt – denn es ist evident, dass Personen sich schlecht fühlen, wenn sie wissen, dass über ihre personale, soziale und/oder ethnische Identität abwertende Meinungen vorherrschen –, sondern die Folgen sich auch auf die Beeinträchtigung kognitiver Leistungen ausweiten.

Wie verbreitet und wie intensiv Stereotype insbesondere im Curriculum bzw. in Schulbüchern in Deutschland noch sind, belegt eine jüngste Studie der Beauftragten der Bundesregierung für Migration, Flüchtlinge und Integration (2015). Dort wird beispielsweise in den verschiedenen Schulfächern auf „Bilder" und Thematisierungen von Zuwanderern eingegangen, die ein hohes Potenzial haben, die betroffene Schülerschaft zu diskriminieren.

Die psychologische Erklärung für die Wirkung der Bedrohung durch Stereotype liegt darin, dass in so einem Falle ein Teil der mentalen Energie dafür verwendet wird, dieses Stereotyp zu durchbrechen, so etwa, „hoffentlich erfülle ich die stereotypen Ansichten der Lehrerin nicht." Der betroffene Schüler kann seine Aufmerksamkeit nicht ganz dem Stoff widmen, sondern ein Teil seiner mentalen Energie wird abgezweigt zur Bekämpfung des Stereotyps, für die „Reparatur des beschädigten Selbst". Während die kurzfristige Wirkung die kognitiven Kapazitäten betrifft, kann die langfristige Wirkung in der Verhinderung erfolgreicher Bildungsteilhabe liegen. Denn dann nimmt die Identifikation mit Bildung ab. Der (in Bildungskontexten) beeinträchtigte Selbstwert wird geschützt, indem Betroffene ein Selbstkonzept entwickeln, das immun gegen Stigmatisierung aufgrund negativer schulischer Leistungen ist. Sie entdecken dann andere wichtige Domänen für sich, so etwa Freundschaftsbeziehungen, Sport, Hobbys etc. (vgl. Uslucan/Yalcin 2012).

KULTURELLE KONZEPTIONEN VON INTELLIGENZ UND BEGABUNG

Menschliches Verhalten ist weitestgehend kulturgebunden; insofern ist auch die Intelligenz eher kulturspezifisch als universal. Intelligenztests sind nur dann angemessen, wenn sie auch in der jeweiligen Kultur relevante Fähigkeiten bzw. Kenntnisse messen. Auch wenn wir den kulturellen Bias, die kulturelle Zurichtung, nicht immer sofort merken: Kultur ist, unausgesprochen, das Wasser um uns herum, in dem wir schwimmen. Wir machen uns in der Regel über sie keine Gedanken, aber unsere Auffassungen von Intelligenz stammen natürlich aus einer intellektuellen Tradition moderner Leistungsgesellschaften. Intelligenz wird weitestgehend über das Schulsystem bzw. das Bildungssystem vermittelt und spielt eine herausragende Rolle.

Diesen Unterschied würden wir sehr schnell merken, wenn wir beispielsweise für eine kurze Zeit in der Savanne oder am Amazonas leben müssten: Wie weit könnten wir mit unserer Intelligenz kommen, die sehr symbolisch, figural, mathematisch und logisch orientiert ist, aber die uns beispielsweise nicht in die Lage versetzt, Spuren zu deuten, giftige und ungiftige Pflanzen auseinanderhalten zu können, in dieser Umgebung überleben zu können? Das jedoch wären Fähigkeiten und Kompetenzen, die relevant für diese Umgebung wären.

Mallory Wober (1974/1984) untersuchte beispielsweise den Intelligenzbegriff traditioneller Kulturen in Uganda. Als Merkmale der Intelligenz fand er dort Aspekte wie „Respekt vor den Älteren“, „Achtung der Eltern“, „Geschichte des Landes auswendig kennen“ usw. Ferner war beispielsweise der Gehorsam als Indikator für Intelligenz relevanter als typisch akademische Fähigkeiten; Stabilität und Harmonie waren wichtiger als Innovation und Individualität. Deutlich wird also, dass kulturelle Werte sich in Gesellschaft, Erziehungsverhalten und Schulunterricht widerspiegeln, was sich dann auch auf die Form und Ausprägung kognitiver Fähigkeiten auswirkt.

Mit Blick auf Deutschland haben wir durch die selektive Einwanderung auch ein Schicht- und Kultur-Bias, d.h. wir haben hier eine weitestgehend mittelschichtorientierte Auffassung von dem, was ein intelligentes Kind ist. Mit Blick auf Kinder mit Zuwanderungsgeschichte haben wir aber nicht unbedingt Mittelschichtkinder vor uns. Aus der Türkei beispielsweise sind nicht die Kinder der Akademiker oder der Bankdirektoren nach Deutschland gekommen, sondern weitestgehend Menschen aus einer ländlichen und agrarischen Tradition, die eher der Unterschicht zuzuordnen wären und bei denen andere Fähigkeiten und Kompetenzen stärker ausgebildet waren.

Unabhängig von der Frage, wie sich die Intelligenz entwickelt, ist die Frage nach ihrer Stabilität. Hier zeigen die Befunde, dass interindividuelle Differenzen auch über einen relativ langen Zeitraum recht stabil sind: So konnte in einer Studie von Ian Deary (2000) gezeigt werden, dass bei einer Stichprobe von N = 97 Personen in Schottland nach 66 Jahren die Stabilität r = 0,63 betrug. Die Personen waren zum ersten Messzeitpunkt (1932) 11 Jahre alt und beim letzten Messzeitpunkt (1998) 77 Jahre. Wer also als 11-Jähriger zu den Intelligentesten gehörte, zählte auch mit 77 Jahren eher zu den intelligentesten seiner Gruppe. In einer Metaanalyse, die 19 Studien zusammenfasst (Zeitabstand 6 bis 66 Jahre; Mittelwert = 24,5 Jahre) betrug die mittlere Stabilität der Intelligenz r = 0,76.

Frühere Studien zeigten jedoch (vgl. Petty/Field 1980), dass die Stabilität der Intelligenz in jüngeren Jahren eher gering ist (bis zum Alter von 7 Jahren lagen die Korrelationen unter r = 0,7), jedoch ab dem Alter von 12 Jahren dann wieder relativ stabil war; d.h. danach bleibt der Rangplatz einer Person in einer IQ-Verteilung weitestgehend gleich. Die positive Botschaft ist jedoch: In der frühen Kindheit kann durch angemessene Förderung sehr viel erreicht werden.

Für die Ausprägung und Stabilität der Intelligenz ist natürlich auch die Frage wichtig, inwieweit die schulischen Leistungen hierfür verantwortlich sind. Stephen Ceci hat seit den 1990er Jahren hierzu einige Studien durchgeführt (vgl. 1991) und er zeigt in seinen Analysen, dass pro fehlendes Schuljahr zwischen 2 bis 5 IQ-Punkte einhergehen. Kinder, die durch Krieg, Flucht, Krankheit, Schulschließung usw. die Schule nicht besuchen können, büßen pro fehlendes Schuljahr folglich IQ-Punkte ein. Das zeigt, welche Relevanz der Beschulung allgemein für die Intelligenzentwicklung zukommt. Diesen Aspekt gilt es insbesondere bei der Testung von Flüchtlingskindern im Auge zu haben.

Betrachten wir den Aspekt der Begabungen bzw. der Hochbegabung, so lässt sich festhalten, dass die Forschungen zu diesem Thema in Deutschland bis in die 1980er Jahre hinein eher vernachlässigt wurden. Spätestens seit den PISA-Ergebnissen ist das Interesse am Thema Hochbegabung wieder gestiegen. Die Förderung Hochbegabter wird in der Öffentlichkeit kontrovers diskutiert: Vielfach wird argumentiert, die „Elitenförderung" gehe dann zu Lasten der Breitenförderung und öffne die Schere zwischen Leistungsstarken und Leistungsschwachen noch mehr.

Was jedoch bezeichnet Hochbegabung? Der Begriff wird in unterschiedlichen Differenzierungen gebraucht:

1) Hochbegabung statisch versus dynamisch: also Hochbegabung als angeborene Leistungsfähigkeit versus kulturell erworbene Leistungsbereitschaft;
2) Intellektuelle versus nicht-intellektuelle Begabungen: also Denkvermögen und Sprachverständnis versus musische, praktisch-handwerkliche Begabungen;
3) Allgemeine Begabung versus spezifische Begabung: also hoher G-Faktor (hohe Geschwindigkeit, hohe Kapazität des Denkvermögens) versus Bündel von Intelligenzen bzw. Begabungen;
4) Performanz versus Kompetenz: also in Leistung umgesetztes versus noch nicht umgesetztes Potenzial.

Die Zusatzqualifizierung „hoch" im Wort „Hochbegabung" verweist darauf, dass es sich bei diesem Merkmal um eine vom Mittelwert weit entfernt liegende Ausprägung handelt; deshalb ist hier die Frage relevant, wo der *Cut-off-Wert* anzusetzen ist.

Die in der Literatur erfolgende Hochbegabungsdefinition lässt sich unter folgende Kategorien subsumieren:

1) Ex-post-facto-Definition: Ausgeführte hervorragende Leistungen zeichnen im Rückblick eine Person als „hochbegabt" aus.

2) IQ-Definition: Ab einem bestimmten Mindestwert (in der Regel: IQ > 130) gilt eine Person als hochbegabt, unabhängig davon, ob sich das in irgendeinem Feld gezeigt hat.
3) Prozentsatz-Definition: Nach einem genauer zu spezifizierenden Kriterium gilt als hochbegabt, wer zu den oberen „x"-Prozent gehört; meistens zu den oberen 2 Prozent.
4) Kreativitätsdefinition: Als hochbegabt gilt, wer eine Mindestausprägung an Kreativität besitzt.
5) Soziale Definition: Eine Person wird dann als hochbegabt qualifiziert, wenn sie bestimmte Fähigkeiten hat, die von der Gesellschaft als wertvoll betrachtet werden (vgl. Rost/Sparfeldt/Schilling 2006).

VERKENNUNG DER POTENZIALE VON ZUWANDERERN

Das Problem der disparaten Verteilung, also der unverhältnismäßigen Identifikation und Förderung, ist bei sozialen Minderheiten in der deutschen Forschung noch untererforscht. Diese Studien sind in den USA hingegen sehr umfangreich. Methodisch wird dabei überprüft, ob in Hochbegabtenprogrammen sogenannte *Minority Students* in der derselben Anzahl vorhanden sind wie ihr Bevölkerungsanteil. Beispielsweise hat C. June Maker in den 1990er Jahren festgestellt, dass der Anteil von *Minority Students* bei 48 Prozent, aber ihr Anteil an entsprechenden Programmen zur Förderung Begabter nur bei 25 Prozent lag (vgl. Maker 1996). In anderen Studien zeigte sich, dass der Anteil von *African American Students* 21 Prozent betrug, ihr Anteil an Förderprogrammen zur Hochbegabung jedoch gerade einmal 12 Prozent.

Theoretischer Hintergrund dieses Vorgehens ist der Konsens in der Forschung, dass Hochbegabung in allen kulturellen Kontexten vorkommt, Hochbegabung also kulturübergreifend gleich verteilt ist; und wir bei ungleichen Repräsentationen, Identifikationen, Würdigungen etc. einen hinreichenden Grund zu der Annahme haben, dass es zu einer Filterung kommt und so nicht alle gleichermaßen in ihren Begabungen erkannt werden. Die empirischen Daten für die USA zeigen, dass dort in den Begabtenförderprogrammen weitestgehend Hispanos, Afroamerikaner und American Indians unterrepräsentiert sind, hingegen aber asiatische Schüler sowie Studierende aus Fernoststaaten, wie China, Japan oder Korea, stärker repräsentiert sind als ihr Bevölkerungsanteil (vgl. Callahan 2005; Speirs Neumeister et al. 2007).

Die Studien von Margrit Stamm (2007, 2009) zeigen, dass der Anteil der Schüler mit Migrationshintergrund in Hochbegabtenprogrammen in Deutschland, aber auch in angelsächsischen Ländern, zwischen 4 bis 9 Prozent liegt, ihr realer Anteil in der Bevölkerung jedoch mindestens zwischen 20 bis 30 Prozent, wir also auch hier eine disproportionale Verteilung haben.

Dies lässt sich auch an einem kleinen Beispiel verdeutlichen: Wenn wir die Normalverteilung vor Augen haben und davon ausgehen, dass 2 bis 3 Prozent der Bevölkerung hochbegabt sind, dann lassen sich die Zahlen hochbegabter Kinder mit Zuwanderungsgeschichte in Deutschland leicht ermitteln. Bei der letzten Schätzung im Jahre 2010 hatten von den 13,1 Millionen Kindern rund 4 Millionen von ihnen einen Migrationshintergrund (etwas mehr als 30 %). Somit wären 2 Prozent 80.000, und 3 Prozent 120.000. Aus der statistischen Erwartungshaltung heraus müsste es also in dieser Größenordnung Kinder und Jugendliche mit Hochbegabung in Deutschland geben.

Kritisch muss jedoch hier hinzugefügt werden, dass es unabhängig vom Zuwanderungsaspekt auch andere Gruppen in der Gesellschaft gibt, deren Potenziale ebenfalls zu wenig erkannt werden. So scheint es nach wie vor einen Geschlechtsbias zuungunsten von hochbegabten Mädchen zu geben, d.h. ihre Begabungen werden seltener erkannt und gewürdigt; dann aber auch hochbegabte Kinder mit körperlichen Behinderungen, weil vielfach die körperliche Behinderung als eine so dominante Einschränkung wahrgenommen wird und die außergewöhnliche intellektuelle Begabung des Kindes zu wenig gesehen wird.

Ferner sind hier auch die sogenannten *Underachiever*, also „Minderleister" zu nennen, die eher mittelmäßige oder schlechte Noten haben, aber in Intelligenztests hingegen sehr hohe Werte aufweisen. Aus verschiedenen Gründen rufen diese Schüler ihre Leistungen in der Schule nicht ab, zeigen jedoch in einem anderen Kontext, dass sie hohe Potenziale haben (vgl. Uslucan 2011).

Betrachten wir jedoch noch einmal die Unterrepräsentation der Schüler mit Zuwanderungsgeschichte: Woran liegt es, dass wir ihrer Potenziale nicht angemessen gewahr werden?

Hier sollen vier gravierende Quellen der Verkennung kurz benannt werden:

1) kulturell-gesellschaftliche Konzeptionen von Begabungen und Talenten;
2) testdiagnostische Verzerrungen;
3) Verzerrungen in der Lehrerwahrnehmung;
4) Verzerrungen in der Selbstwahrnehmung von Eingewanderten.

1) Konzepte von psychischen Ressourcen sowie Begabungen und Talenten unterliegen einem inexpliziten kulturellem Bias: Vielfach führen sie deshalb zu einer Unterrepräsentation von Schülern mit Einwanderungsgeschichte, weil kulturspezifische Begabungen bzw. Talente zu wenig berücksichtigt oder gewürdigt werden (vgl. Tan 2008). So sind bestimmte Formen der Musikalität oder der Körperbeherrschung, wie etwa Virtuosen am Saz – einer Langhalslaute – oder Kolbasti-Tänzer (ein körperlich sehr anspruchsvoller Tanz in der Türkei) hier noch zu wenig bekannt und die entsprechenden Fähigkeiten werden zu wenig gewürdigt.
   Die Vorstellung, was als besonders gut und wer als begabt gilt, gehorcht spezifischen gesellschaftlichen Vorstellungen; insbesondere spiegeln sich darin die Ideale der herrschenden (Mittel- und Oberschicht-)Gruppen wider. Einwanderer in Deutschland, vor allem jene aus der Türkei, rekrutieren sich jedoch weitestgehend aus unteren Schichten bzw. anderen Milieus.
2) Bereits bei der Konstruktion und Eichung bzw. der Ermittlung von Eichnormwerten gebräuchlicher Begabungs- und Intelligenztests ist bislang kulturelle Vielfalt zu wenig berücksichtigt worden; die Testung basiert also auf einer Normierung, die nicht angemessen und nicht repräsentativ für die entsprechende Zielgruppe ist (vgl. Barkan/Bernal 1991).
   Darüber hinaus verzerren sprachgebundene bzw. sprachlastige Wissens- und Intelligenztests oft die Ergebnisse, wenn die Person bzw. der Schüler nur geringe Deutschkenntnisse hat und u.a. die Instruktion nicht ganz versteht. Das Kind hat möglicherweise die mathematische Kompetenz, weiß aber nicht, was es tun soll. Wenn Erzählungen, Einfallsreichtum, Wortassoziationen nur in einer Sprache getestet werden, werden die Mehrsprachigkeit bzw. andere Sprachkenntnisse als die Landessprache als kognitive Kompetenzen des Kindes nicht angemessen berücksichtigt.
   Zu bedenken ist auch, dass abgefragte Wissensinhalte in Intelligenz-Tests für Zuwanderer nicht dieselbe Alltagsrelevanz haben bzw. den-

selben lebensweltlichen Kontexten entstammen wie für Einheimische und deshalb nicht immer angemessen sind. So wachsen beispielsweise türkische Kinder nicht immer mit „Grimms Märchen“ auf; oftmals kennen sie vermutlich Figuren und Geschichten nicht, die für Einheimische selbstverständlich sind.

3) Lehrkräfte weisen vielfach eine höhere kulturelle Ähnlichkeit im Lebensstil, in ihren Werthaltungen und Weltsichten mit einheimischen (Mittelschicht-)schülern auf, sehen, erkennen und fördern die Potenziale dort eher als bei Kindern mit Zuwanderungsgeschichte (so etwa, wenn diese beispielsweise eine sehr kreative Sprachverwendung in der Muttersprache haben, aber ein rudimentäres Deutsch sprechen).
4) In einigen Fällen haben Zuwanderer den gesellschaftlichen Blick auf sie und ihre soziale Einschätzung so sehr verinnerlicht, dass dieses zu einem Bestandteil des Selbstbildes geworden ist und sie ihrerseits kaum an eigene besondere Begabungen und Talente glauben oder diese als eine Besonderheit wahrnehmen (vgl. Tan 2008). Vielleicht haben Eltern aber auch wenige Kenntnisse über das Vorhandensein von Begabtenförderungsprogrammen, weil sie das hiesige Schulsystem und die Fördersysteme nicht kennen, sodass sie ihre Kinder nicht rechtzeitig für entsprechende Programme und Kurse anmelden können. Gelegentlich verengen Eltern die intellektuellen Potenziale ihrer Kinder auf gesellschaftlich akzeptierte und unmittelbar konvertierbare Formen symbolischen Kapitals: So sind Eltern mit Zuwanderungsgeschichte oft weniger bereit, ästhetische, expressive, poetische Talente ihrer Kinder zu erkennen bzw. diese zu fördern und auszubauen (wie übrigens vor einigen Generationen in Deutschland auch), weil diese mit einem geringeren Prestige in den Herkunftsländern verbunden sind und sie über gesellschaftliche Aufstiegsmöglichkeiten mit diesen Berufen in Deutschland zu wenig vertraut sind.

Zuletzt sind hier auch Verkennungen seitens der Eltern durch kulturell tradierte Fehlkonzeptionen von Begabungen und Intelligenz zu nennen (die in Schattierungen möglicherweise auch für deutsche Eltern gelten). So hat Ugur Sak (2011) in einer empirischen Studie mit Eltern in der Türkei (N = 812) feststellen können, dass ein substanziell hoher Anteil von ihnen einer Fehlkonzeption von Begabung aufsitzt. In seiner Studie stellte sich heraus, dass ein Großteil der Meinung war, Hochbegabung sei angeboren, Hochbegabung sei gottgegeben, Hochbegabte seien et-

was „psychisch schräg“ bzw. abnormal oder krank sowie Hochbegabung sei ein alle Domänen übergreifendes Phänomen.
Zwar ist diese Studie in der Türkei durchgeführt und nicht mit türkeistämmigen Migranten in Deutschland; doch kann angenommen werden, dass mit graduellen Abweichungen diese verzerrten Auffassungen auch in Deutschland zu erwarten sind.

Abschießend soll auf die immensen Folgen dieser Verkennung von Potenzialen hingewiesen werden. Ein gravierendes Ergebnis ist natürlich eine individuelle Benachteiligung: Menschen, die ein hohes Potenzial haben, aber dieses nicht ausführen können, werden an ihrem Recht auf freie Entfaltung gehindert.

Folgen können jedoch auch gesellschaftliche und ökonomische Benachteiligungen sein. Wir vergeuden einfach Potenziale, wenn wir sie nicht zeitig erkennen.

Bei Zuwanderern hat das auch Auswirkungen auf gesellschaftliche Integrationsprozesse und soziale Akzeptanz: Wir haben hier eine Chance, das Image dieser Gruppe positiv zu ändern, wenn wir auch stärker ihre Potenziale erkennen, in ihnen nicht nur eine Belastung und eine Gefahr für die Gesellschaft sehen, sondern verstärkt wahrnehmen, welche intellektuelle, kulturelle, künstlerische und ästhetische Bereicherung sie für die Gesellschaft darstellen (vgl. Uslucan 2012).

So kann es – um mit einem konkreten pädagogischen Beispiel abzuschließen, höchst sinnvoll sein, gerade bei Schülern, die eine junge Zuwanderungsgeschichte haben – die noch neu hier sind –, individuelle Bezugsnormen statt soziale Bezugsnormen anzusetzen. Das heißt also, ihre Fähigkeit nicht nur daran zu messen, wie gut sie im Schnitt zu den anderen sind, sondern welche Entwicklungen sie gemacht haben. Möglicherweise sind sie immer noch schwach oder durchschnittlich. Aber wer in einer kurzen Zeit diese hohen kognitiven Veränderungen gemacht hat, sich etwa nach nur ein oder zwei Jahren sprachlich verständigen kann, der hat möglicherweise hohe kognitive Potenziale. Und diese gilt es, besonders zuverlässig und schnell zu entdecken.

LITERATUR

Barkan, Jerry H./Bernal, Ernesto M. (1991): Gifted Education for Bilingual and Limited English Proficient Students. In: Gifted Child Quarterly, 35, S. 144-147.

Beauftragte der Bundesregierung für Migration, Flüchtlinge und Integration (2015): Schulbuchstudie Migration und Integration. Berlin: Eigenverlag [www.bundesregierung.de/Content/ Infomaterial / BPA/IB/Schulbuchstudie_Migration_und_Integration_ 09_ 03_2015.pdf?__blob=publicationFile&v=3, zuletzt aufgerufen am: 15.07.2015].

Callahan, Carolyn M. (2005): Identifying Gifted Students From Underrepresented Populations. In: Theory Into Practice, 44 (2), S. 98-104.

Ceci, Steven J. (1991): How Much Does Schooling Influence General Intelligence and Its Cognitive Components? A Reassessment of the Evidence. In: Developmental Psychology, 27 (5), S. 703-722.

Deary, Ian (2000): Looking Down on Human Intelligence: From Psychometrics to the Brain. Oxford University Press.

Gavranidou, Maria/Kahraman, Birsen (2009): Einsatz diagnostischer Verfahren bei Menschen mit Migrationshintergrund. In: Klinische Diagnostik und Evaluation, 2, S. 94-105.

Keller, Johannes (2007): Stereotype Threat in Classroom Settings: The Interactive Effect of Domain Identification, Task Difficulty and Stereotype Threat on Female Students' Maths Performance. In: British Journal of Educational Psychology, 77 (2), S. 323-338.

Maker, C. June (1996): Identification of Gifted Minority Students: A National Problem, Needed Changes and a Promising Solution. In: Gifted Child Quarterly, 40, S. 41-50.

Matzner, Michael (2012): Migration und Bildung: Daten und Fakten. In: Ders. (Hg.): Handbuch Migration und Bildung. Weinheim/Basel: Beltz, S. 90-118.

Petty, Micheal F./Field, Cecil J. (1980): Fluctuations in Mental Test Scores. In: Educational Research, 22 (3), S. 198-202.

Rahhal, Tamara/Hasher, Lynn/Colcombe, Stanley J. (2001): Instructional Manipulations and Age Differences in Memory: Now You See Them, Now You Don't. In: Psychology and Aging, 16 (4), S. 697-706.

Rost, Detlef H./Sparfeldt, Jorn R./Schilling, Susanne R. (2006): Hochbegabung. In: Schweizer, Karl (Hg.): Leistung und Leistungsdiagnostik. Heidelberg: Springer, S. 187-222.

Sak, Ugur (2011): Prevalence of Misconceptions, Dogmas, and Popular Views about Giftedness and Intelligence: A Case from Turkey. In: High Ability Studies, 22, S. 179-197.

Seligman, Martin E.P./Maier, Steven F. (1967): Failure to Escape Traumatic Shock. In: Journal of Experimental Psychology, 74, S. 1-9.

Speirs Neumeister, Kristie L./Adams, Cheryll M./Pierce, Rebecca L./Cassady, Jerrell C./Dixon, Felicia A. (2007): Fourth Grade Teachers Perceptions of Giftedness: Implications for Identifying and Serving Diverse Gifted Students. In: Journal for the Education of the Gifted, 30, S. 479-499.

Spencer, Bettina/Castano, Emanuele (2007): Social Class is Dead. Long Live Social Class! Stereotype Threat Among Low Socioeconomic Status Individuals. In: Social Justice Research, 20 (4), S. 418-432.

Stamm, Margit (2007): Begabtenförderung und soziale Herkunft. In: Zeitschrift für Soziologie der Erziehung und Sozialisation, 27, S. 227-242.

Stamm, Margit (2009). Begabte Minoritäten. Wiesbaden: VS Verlag für Sozialwissenschaften.

Steele, Claude/Aronson, Joshua (1995): Stereotype Threat and the Intellectual Test performance of African Americans. In: Journal of Personality and Social Psychology, 69 (5), S. 797-811.

Tan, Dursun (2008): Migration als Chance. In: Adelmann, Michael (Hg.): Zukunft braucht Begabung – Begabung braucht Zukunft. In: Deutsche Gesellschaft für das hochbegabte Kind: 30 Jahre Deutsche Gesellschaft für das hochbegabte Kind (DGHK). Münster: LIT, S. 243-260.

Thränhardt, D. (2012): Zum Umgang des Bildungswesens mit Migration und ethnischer Differenz. In: Matzner, Michael (Hg.): Handbuch Migration und Bildung. Weinheim/Basel: Beltz, S. 129-138.

Uslucan, Haci-Halil (2011): Bildung und Migration – einmal anders (gesehen). In: Labyrinth, 34, S. 12-14.

Uslucan, Haci-Halil (2012): Verkannte Potenziale von Kindern und Jugendlichen mit Zuwanderungsgeschichte. In: Marmara. Zeitschrift für Deutsch-Türkische Studien, 1, S. 53-59.

Uslucan, Haci-Halil/Yalcin, Cem Serkan (2012): Wechselwirkung zwischen Diskriminierung und Integration – Analyse bestehender Forschungsstände. Expertise des Zentrums für Türkeistudien und Integrationsforschung (ZfTI) im Auftrag der Antidiskriminierungsstelle des Bundes [www.antidiskriminierungsstelle.de/DE/Publikationen/Publikationen_node.html?gtp=4191908_list%253D9, zuletzt aufgerufen am: 10. 07.2015].

Wober, Mallory (1974/1984): Zum Verständnis des Kiganda-Intelligenzbegriffs. In Schöfthaler, Traugott/Goldschmidt, Dietrich (Hg.): Soziale Struktur und Vernunft. Frankfurt a.M.: Suhrkamp, S. 226-244.

Lokale Bildungslandschaften und Diversität

Durch vielfältige Kooperationen zu einer vielfältigen Bildungspraxis?

VIOLA KELB

„Kulturelle Bildung für alle" ist bis heute die große Vision der Kulturpädagogik (vgl. Fuchs et al. 2013). Dahinter steht das nicht erfüllte Ziel kultureller Teilhabegerechtigkeit. Schon in den 1970er Jahren war „Kultur für alle" ein kulturpolitischer Schlachtruf für den Abbau von Barrieren und die Öffnung von Kunst- und Kulturangeboten für sozial benachteiligte Bevölkerungsgruppen (Hoffmann 1979). Auch die UNESCO (2000) bedient sich im Rahmen des weltweit größten Aktionsprogramms mit dem Titel „Bildung für alle" (*„Education for All"*) dieser Formel (UNESCO 2000). Kritische Stimmen allerdings merken an, Adressierungen wie „für alle" seien „in die Jahre gekommen" (siehe Wimmer in diesem Band, S. 15 ff.) oder „ebenso richtig wie unspezifisch und verfehlen daher eine konkrete Wirkung" (vgl. Fortmann/von Rittern/Warsewa 2010: 2).

Im Fokus der Teilhabeformel „alle" stehen vor allem Kinder und Jugendliche, die aufgrund ihrer individuellen Lebenslagen von Bildungsbenachteiligung betroffen sind. Der nationale Bildungsbericht 2010 (Autorengruppe Berichterstattung 2010) benennt drei Faktoren als Risikolagen für die junge Gesellschaftsgruppe: Arbeitslosigkeit eines oder beider Elternteile, ein geringes Familieneinkommen und ein bildungsfernes Elternhaus. An dieser Definition von Bildungsbenachteiligung, von der aktuell fast 30 Prozent der in Deutschland lebenden Kinder und Jugendlichen betroffen sind, orientiert sich auch das derzeitig größte staatliche Förderprogramm im Bereich der Kulturellen Bildung „Kultur macht stark". Es will im Rahmen von lokalen Bündnissen kulturelle Teilhabe ermöglichen. Die lokalen Bildungsbündnisse bestehen dabei aus mindestens drei unterschiedlichen Kooperationspartnern. Mit diesem Konzept folgt die Bundesbildungspolitik dem aktuellen Trend, Chancenungleichheit über den Weg der Bildungskooperationen und strategischen Vernetzung beizukommen. Die Bildungsbündnisse sind die Antwort der Politik auf eine fachliche Entwicklung, die die außerschulische und schulische Bildung der letzten Jahre maßgeblich geprägt hat: Breite Netzwerke und strukturell eingebundene Kooperationen, die multiprofessionelle Angebote und Inhalte ermöglichen, sollen das Teilhabeproblem lösen. Einmal mehr sehen sich die Akteure der Kulturellen Bildung seitens der Politik aufgefordert, Kooperationsverträge einzugehen und sich mit weiteren Bildungsträgern zusammenzuschließen. Für das Teilhabeziel „alle" sollen Bildungsnetzwerke so engmaschig wie möglich angelegt werden.

In diese Richtung weist auch das Konzept der „lokalen Bildungslandschaften". Damit werden bildungspolitische Ansätze und Strategien bezeichnet, die Bildung im kommunalen Raum durch Kooperationen und in gemeinsamer Verantwortung vieler Institutionen und Akteure besser zu fördern. Laut einer Definition der Deutschen Kinder- und Jugendstiftung sind lokale Bildungslandschaften

- langfristig angelegte,
- professionell gestaltete,
- auf gemeinsames, planvolles Handeln abzielende,
- kommunalpolitisch gewollte

„Netzwerke zum Thema Bildung, die ausgehend von der Perspektive des lernenden Subjekts formale Bildungsorte und informelle Lernwelten umfassen und sich auf einen definierten lokalen Raum beziehen." (Bleckmann/Durdel 2009: 12) Auf Grundlage dieser Definition haben sich verschiedenste Akteure der Kulturellen Bildung ausführlich mit der Konzeption und dem Ausbau kulturell geprägter Bildungslandschaften beschäftigt. Geleitet von dem Ziel, durch möglichst feinmaschige Netzwerkbildung vor allem die Kinder und Jugendlichen zu erreichen, die nicht zum gängigen Klientel kultureller Bildungsangebote gehören. In diesem Rahmen sind mittlerweile in zahlreichen Kommunen Deutschlands, von Hamburg und München über Dresden und verschiedenste Städte und Regionen in Nordrhein-Westfalen, „Kommunale Gesamtkonzepte für Kulturelle Bildung" entwickelt worden (vgl. Kelb 2014).

Dabei setzen „lokale Bildungslandschaften" und „Kommunale Gesamtkonzepte für Kulturelle Bildung" in jeglicher Hinsicht auf Vielfalt: von den Zielgruppen über die Akteure und Organisationen bis hin zu den Angeboten. Insofern sollte davon auszugehen sein, dass Bildungslandschaften diversitätsbewusst ausgerichtet sind. Es wird sogar geradezu die Erwartung geweckt, Bildungslandschaften würden aufgrund ihrer betont heterogenen und übergreifenden Ausrichtung der Vielfalt unserer Gesellschaft gerecht.

Ist dies so? Im Folgenden befasst sich dieser Beitrag mit der Frage, ob diversitätsbewusste Kulturelle Bildung (auch) eine Frage der Netzwerkqualität ist: Unter welchen Voraussetzungen tragen Bildungskooperationen dazu bei, die Angebote Kultureller Bildung in Bezug auf die Zielgruppen, auf die Inhalte und die Kooperationspartner diversitätsbewusster auszurichten?

Diese Fragestellung greift auch eine Expertise „Zum Umgang mit Heterogenität und Diversität in Bildungslandschaften" auf, die die Universität Bremen im Auftrag der Deutschen Kinder- und Jugendstiftung erstellt hat (Fortmann/von Rittern/Warsewa 2010). Laut dieser stützt sich die hohe Erwartung an Bildungslandschaften[1] darauf, dass diese ein wirksames Instrument gegen soziale Segregation seien, weil:

- sich die Zielgruppen ausweiten,
- die besondere Akteurskonstellation neue Zugänge zu diesen Zielgruppen erschließt (z.B. über Eltern und das weitere soziale Umfeld),
- vielfältige Ressourcen und pädagogische Konzepte zum Einsatz kommen,
- eine zeitliche Erweiterung der Lern- und Entwicklungsumgebung zustande kommt (vgl. ebd.: 1).

Im Folgenden sollen die drei Aspekte Zielgruppen, Akteurskonstellationen und pädagogische Konzepte aufgegriffen und in Bezug auf das Diversitätsbewusstsein kultureller Bildungslandschaften näher beleuchtet werden.

---

1 Die Autoren beziehen sich in diesem Kontext auf ganztagsschulbezogene Bildungslandschaften in Abgrenzung zur Einzelschule, die nicht bzw. wenig in eine lokale Bildungslandschaft integriert ist.

DIE KOOPERATIONSPARTNER

Lokale Bildungsnetzwerke verbinden verschiedenste Akteure der Jugendbildung, vom Jugendzentrum über die Kultureinrichtung bis hin zur Ganztagsschule und zum Sportverein. Sie agieren in unterschiedlichsten Räumen und Institutionen, mit verschiedensten Professionen und fachlichem Knowhow. Trotzdem kommt die Universität Bremen in ihrer Auswertung zu dem Schluss, dass „Migranten oder Migrantenorganisationen bei der Konzeption und Konstitution von Bildungslandschaften in der Regel nicht aktiv involviert" sind (ebd.: 3). Zudem sei der Anteil an Fachkräften mit Migrationshintergrund auf der Steuerungsebene in Bildungslandschaften marginal.

> „In keiner der betrachteten Bildungslandschaften waren Migranten in strategischen Entscheidungspositionen zu finden. Eine erfolgreiche Etablierung von niederschwelligen Angeboten sozialer Dienstleistungen für Migranten auf der operativen Ebene gelingt aber besser, wenn sich der Anteil von Menschen mit Migrationshintergrund in der Managementebene erhöht." (Ebd.)

Bildungslandschaften beschränken sich folglich eher auf Integrationsarbeit für migrantische Zielgruppen, als dass sie diese als aktive Partner in die Netzwerke mit einbeziehen. Zudem kommt die Studie zu dem Schluss, dass Migration und Heterogenität nur in wenigen Fällen als eigenständiges Handlungsfeld thematisiert werden, was als programmatische Schwäche der Bildungslandschaften bewertet wird (ebd.).

Sind diversitätsbewusste Bildungskooperationen also eine Frage der Partnerwahl? Tatsächlich wird in den letzten Jahren verstärkt der Wunsch bzw. die Forderung laut, Migrantenselbstorganisationen als potenzielle Kooperationspartner stärker in den Fokus der Bildungsnetzwerke zu rücken. So fördert die Stadt Dortmund beispielsweise im Rahmen ihrer Richtlinie „Förderung interkultureller Kunst- und Kulturprojekte" explizit Projekte, die eine Kooperation verschiedener Partner anstreben und „in hoher Qualität von Migrantenorganisationen organisiert werden" (Stadt Dortmund o.J.). Da zahlreiche Migrantenorganisationen seit jeher Angebote in den Bereichen Bildung und Kultur unterbreiten, liegt eine aktive Mitgestaltung der einschlägigen kulturellen Bildungsnetzwerke nahe. Trotzdem scheinen Migrantenorganisationen als Bildungspartner von Jugend(-kultur-)arbeit,

Schulen und Kindertagesstätten bisher allenfalls eine untergeordnete Rolle zu spielen.

Im Dezember 2014 wurde im Rahmen einer Konferenz in der Akademie Remscheid, die der Qualitätsverbund „Kultur macht stark" gemeinsam mit der Türkischen Gemeinde in Deutschland ausrichtete, die Fragestellung „Wie diversitätsbewusst ist die Kulturelle Bildung?" diskutiert. Von Seiten der Migrantenorganisationen wurde dort eine Entwicklung eben dieser diversitätsbewussten Kulturellen Bildung hin zur Rolle als Dienstleister im sozialen Bereich skizziert. Eine verstärkte Ansprache von Migrantenorganisationen seitens Politik, Verwaltung, Zivilgesellschaft, Wissenschaft und Presse stehe aber in Widerspruch zu den Ressourcen der Organisationen, die immer noch keine Gleichstellung mit Organisationen und Institutionen der Mehrheitsgesellschaft erführen. Zudem fehle es häufig an Mitgliedschaften in Strukturen der Wohlfahrtspflege oder an der Anerkennung als Träger der Jugendhilfe. Gelegentlich berichteten Vertreter von Migrantenorganisationen von ihrer Erfahrung, zuweilen eher als „Zielgruppenlieferant" denn als gleichberechtigter Kooperationspartner wahrgenommen zu werden (vgl. Qualitätsverbund „Kultur macht stark" 2014).

Eine Studie „Kooperation mit Migrantenorganisationen" im Auftrag des Bundesamtes für Migration und Flüchtlinge hat 2011 die Gelingensbedingungen für Kooperationen zwischen „Migrantenorganisationen und etablierten Institutionen der Mehrheitsgesellschaft" herausgearbeitet (vgl. Hunger/Metzger 2011: 2). In ihren resultierenden Handlungsempfehlungen kommt die explorative Untersuchung zu dem Schluss, dass für die Nachhaltigkeit und die Ausgestaltung der Kooperationen der prozesshafte Charakter zu berücksichtigen sei.

> „Beide Akteure sollten an den unterschiedlichen Prozessphasen beteiligt sein. Wir sprechen uns explizit gegen eine mitunter verbreitete Praxis aus, bei der sich ein Kooperationspartner im ‚letzten Moment' mit einem bereits konzipierten Projekt einen Kooperationspartner für den Fördermittelantrag sucht. Gleichwertige Partnerschaft hingegen sollte nicht nur in der Durchführungsphase, sondern insbesondere schon in der Konzeptions- und Antragsphase sichergestellt sein." (Ebd.: 83)

Diese Empfehlung überrascht nicht. Sie ist aus dem Fachdiskurs um Gelingensbedingungen von Kooperationen zwischen schulischen und außerschulischen Partnern im Kontext der Ganztagsbildung unter dem Stichwort der

„gleichen Augenhöhe“ hinlänglich bekannt. Dass es sich bei Migrantenorganisationen zumeist um vergleichsweise schlecht aufgestellte Partner handelt, sollte jedoch nicht leichtfertig behauptet werden. So zeigte sich im Rahmen der Remscheider Konferenz sehr schnell, dass Migrantenselbstorganisationen unter denselben Problematiken zu leiden haben wie zahlreiche andere zivilgesellschaftliche Kultur- und Bildungsvereine auch: viel Ehrenamt und wenig Hauptamt, viel Projektförderung und wenig Struktursicherheit. Dementsprechend kritisch wäre zu reflektieren, ob sich die vorauseilende Annahme, Migrantenorganisationen seien per se das schwache Mitglied in einem Netzwerk, von Beginn an hinderlich auf mögliche Synergiegewinne auswirkt. Demensprechend ist die am Schluss der Studie enthaltende Aufforderung zu begrüßen, „die Dichotomie von ‚Migranten‘ und ‚Einheimischen‘ zu überwinden und Förderrichtlinien stärker entlang von anderen Organisationsmerkmalen, wie z.B. Professionalisierungsgrad oder Alter, zu formulieren“ (ebd.: 84). Mit dieser Perspektive auf Migrantenorganisationen sollten sich ebenso vielfältige Verbindungen und damit Kooperationsanlässe für kulturelle Bildungsnetzwerke finden. Der Deutsche Kulturrat hat gemeinsam mit bundesweit arbeitenden Migrantenorganisationen und Kulturverbänden im Jahr 2009 den Runden Tisch „Lernorte interkultureller Bildung“ ins Leben gerufen, an dem Fragen der Kulturellen und Interkulturellen Bildung in schulischen und außerschulischen Bildungsorten erörtert und Handlungsempfehlungen formuliert wurden (Bäßler 2012).

> „Mit Blick auf die Frage, wie kulturelle Vielfalt in Kunst und Kultureller Bildung als selbstverständlicher Teil stärker sicht- und erlebbar werden kann, können sowohl Migrantenorganisationen als auch die zeitgenössische Kunstszene und Kultureinrichtungen zentrale Impulsgeber sein.“ (Ebd.: 765)

Unter der Überschrift „Migrantenorganisationen als Bildungsakteure: zwischen Empowerment und Funktionalisierung“ reflektiert Jutta Goltz (2011) diesbezügliche Potenziale und Herausforderungen in Bezug auf die soziale Arbeit. Sie greift die Tatsache auf, dass Migrantenorganisationen zu begehrten Kooperationspartnern geworden sind, um Zugänge zu Migrantencommunitys zu ermöglichen oder anvisierte (oder förderpolitisch gewollte) Teilnehmergruppen zu erschließen. Zu derlei Funktionalisierungen komme es immer genau dann, wenn Migrantenorganisationen Teilfunktionen wie z.B. der Kontakt zu bestimmten Zielgruppen zugewiesen wird. Den entscheidenden Moment stellt auch hier die vielfach geforderte Kooperation auf Augenhöhe dar: Gleichberechtigte Bildungspartner realisieren teilhabegerechte Bildungsmaßnahmen. Bildungskooperationen mit Migrantenorganisationen sollten also nicht im Sinne eines einseitig verstandenen Diversity-Management-Ansatzes zur Ressourcen- bzw. Zielgruppenerweiterung zweckentfremdet werden. Vielmehr sollten sie als etablierte Bildungspartner mit umfassenden Erfahrungen in der kulturellen Bildungsarbeit zukünftig stärker als potenzielle Partner wahrgenommen und eingebunden werden. Nur so können sie ihren Anspruch einlösen, einer von Vielfalt geprägten Gesellschaft gerecht zu werden.

DIE ZIELGRUPPEN

Die zuweilen als unspezifisch kritisierte, aber an den Leitgedanken der Inklusion durchaus anschlussfähige Zielgruppenbeschreibung „alle" (siehe oben) verzichtet ganz bewusst darauf, Menschen in Kategorien wie „benachteiligt", „bildungsfern" oder gar „mit Migrationshintergrund" einzuteilen. Dies schließt jedoch nicht aus, dass Bildungsangebote sich häufig explizit an Kinder und Jugendliche mit einem sogenannten Migrationshintergrund richten. Zumeist wird eine Durchmischung der Zielgruppen angestrebt, im Kontext von Empowerment-Ansätzen werden zuweilen auch bewusst homogene Gruppen mit einem spezifischen Identitätsmerkmal wie Herkunft oder Hautfarbe angesprochen (siehe Götting in diesem Band, S. 91 ff.).

Bis heute stehen Kinder und Jugendliche mit Migrationshintergrund auch im Fokus der Förderpolitik, wenn es um Maßnahmen zum Abbau von Bildungsbenachteiligung geht. Je nach Formulierung und praktischer Auslegung dieser Förderprogramme besteht das Risiko, ungewünschte Zuschreibungsprozesse entgegen ihrer eigentlichen Zielsetzung weiter zu befördern. Generell besteht die Gefahr, dass sogenannte „positive Maßnahmen", die durch die Förderung bestimmter benachteiligter Gruppen einen Beitrag für mehr Chancengerechtigkeit leisten sollen, negative Wirkungen zeigen. Derartig unerwünschte Nebeneffekte werden auch unter Stichwörtern wie „positive Diskriminierung" oder „Gruppismus" diskutiert.

> „Es besteht die Gefahr, dass damit das wiederholt wird, was Stereotypen zugrunde liegt: Menschen werden auf eine Eigenschaft reduziert, indem sie nur als Angehörige einer sozial konstruierten ‚Gruppe' gesehen werden. Maßnahmen, die nun ihrerseits, wenn auch in einem ‚positiven Sinn' an diese Gruppen anknüpfen, können das Denken in eben diesen Gruppen unterstützen, statt es zu überwinden." (Antidiskriminierungsstelle des Bundes 2010: 10)

Einmal mehr wird an dieser Stelle deutlich, dass diversitätsbewusste Bildungsarbeit nicht ohne einen (rassismus-)kritischen Blick auf Strukturen und Prozesse auskommt, wenn sie Heterogenität positiv nutzen will. Zumal diese Art der Förderpraxis im pädagogischen Alltag zu skurrilen Situationen führen kann: Kinder werden im Rahmen von Fragebogen oder Teilnehmerlisten aufgefordert, ihren Migrationshintergrund oder als Nachweis ihrer Bildungsbenachteiligung die Mehrsprachigkeit ihrer Familie anzugeben.

Eine Evaluierung von „Kommunalen Gesamtkonzepten für Kulturelle Bildung" ergab, dass 5 der 12 untersuchten Städte ihre konkreten Handlungsmaßnahmen speziell an migrantischen Bevölkerungsgruppen ausrichten. Dabei wird häufig „die Befähigung zur aktiven Teilhabe an Kultur und der Möglichkeit zu eigenem kulturellen Engagement" (vgl. Keuchel 2014: 100) als Zielsetzung bei Projekten explizit für Menschen mit Migrationshintergrund genannt. Als Autorin der Studie gibt Susanne Keuchel dazu den Hinweis: „Ob in diesem Kontext eine zielgruppenspezifische Ansprache sinnvoll ist, wird allgemein in der Fachwelt kontrovers diskutiert, da die Ausschließlichkeit auch zu einer Stereotypisierung und dadurch Ausgrenzung führen kann (vgl. Yildiz 2009: 73ff.)." (Ebd.: 100)

Zuweilen scheint es, als bremse der Widerspruch zwischen der Forderung nach einer aktiveren Einbeziehung migrantischer Bevölkerungsgruppen einerseits und der Gefahr von Zuschreibungs- und Stereoptypisierungsprozessen andererseits durch eine direkte Ansprache die Bildungsakteure in ihren Bemühungen geradezu aus. So herrscht vor allem in Bezug auf die Benennung von Maßnahmen und Zielgruppen im Rahmen der Öffentlichkeitsarbeit bei Bildungsträgern zuweilen Verunsicherung. Dieses Phänomen spiegelt sich auch in den sich ständig wandelnden Begrifflichkeiten und Bezeichnungen für den Kontext „Migration" wider. Als politisch korrekte Weiterentwicklung der Bezeichnung „Ausländer" beispielsweise erkennt die derzeitig etablierte Bezeichnung „Mensch mit Migrationshintergrund" an, dass bei einer Vielzahl der so bezeichneten Personen Migration keine selbst erlebte Erfahrung mehr darstellt. Trotzdem bleibt die Herkunft der Familie als abgrenzendes Element betont. Weil sich zahlreiche in Deutschland lebenden Menschen nicht länger auf ihre „Migrationshintergründe" reduzieren lassen möchten, gründen sie Initiativen wie „Deutsch-Plus"[2] oder Vereine wie die Neuen Deutschen Medienmacher e.V. (siehe Bahouth in diesem Band, S. 103 ff.).

An der Tatsache, dass Migration keineswegs ein neues Phänomen unserer heutigen globalen Zeit ist, setzt die postmigrantische Perspektive (Yildiz/Hill 2015) an: Weil es Wanderung gibt seit es Menschen gibt, will dieser Ansatz einen Perspektivwechsel herbeiführen, der Migration als „Normalfall" in das Bewusstsein unserer Gesellschaft rückt. Sie definiert diese nicht mehr länger aus der Idee der Sesshaften als vielmehr aus der Tatsache der menschlichen Mobilität heraus.

> „Unter restriktiven Bedingungen haben Migranten und deren Nachkommen ihre eigenen Lebensweisen und Verortungsstrategien entwickelt und wesentlich zur Definition gesellschaftlicher Wirklichkeit beigetragen. Nach der Migration bzw. ‚Postmigration' bedeutet in dieser Hinsicht auch, die Geschichte der Migration neu zu erzählen und das gesamte Feld radikal neu zu denken und zwar jenseits des hegemonialen Diskurses." (Ebd.: 11)

Mit einem derartigen Perspektivwechsel von „Migration als Ausnahmezustand" hin zur „Migration als Normalfall" würden sich dann auch die Wortfindungsschwierigkeiten in diesem Kontext erledigen. Auch der Rat für Migration e.V.[3] hat 2015 eine „Sektion Postmigrantische Gesellschaft" ins Leben gerufen. Diese beschäftigt sich mit den durch Migration verursachten politischen, kulturellen und sozialen Transformationen in Deutschland. Durch diese kommt es laut des Rats für Migration zu einer Neuformation rassistischer Ein- und Ausschlüsse, die eine neue Form der Rassismusanalyse notwendig machen. Die Sektion beschreibt postmigrantische Situationen als „geprägt durch postnationale Wahrnehmungs- und Handlungsräume

2 Siehe www.deutsch-plus.de.

3 Der Rat für Migration e.V. ist ein bundesweiter Zusammenschluss von Wissenschaftlern. Er sieht seine zentrale Aufgabe in einer öffentlich kritischen Begleitung der Politik in Fragen von Migration und Integration. Weitere Informationen: www.rat-fuer-migration.de.

von Biografien, deren Selbstverhältnisse sich zwar nicht notwendigerweise auf eigene Migrationserfahrungen beziehen, aber zwischen Mehrfachzugehörigkeiten und Mehrfachdiskriminierungen positioniert sind" (Rat für Migration e.V. 2015).

Das Berliner Ballhaus Naunynstraße (siehe Götting in diesem Band, S. 91 ff.) macht seit 2008 unter dem Label „postmigrantisch" Theater rund um Geschichten und Perspektiven von Menschen mit Migrationshintergrund, die selbst nicht mehr migriert sind. Für die Theatermacher steht „postmigrantisch" in unserem globalisierten Leben „für den gesamten gemeinsamen Raum der Diversität jenseits von Herkunft" (Shermin Langhoff im Interview, vgl. bpb 2011). In seiner politischen Satire „Kara Günlük – Die geheimen Tagebücher des SESPERADO" unterbreitet der Autor Mutlu Ergün (2012) dem Leser verschiedenste Vorschläge, wie auf die Frage „Wo kommst du her?" künftig adäquat geantwortet werden könnte. Und was ist aus seiner Sicht die geeignetste Antwort auf die leidige Frage, die seinem Romanhelden schon „abermillionen Mal" gestellt wurde? „Also hier ist sie, die Nummer Eins, Best of Five, die ultimative Antwort auf die Frage: Wo kommst du her? Aus Mama!" (Ebd.: 12)

Bildungsnetzwerke scheinen also mit ihrer Prämisse „alle" bis heute gut bedient, denn in der mangelnden Spezifik liegt die eigentliche Stärke dieses Sprachgebrauchs: Er verzichtet auf Zielgruppendefinitionen und damit auf Zuschreibungsprozesse, die dem Ziel der Teilhabegerechtigkeit mehr entgegenwirken als dienen.

DIE PÄDAGOGISCHEN KONZEPTE

Der Weg von der Interkulturalität hin zur Transkulturalität ist auf der theoretischen Ebene bereits in den 1990er Jahren beschritten worden (Welsch 1995). In diesem Buch finden sich die verschiedenen Konzepte trennscharf beschrieben und auf die Kulturelle Bildung bezogen (siehe Keuchel, S. 37 ff., Wimmer, S. 15 ff., Wagner, S. 235 ff. in diesem Band).

Der aktuelle pädagogische Fachdiskurs geht demnach stärker von transnationalen Räumen und einer hybriden Auffassung von Kulturen aus. Dementsprechend konzentriert er sich stärker auf heterogene Identitätsmerkmale des Individuums, die sich nicht in erster Linie auf nationale und ethnische Identitäten beziehen. Mit der Überwindung eines einseitig aufgefassten

Kulturbegriffs überholen transkulturelle Ansätze die der interkulturellen Pädagogik in dem Sinne, wie es von Wolfgang Welsch bereits vor 20 Jahren beschrieben wurde: „Die Misere des Konzepts der Interkulturalität rührt daher, dass es die Prämisse des traditionellen Kulturbegriffs unverändert mit sich fortschleppt. Es geht noch immer von einer insel- bzw. kugelartigen Verfassung der Kulturen aus." (Welsch 1995)

Was bedeutet das, was Welsch hier als Misere bezeichnet, übertragen auf die kulturpädagogische Praxis? Sind es die sogenannten Afrikaprojekte, die interkulturelle „Brücken zwischen den Kulturen bauen" wollen und dabei ungewollt inselartige Kulturbegriffe transportieren? Sind es die altbekannten Indianerprojekte, die durch die Vermittlung von einseitigen und nicht zeitgemäßen Kulturbeschreibungen exotisierende Zuschreibungen reproduzieren?

Dass eine diversitätsbewusste Kulturelle Bildung eher von einem hybriden Kulturbegriff ausgehen sollte, die vielfältige Identitäten in den Blick nimmt, darüber herrscht heute weitestgehend Konsens. Diesbezügliche Dimensionen und Konzepte sind in diesem Buch vielfach beschrieben. Ebenfalls ausdrücklich betont ist die Tatsache, dass Diversitätssensibilität vor allem eine Frage der pädagogischen Haltung der Fachkräfte ist (siehe Keuchel/ Dunz in diesem Band, S. 185 ff.), die eine selbstkritische Auseinandersetzung mit dem Thema voraussetzt und sich vor allem im Rahmen von entsprechenden Fortbildungskonzepten weiterentwickelt. Darüber hinaus mangelt es bisher noch an der systematischen Beschreibung von transkulturell ausgerichteten Methoden und Inhalten der Kulturellen Bildung. Auch beispielhafte Praxisprojekte sind bisher noch wenig exemplarisch beschrieben worden.

So bietet beispielsweise der Ansatz der Intersektionalität (vgl. Reindlmeier 2015: 13) Anknüpfungspunkte für die Kulturelle Bildung, um Vorstellungen von homogen imaginierten Gruppen in der kulturellen Praxis aufzubrechen. Dieser Ansatz legt den Fokus auf verschiedenste Merkmale, durch die Menschen Ausgrenzung oder Bevorzugung erfahren können: Geschlecht, Herkunft, Religion, sexuelle Orientierung, sozialer Status, Alter, Aussehen etc. Das durch die Berliner Senatsverwaltung für Bildung, Kultur und Wissenschaft geförderte Projekt „i-PÄD – intersektionale Pädagogik" (Initiative i-PäD 2014) fördert die Anerkennung der Komplexität von Identitäten in der Pädagogik. Dabei stehen die Identitäten der Kinder und Jugendlichen ebenso im Fokus wie die der Pädagogen. Der Initiative geht es dabei um die Bewusstwerdung von Ausgrenzungsprozessen und um die Entfaltung von Identitäten. Unter dem Stichwort der Intersektionalität wurde eine Vielzahl praktischer Methoden erarbeitet, die für unterschiedliche Identitätsmerkmale sensibilisieren und Zuschreibungs- und Kategorisierungsprozesse bewusst machen.[4] Intersektional ausgerichtete kulturpädagogische Settings machen über das Bewusstwerden vielfältiger Identitätsmerkmale Verbindungen deutlich, die unabhängig von ethischen und nationalstaatlichen Merkmalen und Identitäten zwischen den Menschen bestehen. Wenn es also um die Frage geht, mit welchen Inhalten und Methoden die Angebote der Bildungsnetzwerke sich diversitätssensibel entwickeln, kann sich ein Blick auf das Repertoire der intersektionalen Pädagogik lohnen.

Es zeigt sich also: Vielfältige Vernetzung führt nicht per se zur einer vielfältigen Bildungspraxis. Offerten in Richtung entsprechend assoziierter Kooperationspartner oder Zielgruppen können dem Ziel sogar ungewollt entgegenwirken. Grundvoraussetzung einer diversitätsbewussten Netzwerkarbeit ist, dass die Kooperationspartner als gleichberechtigte Bildungsakteure einbezogen werden. Mit diesem Ziel sollten die Bildungslandschaften Migrantenselbstorganisationen durchaus mehr als bisher als Partner in den Blick nehmen. Darüber hinaus könnten zukünftig auch Bildungspartner mit Expertise in Trans- bzw. Interkulturalität, *Social Justice* und Antirassismus noch stärker einbezogen werden.

LITERATUR

Antidiskriminierungsstelle des Bundes (2010): Positive Maßnahmen zur Verhinderung oder zum Ausgleich bestehender Nachteile im Sinne des § 5 AGG. Berlin [www.antidiskriminierungsstelle.de/SharedDocs/Downloads/DE / publikationen / Expertisen / Expertise_Positive_Ma%C3%9-Fnahmen.pdf?__blob=publicationFile, zuletzt aufgerufen am: 28.08. 2015].

Autorengruppe Berichterstattung (2010): Bildung in Deutschland 2010. Ein indikatorengestützter Bericht mit einer Analyse zu Perspektiven des Bildungswesens im demografischen Wandel. Im Auftrag der Ständigen Konferenz der Kultusminister der Länder in der Bundesrepublik

4 Siehe www.portal-intersektionalitaet.de.

Deutschland und des Bundesministeriums für Bildung und Forschung. Berlin [www.bildungsbericht.de/daten2010/bb_2010.pdf, zuletzt aufgerufen am: 28.08.2015].

Bäßler, Kristin (2012): Kulturelle Bildung in Migrantenorganisationen. In: Bockhorst, Hildegard/Reinwand, Vanessa-Isabelle/Zacharias, Wolfgang (Hg.): Handbuch Kulturelle Bildung. München: kopaed, S. 762-766.

Bleckmann, Peter/Durdel, Anja (2009): Lokale Bildungslandschaften. Perspektiven für Ganztagsschulen und Kommunen. Wiesbaden: VS Verlag für Sozialwissenschaften.

bpb (Bundeszentrale für politische Bildung) (2011): Die Herkunft spielt keine Rolle – „Postmigrantisches" Theater im Ballhaus Naunynstraße. Interview mit Shermin Langhoff. In: Dossier Kulturelle Bildung. Bonn [www.bpb.de/ gesellschaft/ kultur/ kulturelle-bildung/ 60135/interview-mit-shermin-langhoff, zuletzt aufgerufen am: 28.08.2015].

Ergün, Mutlu (2012): Kara Günlük. Die geheimen Tagebücher des SESPERADO. Münster. Unrast.

Fortmann, Claudia/Rittern, Roy von/Warsewa, Günter (2010): Zusammenfassung der Expertise „Zum Umgang mit Heterogenität und Diversität in Bildungslandschaften". Im Auftrag der Deutschen Kinder- und Jugendstiftung. Bremen [www.lokale-bildungslandschaften.de/fileadmin/bil dungslandschaften/Fachdiskurs/Expertisen/ 7a_ Zusammenfassung _War sewa.pdf, zuletzt aufgerufen am: 15.07.2015].

Fuchs, Max/Taube, Gerd/Braun, Tom/Zacharias, Wolfgang (Hg.) (2013): Kulturelle Bildung für alle! Analysen, Standpunkte, Konzepte aus 33 Jahren Engagement für kulturelle Teilhabe. München: kopaed.

Goltz, Jutta (2011): Migrantenorganisationen als Bildungsakteure: zwischen Empowerment und Funktionalisierung. In: ajs-Informationen, Arbeitshilfen zum Jugendschutz, S. 4-11.

Hoffmann, Hilmar (1979): Kultur für alle. Perspektiven und Modelle. Frankfurt a.M.: S. Fischer Verlag.

Hunger, Uwe/Metzger, Stefan (2011): Kooperation mit Migrantenorganisationen. Studie im Auftrag des Bundesamts für Migration und Flüchtlinge. Münster [www.bamf.de/SharedDocs/Anlagen/DE/Publikationen/ Studien/ 2011-kooperationmigrantenorganisationen.pdf?__ blob=publica tionFile, zuletzt aufgerufen am: 28.08.2015].

Initiative i-PÄD – intersektionale Pädagogik (2014): Intersektionale Pädagogik. Handreichung für Sozialarbeiter_innen, Erzieher_innen, Lehrkräfte und die, die es noch werden wollen. Berlin [http://ipaed.blogsport.de, zuletzt aufgerufen am: 28.08.2015].

Kelb, Viola (Hg.): Gut vernetzt? Kulturelle Bildung in lokalen Bildungslandschaften. München: kopaed.

Keuchel, Susanne (2014): Quo Vadis – Empirische Analyse von kommunalen Gesamtkonzepten für Kulturelle Bildung. In: Kelb, Viola (Hg.): Gut vernetzt? Kulturelle Bildung in lokalen Bildungslandschaften. München: kopaed, S. 95-113.

Qualitätsverbund „Kultur macht stark" (2014): „Zwischen Anspruch und Wirklichkeit: Diversitätsbewusstsein in der Kulturellen Bildung". Regionalkonferenz Akademie Remscheid, 8. Dezember 2014 [www.qualitaetsverbund-kultur-macht-stark.de/informationen/dokumentationen, zuletzt aufgerufen am: 28.08.2015].

Rat für Migration e.V. (2015): Sektion Postmigrantische Gesellschaft. Gründung am 24. April 2015 [www.rat-fuer-migration.de/index.php?ID=58, zuletzt aufgerufen am: 01.09.2015].

Reindlmeier, Karin (2015): Intersektionalität. In: Drücker, Ansgar/Reindlmeier, Karin/Sinoplu, Ahmet/Totter, Eike (Hg.) (2015): Diversitätsbewusste (internationale) Jugendarbeit. Eine Handreichung. Düsseldorf: IDA, S. 13.

Stadt Dortmund (o.J.): Förderung interkultureller Kunst- und Kulturprojekte. Dortmund [www.dortmund.de/de/freizeit_und_kultur/kulturbuero/kulturfrderung/frderunginterkulturellerkunstundkulturprojekte, zuletzt aufgerufen am. 28.08.2015].

UNESCO (2000): Bildung für alle. (Education for All). Bonn [www.unesco.de/bildung/bildung-fuer-alle.html, zuletzt aufgerufen am: 28.08.2015].

Welsch, Wolfgang (1995): Transkulturalität. Zur veränderten Verfasstheit heutiger Kulturen. In: Institut für Auslandsbeziehungen (Hg.): Migration und Kultureller Wandel, 45. Jg. 1995/1.Vj. Stuttgart, S. 39-44.

Yildiz, Erol/Hill, Marc (Hg.) (2015): Nach der Migration. Postmigrantische Perspektiven jenseits der Parallelgesellschaft. Bielefeld: transcript.

Kapitel II
Diversität im Kontext von Professionalität und Praxis der Kulturellen Bildung

Homogene Gruppen in einer vielfältigen Gesellschaft

Michael Götting

Seit knapp einem Jahrzehnt ist Diversität in Deutschland ein gesellschaftliches Ziel. Die „Charta der Vielfalt“ oder „Vielfalt als Chance“ sind Initiativen und Kampagnen, die von der Bundesregierung gefördert und unterstützt werden. Heterogenität ist das, was wir zuerst mit dem Vorsatz einer Gesellschaft verbinden, die sich die Umsetzung und Förderung von Vielfalt auf die Fahnen schreibt – auch in der Kulturellen Bildung.

Homogene Gruppen fallen in diesem Zusammenhang besonders auf, weil sie dem Gebot der Vielfalt nicht zu entsprechen scheinen. Wenn sich Menschen aufgrund ihrer ethnischen Zugehörigkeit, ihrer sexuellen Orientierung, ihrer Religion oder Hautfarbe zusammenschließen, umweht diese Verbindungen der Hauch von Rückständigkeit, sozialer Abgrenzung oder sogar der Pflege von Traditionen, die mit dem Vorsatz der Vielfalt oder gar der staatlichen Verfassung nicht vereinbar sind.

Sollten wir Kulturelle Bildung, die in homogenen Gruppen stattfindet, überhaupt unterstützen? In welchem Kontext handeln diese Gruppen in Deutschland allgemein und auf dem Sektor der Kulturellen Bildung? Sind sie eine Bedrohung für uns? Was wollen sie erreichen? Und schließlich, wie homogen sind diese Gruppen eigentlich, die wir als solche betrachten?

Als homogen bezeichnet man eine Gruppe, die einheitlich ist. Ihre Mitglieder setzen sich aufgrund eines oder mehrerer gleicher Merkmale zusammen und haben z.B. die gleiche Nationalität, Religionszugehörigkeit, Herkunft oder sexuelle Orientierung.

In Deutschland gibt es zahlreiche von ihnen. Sie bilden Interessenverbände wie etwa den Zentralrat der Juden, die Initiative Schwarzer Menschen in Deutschland (ISD e.V.) oder den Lesben- und Schwulenverband (LSVD), um nur einige zu nennen. Sie setzen sich für politische Ziele ein, sie bieten Unterstützung für Menschen, die einer bestimmten Gruppe angehören. Sie erhalten kulturelle Traditionen und ermöglichen mit ihren Bildungsangeboten, die Sprache und Kultur des eigenen Herkunftslandes oder der Heimat der Eltern zu pflegen.

Auch in der Kulturellen Bildung stellt sich bei der Zusammensetzung von Gruppen immer wieder die Frage, ob sich für eine bestimmte Lerneinheit eine eher homogene oder heterogene Gruppe eignet. Wenn sich Bildungseinrichtungen den Anforderungen der kulturellen Diversität öffnen, kommen zu den Überlegungen, die Lehrkräfte und Workshop-Leiter ohnehin alltäglich anstellen, wenn sie über die Alterszusammensetzung einer Gruppe, Lernfortschritte, die Anzahl weiblicher und männlicher Schüler nachdenken, Fragen zur Homogenität oder Heterogenität einer Gruppe im Hinblick auf ethnische Herkunft, Hautfarbe oder Nationalität hinzu.

Junge Menschen, so das Gebot der Diversität, sollen doch Vielfalt möglichst früh erlernen, da wäre es doch falsch, sie in Gruppen zusammenzuführen, in denen Diversität bewusst reduziert wird.

Im Februar des Jahres 2014 hat die Deutsch-Tamilische Gesellschaft e.V. einen Schreib- und Fotoworkshop ausgerichtet, der ausschließlich für Jugendliche mit tamilischem Hintergrund konzipiert war. Der einwöchige Workshop wurde durch das Projekt des Bundesministeriums für Bildung und Forschung „Kultur macht stark“ gefördert. Ein gutes Dutzend Jugendlicher im Alter von 13 bis 17 Jahren kam in Berlin zusammen, um gemeinsam zu dem Thema „Tamilen in Berlin und ihre Identität“ zu arbeiten.

Ziel der Deutsch-Tamilischen Gesellschaft, die im Jahr 1987 in Berlin gegründet wurde, ist es, den in die Bundesrepublik eingewanderten Tamilen und den nachfolgenden Generationen das Leben in Deutschland zu erleichtern. Dabei setzt sie ihr Hauptaugenmerk auf Kulturelle Bildung. Es gibt eine tamilische Schule in Berlin, in der Muttersprache, Schrift, Normen, Werte und Kultur der Tamilen gelehrt werden.

Der einwöchige Workshop bot den Jugendlichen die Möglichkeit, die Identitäten junger Menschen mit tamilischem Hintergrund in Berlin zu verhandeln und zugleich, ihre eigene und die Kultur des Heimatlandes ihrer

Eltern in der etwa 20-seitigen Broschüre „Identität – Tamilen in Berlin“ und einer Ausstellung im Charlottenburger Rathaus zu präsentieren.

Dabei erarbeiteten sie sich die Kompetenzen des kreativen und journalistischen Schreibens und des Fotografierens als Möglichkeiten der Selbstreflexion und Darstellung.

Der Vorteil dieser Gruppe, die wir auf den ersten Blick als homogen bezeichnen würden, bestand darin, dass alle Teilnehmer auf eine gemeinsame Geschichte zurückgreifen konnten – die Eltern waren alle aus Sri Lanka eingewandert und alle Jugendlichen waren in Berlin aufgewachsen. Daraus ergab sich eine, in dieser Hinsicht kohärente Gruppensituation, in der auf einen Erfahrungsschatz aufgebaut werden konnte, den alle teilten. Da es in dem Workshop um genau diesen Erfahrungsschatz ging, bot sich die einheitliche Zusammensetzung der Gruppe an. Die Jugendlichen sollten sich das Bewusstsein der Besonderheit ihrer Kultur und der Kultur der Eltern erhalten. Ihnen sollte die Möglichkeit gegeben werden, ihre doppelte Identität, die eine tamilische und deutsche zugleich ist, zu erforschen und zu vermitteln.

Die Selbstrepräsentation der eigenen Kultur, der Werte und Lebenserfahrungen war eins der Ziele dieses Workshops und das setzte die homogene Zusammensetzung der Gruppe im Hinblick auf Herkunft und Erfahrungswelt voraus. Es ist eine bekannte Methode, die in Bildungsinstitutionen immer wieder angewandt wird, homogene Gruppen zusammenzustellen, die durch ihre Einheitlichkeit schneller und tiefer gehend arbeiten, da in ihnen ein ähnlicher Wissenstand vorausgesetzt werden kann und Einigkeit über bestimmte Werte, Ziele und Sachverhalte besteht. Was ihnen verloren gehen kann, ist die lebhafte Auseinandersetzung über Einstellungen, Perspektiven und Wahrnehmungsweisen und die innovative Atmosphäre, die wir in der Regel mit heterogenen Gruppen verbinden.

Die Gefahr des sogenannten *Group-Think* (vgl. Baginski 2014), ein Begriff aus der Wirtschaftspsychologie, wird bei homogenen Gruppen erkannt. Dabei handelt es sich um ein Phänomen, bei dem aufgrund der ausgeprägten Kohäsion einer Gruppe, Mitglieder eher dazu neigen, sich dem Konsens zu fügen, als neue Ideen einzubringen. *Group-Think* beschreibt ebenso die Sorge, dass sich homogene Gruppen innerhalb eines Unternehmens abgrenzen und ihre Identifikation mit dem gesamten Komplex dadurch abnimmt, dass sie nicht mehr kontrollierbar sind.

Übersetzt auf den Bildungssektor und gesamtgesellschaftliche Prozesse, wird im Phänomen des *Group-Think* eine Befürchtung erkennbar, die oft mit der Existenz homogener Gruppen einhergeht: Homogene Gruppen funktionieren nur durch starke Aus- und Abgrenzung. Sie laufen Gefahr, sich von gesamtgesellschaftlichen Werten und Interessen zu entfernen.

Es ist jedoch wichtig, den gesamtgesellschaftlichen Kontext in Deutschland allgemein und in Bezug auf Kulturarbeit und Kulturelle Bildung im Speziellen genauer zu betrachten. Wenn es um Homogenität in Gruppen geht, schauen wir allzu gern auf diejenigen, die sich als Minderheiten in Deutschland zusammentun. Der Blick für die Mehrheitsgesellschaft geht verloren. Dass die Bundesrepublik eine lange Geschichte der Homogenität aufweist, die sich in ihrer Identität, in all ihren Strukturen und Institutionen auswirkt, wird häufig nicht thematisiert.

Fast alle gesellschaftlichen Bereiche, die über akademische Ausbildungsgänge erreicht werden und die einflussreich sind, sei es in der Politik, den Wirtschaftsvorständen, der Medizin, Justiz, den Medien, der Kultur oder eben auch im Bildungssektor, sind vornehmlich von weißen Deutschen besetzt, die dem Bildungsbürgertum entstammen. Untersuchungen der letzten Jahre haben gezeigt, dass es Menschen, deren Eltern nicht studiert haben, in Deutschland überdurchschnittlich schwer haben, zuerst einen höheren Bildungsabschluss als die Eltern zu erlangen und schließlich in höhere Positionen zu gelangen (vgl. Schule ohne Rassismus 2013: 51). Die mangelnde Durchlässigkeit im Hinblick auf Klassen verstärkt sich für Angehörige von Minderheiten noch dadurch, dass diskriminierende Strukturen und Denkweisen sie daran hindern, die Schaltstellen für gesellschaftliche Wandlungsprozesse zu erreichen.

Interessenverbände von Minderheiten beklagen diese Zustände seit Jahren. Sie setzen sich dafür ein, Netzwerke und Organisationen zu schaffen, die den Status quo in Deutschland heute und auf lange Sicht nachhaltig verändern.

Eine Aufgabe der Kulturellen Bildung ist es daher, Angehörige von Minderheitengruppen darin zu unterstützen, sich das Wissen anzueignen, das notwendig ist, um in der Gesellschaft allgemein und im deutschen Kulturbetrieb im Besonderen, bestehen und aufsteigen zu können.

Ein gutes Beispiel dafür, wie diese Arbeit aussehen kann, bietet das Ballhaus Naunynstraße in Berlin, seitdem Shermin Langhoff das Haus 2008 als Intendantin übernommen hat. Das Konzept, postmigrantischen Jugendlichen und Kulturschaffenden Raum für ihre eigenen Produktionen zu geben, hat in Deutschland beispielhaft gezeigt, wie Kulturelle Bildung im Kontext von gesellschaftlicher Diversität aussehen kann. Seit 2008 haben nicht nur Regisseure, Schauspieler, Dramaturgen und Autoren, die am Ballhaus ihre ersten professionellen Schritte gemacht haben, ihren Weg in die deutsche Kulturlandschaft gefunden. Es hat sich auch gezeigt, dass die Lebensrealitäten, Perspektiven und Doppelidentitäten postmigrantischer Theatermacher mit einer eigenen Ästhetik und Bühnensprache aufwarten, wenn ihnen der Raum dafür gegeben wird.

Unter der Intendanz Wagner Carvalhos wird diese Idee fortgeführt und es treten am Ballhaus Naunynstraße neue Gruppen in den Vordergrund. Im Zuge der knapp viermonatigen Projektreihe „We Are Tomorrow", die sich mit der Berliner Konferenz von 1884/85 und deutscher Kolonialgeschichte künstlerisch auseinandersetzte, fand an dem Berliner Theater die erste Zusammenkunft explizit Schwarzer[1] Kulturschaffender in Deutschland statt. Die *Indaba*, was so viel bedeutet wie Konferenz oder Angelegenheit, hatte es sich zum Ziel gemacht, Schwarze Kulturschaffende an einem Wochenende in Berlin zu vereinen, um sich über die Situation dieser Gruppe von Menschen in der deutschen Kulturlandschaft auszutauschen und daraus Forderungen abzuleiten. Auf den ersten Blick eine homogene Gruppe. Die Diskussionen wurden ausschließlich für Schwarze Menschen geöffnet. Philipp Khabo Koepsell, der Kurator der Veranstaltung begründet das so: „Wir wollten einen schützenden Raum für Schwarze Menschen schaffen, damit sie progressiv denken können und sich nicht gegenüber weißen Menschen erklären, damit sie ihre Kompetenz und die Wahrheit ihrer Erfahrungen nicht zuerst beweisen müssen."[2]

Koepsell bringt hiermit den Begriff der Progressivität mit einer eher homogenen Gruppe in Zusammenhang. Das wirkt zuerst verwunderlich, ist Progressivität doch etwas, was wir heute gern mit heterogenen Gruppen assoziieren. Ihre Vielschichtigkeit und Multiperspektivität lässt Neuerungen

---

1 Der Begriff „Schwarz" wird in diesem Text vom Autor durchgängig groß geschrieben und damit als politischer Begriff und emanzipatorische Selbstbezeichnung Schwarzer Menschen verwendet.

2 Die Zitate stammen aus einem unveröffentlichten Interview, das ich mit Khabo Koepsell führte. Siehe auch die Broschüre zur Veranstaltung, vgl. Ballhaus Naunynstraße (2015).

viel eher vermuten. Bei homogenen Gruppen denken wir gern an Pflege, Erhalt und die Konservierung von gesellschaftlichen Zuständen. Er weist damit jedoch auf einen wichtigen Umstand hin, der zum einen durch unsere gesellschaftliche Situation, die Weiß-Sein als Norm voraussetzt, und zum anderen durch die Spezifität einer jeden Minderheitengruppe entsteht.

Damit eine Gesellschaft progressiv sein kann, benötigt sie Gruppen, die sich über gemeinsame Ziele verständigen und diese durchsetzen können. Die Situation Schwarzer Kulturschaffender in Deutschland sieht zumeist so aus, dass viele in unterschiedlichen Institutionen als Einzelkämpfer unterwegs sind. Um ihre Ziele effektiv in die Gesellschaft einbringen zu können, brauchen sie den Raum, um miteinander in Austausch zu treten, Forderungen zu formulieren und an den Schaltstellen der Kulturlandschaft einzubringen. Minderheiten brauchen geschützte Räume, um progressiv sein zu können, weil das Neue, was sie in einer Gesellschaft einbringen, gerade aus der Abweichung von der mehrheitsgesellschaftlichen Praxis entsteht. Sie brauchen ihre eigenen Diskurse, um das, was sie der Gesellschaft als progressiv anbieten, entwickeln zu können. Dieser Umstand zeigt weitere Funktionen, die einheitliche Gruppen in unserer Gesellschaft haben: Sie stärken die Einzelnen, sie verleihen Sicherheit und Rückhalt, sie ermächtigen ihre Mitglieder dazu, auch außerhalb ihrer selbstbewusst zu handeln. Sie bieten Räume, in denen Minderheitengruppen sich der Besonderheit ihrer Identitäten und ihrer Situation bewusst werden können und in denen sie sich die Fähigkeiten aneignen, die der Kultur und schließlich der Kulturellen Bildung im Land zugutekommt.

Adewale Teodros Adebisi ist Leiter der Schauspielabteilung an der Folkwang Universität der Künste und damit einer der wenigen Angehörigen von Minderheitengruppen, die in führenden Positionen in Deutschland tätig sind. Er weiß, wie schwer es gerade jungen Menschen mit Migrationshintergrund fällt, in die Schauspielklassen der Universitäten und Schulen aufgenommen zu werden. Er sagt, vielen fehlten die Grundlagen, die Angehörigen des Bildungsbürgertums bereits in jungen Jahren in der Familie vermittelt werden: Theaterbesuche, Ausbildung in Nachwuchsakademien, der selbstverständliche Umgang mit der Sprache des klassischen Theaters. „Viele haben eine ganz andere Gestik, Mimik, sprachliche Ausdrucksweise, und wenn sie vorspielen, gibt es bei den Auswahlkommissionen oft die Befürchtung, dass das nicht zum klassischen Theater passt, für das wir vornehmlich ausbilden." Adebisi weist aber auch auf den Prozess hin, den eine sich im Wandel befindliche Theaterkultur in Deutschland durchlaufen sollte: „Es wird neue Stücke geben müssen von Autoren, Regisseuren und Schauspielern, die es über längere Sicht selbstverständlich machen, diese Menschen auf die Bühne zu bringen."

Er verweist auf die Arbeit des Maxim-Gorki Theaters[3] in Berlin, wo Shermin Langhoff die am Ballhaus Naunynstraße begonnene Arbeit fortsetzt und sagt: „Irgendwann wird es so aussehen, dass wir nicht mehr von postmigrantischem Theater oder den einzelnen Herkünften und Hautfarben der Akteure reden müssen, sondern es wird einfach zur Normalität auf deutschen Bühnen gehören."

Eine Frage, die sich die Kulturelle Bildung in Bezug auf sogenannte Bildungsbenachteiligte, homogene oder heterogene Gruppen stellen muss, ist, ob sichergestellt ist, dass gerade die Angehörigen von Minderheitengruppen, die meist vor der Herausforderung stehen, mehrere Identitäten, multiple Einflüsse und unterschiedliche Anforderungen miteinander verbinden zu müssen, dazu angehalten werden, ihre eigene Form von kreativem Ausdruck zu finden, oder ob von ihnen verlangt wird, einer Vorstellung von Kultur und kultureller Arbeit gerecht zu werden, die bürgerlichen, deutschen Traditionen entspricht. Die Kulturelle Bildung hat zumindest die Aufgabe, die richtige Mischung aus Wandlungsbereitschaft und Erhalt der Traditionen zu finden. Und das geschieht zum einen durch eine breit angelegte Vermittlung und kritische Auseinandersetzung mit der bestehenden kulturellen Praxis im Land und zum anderen über den Zugang zu kulturellen Institutionen und deren Ressourcen für Minderheitengruppen.

Kulturelle Bildung kann ihre Wirkung gerade an den Schnittstellen zwischen homogenen und heterogenen Gruppen, zwischen Schutzräumen und Räumen des offenen Austauschs entfalten.

Angehörige von Minderheitengruppen, die sich vielleicht zeitweise in homogenen Zusammenhängen bewegen, bleiben immer Teil der Gesamtgesellschaft. Der Austausch, der dadurch entsteht, ermöglicht der Mehrheitsgesellschaft, sich der Lebensrealitäten und Perspektiven dieser Menschen im kreativen Austausch bewusst zu werden. Dieser Prozess ermöglicht den Minderheitengruppen in zunehmendem Maß Teil des gesamtgesellschaftlichen (Kultur-)Lebens zu werden. Er ermöglicht der Mehrheitsgesellschaft, mehr von der eigenen Vielfalt zu sehen. Er stärkt die Identifikation mit der

3 Siehe auch www.gorki.de/haus.

Gesellschaft, den gesellschaftlichen Zusammenhalt insgesamt und ist ein erheblicher Faktor darin, der Zivilgesellschaft das Gefühl zu geben, Gefahren, die von homogenen Gruppen ausgehen, meistern zu können. Denn die Befürchtungen, die wir mit der Existenz homogener Gruppen verbinden, sind nicht gänzlich von der Hand zu weisen.

Es gibt religiöse Extremisten, die eine offene Gesellschaft gefährden können. Das hat die jüngste Vergangenheit gezeigt. Es gibt die Bedrohung durch rechtsextreme Gruppen. Und in Anbetracht der deutschen Geschichte des 20. und auch des 21. Jahrhunderts – bedenkt man die Mordserie des sogenannten Nationalsozialistischen Untergrunds (NSU) – ist es nachvollziehbar, dass die Befürchtungen, homogene Gruppen könnten radikal sein oder sich radikalisieren und eine demokratische Gesellschaft gefährden, gerade in Deutschland ausgeprägt sind.

Ein Weg mit diesen Befürchtungen umzugehen ist, Vielfalt zu einem grundlegenden Element der demokratischen Verfassung eines Staats zu machen und ihre Grundsätze dann konsequent umzusetzen. Dass das der Existenz homogener Gruppen nicht widerspricht, zeigt Kanada, das den Multikulturalismus bereits in den 1980er Jahren in seine Verfassung aufgenommen hat.

Die Philosophie des kanadischen Multikulturalismus beruht auf sieben Grundprinzipien: der prinzipiellen Zustimmung zu ethnisch-kultureller Verschiedenheit, dem Recht auf kulturelle Differenz, dem Prinzip der kulturellen Gleichwertigkeit und gegenseitigen Toleranz. Sie beruht auf dem Grundsatz der *Einheit-in-Verschiedenheit*, dem Recht auf gleiche Chancen und der Management-Annahme, die davon ausgeht, dass sich Multikulturalismus nicht von selbst entwickelt, sondern von staatlicher Seite ermutigt und gefördert werden muss. Die Sicherheit-Kontakt-Hypothese, als sechstem Grundprinzip, gründet auf sozialpsychologischen Untersuchungen und besagt, dass die Verankerung in der Eigengruppe das Selbstbewusstsein und die psychische Sicherheit der Individuen fördert und damit erst die Offenheit gegenüber anderen ethnisch-kulturellen Gruppen ermöglicht (vgl. Geißler 2003).

Die Philosophie des kanadischen Multikulturalismus geht von der Annahme aus, dass die Existenz und Gleichwertigkeit unterschiedlicher Einwanderergruppen und ihrer Kulturen den Staat mehr bereichert, als sie ihm schadet. Das Prinzip der *Einheit-in-Verschiedenheit* sichert den gesellschaftlichen Zusammenhalt dadurch, dass der Staat gewisse Wertevorstellungen vorgibt, an die sich alle halten müssen.

Jedoch ist der kanadische Multikulturalismus nicht unbedingt als politisches Modell auf die Bundesrepublik Deutschland übertragbar, da diese Staatsform speziell aus dem kanadischen Kontext heraus entstanden ist. Es sollte auch nicht übersehen werden, dass in Kanada nicht alle Probleme der Immigration, Integration und Inklusion gelöst sind. Aber der Multikulturalismus des amerikanischen Nordens könnte als Orientierungspunkt für ein Land dienen, in dem der offene, gesellschaftliche Umgang mit Einwanderung, Vielfalt und Gleichstellung noch recht neu ist.

Was die Auseinandersetzung Deutschlands mit Diversität, die in den vergangenen Jahren in Gang gekommen ist, bedeutend motiviert hat, sind zum einen die Richtlinien der Europäischen Union zur Gleichbehandlung aus dem Jahr 2000, aus denen schließlich sechs Jahre später in der Bundesrepublik Deutschland das Allgemeine Gleichbehandlungsgesetz (AGG) hervorging. Zum anderen sind es die Beschlüsse der Internationalen Konvention zur Eliminierung rassistischer Diskriminierung (ICERD) der Vereinten Nationen. Sie binden die deutsche Regierung ebenfalls an internationale Abkommen, die sich zum Ziel gesetzt haben, Gleichstellungsbemühungen international voranzutreiben.

So rät die ICERD-Kommission Deutschland in ihrem aktuellen Bericht u.a., adäquate Kriterien zu schaffen, die eine Erhebung von Daten, die Zusammensetzung der deutschen Bevölkerung betreffend ermöglichen (vgl. ICERD 2015).

Eine Empfehlung, deren Umsetzung es nicht nur Minderheitengruppen, die durch Studien und Analysen auf ihre gesellschaftliche Situation hinweisen wollen, erleichtern würde, Argumente für ihre Belange vorzubringen.

Politische Veränderungsprozesse, die durch internationale Beschlüsse und Gesetzgebungen zustande kommen, wirken sich auf die Gesellschaft aus und haben damit auch ihren Effekt auf Kultur und Bildung.

Ganz direkt betroffen ist die Kulturelle Bildung durch die UNESCO-Konvention über den Schutz und die Förderung kultureller Ausdrucksformen, die Deutschland im März 2007 ratifiziert hat. Der Bericht der Bundesregierung aus dem Jahr 2012 verdeutlicht, dass im Zusammenhang mit der Konvention der Schutz und die Förderung anerkannter Minderheitengruppen wie den Sorben, der dänischen Minderheit und der Friesen in Schleswig-Holstein vorangetrieben wurde, dass internationale Kulturprojekte, gerade auch mit der Türkei, forciert wurden und sogenannte bildungsbenachteiligte Gruppen zunehmend unterstützt werden (vgl. UNESCO 2015).

All diese Maßnahmen sollten zu einer Gesellschaft beitragen die, ähnlich dem kanadischen Multikulturalismus, ethnisch-kultureller Vielfalt zustimmt, die sowohl von einem Recht auf kulturelle Differenz als auch vom Prinzip der *Einheit-in-Verschiedenheit* ausgeht und sich für das Recht auf kulturelle Gleichwertigkeit und gleiche Chancen einsetzt; die sich darüber bewusst ist, dass sich diese Werte nicht von selbst entwickeln und erhalten, sondern des politischen Managements als auch des Einsatzes der Zivilgesellschaft bedürfen. Und dabei ist eine Kulturelle Bildung, die sich dieser Werte bewusst ist, essenzieller Bestandteil ihrer Umsetzung.

In diesem Zusammenhang sind homogene Gruppen, sofern sie die demokratischen Werte der Gesellschaft unterstützen, weniger Gefahr als Bedingung von Vielfalt. Sie stärken die Individuen und machen dadurch gleichberechtigten kulturellen Austausch erst möglich. Sie bieten spezielle Hilfestellungen an. Sie vermitteln Kenntnisse, die der Mehrheitsgesellschaft fehlen. Sie repräsentieren. Sie bieten Raum für selbstbestimmte Identitätsprozesse und deren Ausdruck. Sie machen sichtbar. Sie vermitteln Kompetenzen. Sie tragen politische Forderungen in die Institutionen hinein. Sie befördern gesellschaftlichen Wandel und bewirken Vertrauen in die Stabilität einer Gesellschaft, die durch Vielfalt stetigen Veränderungsprozessen ausgesetzt ist. Ohne sie ist Diversität unmöglich.

Philipp Khabo Koepsell, Kurator der ersten *Indaba* Schwarzer Kulturschaffender in Deutschland sagt über die Veranstaltung am Ballhaus Naunynstraße in Berlin: „Ich glaube nicht, dass das Treffen Schwarzer Kulturschaffender eine Zusammenkunft einer homogenen Gruppe war, da Schwarze Menschen, die in Deutschland leben, in sich eine äußerst heterogene Gruppe sind." Und damit weist er auf einen wichtigen Aspekt hin, den es bei der Betrachtung sogenannter homogener Gruppen in der kulturellen und politischen Landschaft der Bundesrepublik Deutschland zu bedenken gilt.

Was auf den ersten Blick homogen erscheint, ist bei genauerem Hinsehen schließlich doch eine heterogene Gruppe, die sich aufgrund einer oder mehrerer gemeinsamer Eigenschaften zusammenschließt. Koepsell sagt, dass Schwarze Kulturschaffende in Deutschland meist nicht viel mehr als diese beiden Faktoren, Schwarze und Kulturschaffende in Deutschland zu sein, gemeinsam hätten.

„Es gibt Menschen vom afrikanischen Kontinent, die z.B. aus Gambia, Nigeria, oder Südafrika kommen. Sie haben unterschiedliche Religionen, unterschiedliche politische Ansichten. Dazu gibt es die afrodeutschen Kulturschaffenden, die mit oder ohne Schwarzen Elternteil aufgewachsen sind. Es gibt Leute, die Deutschland als ihren Lebensmittelpunkt ansehen, andere halten sich nur vorübergehend in Deutschland auf. Es gibt Regisseure, die unterscheiden sich wiederum, wenn sie vom Film oder Theater kommen. Es gibt Schauspieler, Dramaturgen. Es gibt unterschiedliche Berufserfahrungswerte."

So beschreibt Koepsell die Vielfalt, die sich bei genauerer Betrachtung der vermeintlich homogenen Gruppe Schwarzer Kulturschaffender in Deutschland zeigt.

Und das gilt natürlich auch für die Gruppe Jugendlicher mit tamilischem Hintergrund, die sich 2014 zum ersten Mal zu einem Schreib- und Fotografieworkshop traf. Die Geschichten ihrer Eltern, führen sie auch alle irgendwann von Sri Lanka nach Berlin, unterscheiden sich zutiefst voneinander. Die Erfahrungen der Jugendlichen, ihre Interessen, Persönlichkeiten und Talente sind divers.

Das gilt für alle Gruppen, die wir heute noch als homogen bezeichnen. Und dass wir sie so bezeichnen, liegt auch an unserer gesellschaftlichen Wahrnehmung, die an den Symptomen leidet, die Kulturelle Bildung zu beseitigen helfen kann: Wir wissen zu wenig über sie, über uns. Sie sind im gesellschaftlichen Kontext häufig nicht sichtbar genug. Und wenn sie sich zusammenschließen, um u.a. diese einschränkenden gesellschaftlichen Vorstellungen zu überwinden, verstärkt das zeitweise den Eindruck der Homogenität, die sie vermeintlich repräsentieren.

Es bleibt zu hoffen, dass wir im Prozess der vielfältiger werdenden Gemeinschaft und der damit verbundenen, wachsenden Kenntnis unserer Gesellschaft und aller, die dazugehören, nicht mehr so sehr von homogenen Gruppen sprechen müssen, weil wir mehr von den Menschen sehen als nur diese wenigen Eigenschaften, auf die wir sie jetzt noch reduzieren, damit sie überhaupt sichtbar werden. Es wird ihnen die Möglichkeit geben, mehr von sich zu zeigen. Und dabei kann die Kulturelle Bildung einen entscheidenden Beitrag leisten.

LITERATUR

Baginski, Lena (2014): Homogene vs. Heterogene Teams. Schorfheide [www.lenabaginski.de/homogene-vs-heterogene-teams, zuletzt aufgerufen am: 20.05.2015].

Ballhaus Naunynstraße (2015): We Are Tomorrow. 15.11.2014 bis 26.02.2015. Visionen und Erinnerungen anlässlich der Berliner Konferenz von 1884. Berlin [www.ballhausnaunynstrasse.de/pdf/BN_B-Konferenz_32s_235-315_ffin.pdf, zuletzt aufgerufen am: 23.07.2015].

Geißler Rainer (2003): Multikulturalismus in Kanada – Modell für Deutschland? Bonn [www.bpb.de/apuz/27564/multikulturalismus-in-kanada-modell-fuer-deutschland?p=all, zuletzt aufgerufen am: 20.05.2015].

ICERD (Committee on the Elimination of Racial Discrimination) (2015): Concluding Observations on the Combined Nineteenth to Twenty-Second Periodic Reports of Germany. Advanced Unedited Edition. New York und Genf [http://tbinternet.ohchr.org/Treaties/ERD/Shared%20Documents/DEU/INT_CERD_COC_DEU_20483_E.pdf, zuletzt aufgerufen am: 20.05.2015].

Schule ohne Rassismus – Schule mit Courage (2013): Themenheft „Rassismus. Erkennen und bekämpfen“. Berlin: Hrsg. von der Aktion Courage e.V. Bundeskoordination, Schule ohne Rassismus – Schule mit Courage.

UNESCO (2015): Kulturelle Vielfalt. Bonn [www.unesco.de/kultur/kulturelle-vielfalt.html, zuletzt aufgerufen am: 20.05.2015].

Diversität – eine Frage der Quote

Chadi Bahouth

Deutschlands Gesicht verändert sich. Im wahrsten Sinne des Wortes: Deutschlands Gesichter verändern sich. Sie werden vielfältiger, sie werden bunter. Die stereotype Beschreibung des Deutschen mit blondem Haar und blauen Augen funktioniert schon lange nicht mehr; sie tat dies ohnehin nie. Und nirgendwo ist diese Erkenntnis so deutlich angekommen wie in den Klassenzimmern der großen deutschen Städte. Die Schüler hier sind ethnisch durchmischt. Sie schauen auf ihre jeweilige Familiengeschichte zurück, die es ihnen oft unmöglich macht, sich nur über ein Land, über eine Kulturregion zu definieren. Zwei Beispiele von Schülern, die ich interviewte, zeigen, wie fließend die Grenzen von Ethnie und nationaler Zugehörigkeit sein können: „Meine Mutter ist Deutsche, mein Vater Äthiopier", so erklärt der eine Schüler, der andere schildert: „Meine Mutter stammt aus der Türkei, unsere Familie ist aber armenisch und mein Vater ist halb Syrer, halb Deutscher."

Die Optik ist die erste Erkenntnis, die in diesen Klassenzimmern sichtbar wird, die zweite ist diejenige, dass diese Kinder und Jugendlichen, die so aufwachsen, umgeben von anderen, die ähnliche Geschichten und Hintergründe mitbringen, von klein auf ein sehr tolerantes Verständnis von Multikulturalität und Diversität leben.

Gleichsam differenziert sie dieser Hintergrund aber auch wieder, bleiben wir beim Beispiel der Schule, von ihren Lehrenden. Die Lehrerschaft an Schulen in Deutschland ist geprägt von autochthon Deutschen, meist Frauen. Diese Beobachtung lässt sich ohne weiteres auf die Kulturelle Bildung übertragen. Die Konflikte, die hier entstehen können, weil Bedürfnisse nicht bedient werden, nicht bedient werden können, sind bekannt. Das

Negativbeispiel Neukölln geht immer wieder durch die Medien – bzw. wird gerade durch die Medien als beispielhaft negativ inszeniert. Dazu später mehr.

Aus Gesprächen mit Schülern ethnischer Minderheiten und mit Lehrern erfuhr ich, dass sich viele Jugendliche, insbesondere Jungen aus dem Orient, ohne Identifikationsfigur wiederfinden und in der schwierigen Phase der Pubertät gerade diese suchen.

Verschiedene Initiativen, u.a. auch das Projekt „Dialog macht Schule“ der Bundeszentrale für politische Bildung (bpb), setzen hier an. Sie stärken intensiv Angebote Kultureller Bildung außerhalb des klassischen schulischen Betriebs. Bei „Dialog macht Schule“ gehen junge Erwachsene mit und ohne Migrationshintergrund an Schulen mit hohem Anteil Jugendlicher nichtdeutscher Herkunftssprache[1]. Hier arbeiten sie innerschulisch, aber außerhalb des regulären Schulplans, deutlich als Nicht-Lehrkräfte identifizierbar, mit den Jugendlichen. Sie sollen deren Selbstwertgefühl steigern und ihre Integration bzw. deren Inklusion fördern. Auch sollen sie selbst als Identifikationsfiguren dienen. Insbesondere gilt dies für die männlichen Teilnehmer. Die Jugendlichen nehmen dies in aller Regel gut an.

Einen etwas anderen Ansatz verfolgt das Projekt „Teach First“. Hier gehen junge Akademikerinnen und Akademiker an Schulen und unterstützen die Lehrerschaft über einen Zeitraum von zwei Jahren. Auch sie sollen als Vorbilder für die Jugendlichen dienen und diese motivieren, selbst einmal zu studieren, zumindest aber ihren jeweiligen Schulabschluss zu machen.

Für diese beiden, ebenso wie für viele andere Projekte der Kulturellen Bildung gilt, dass die Stoßrichtung schon die richtige ist, aber letztlich bleiben diese Versuche nur Tropfen auf den heißen Stein. Es bedarf in Deutschland einer generellen Anpassung an die gegebenen Realitäten, eventuell sogar die Einführung einer Quote für Lehrende mit Migrationsge-

---

1 Der Begriff der „Schüler nichtdeutscher Herkunftssprache“ ist veraltet und entspricht keiner einheitlichen Definition oder Erhebungsmethode. Die Berliner Senatsverwaltung für Bildung, Jugend und Wissenschaft beispielsweise definiert den Begriff folgendermaßen: Wenn die „Muttersprache bzw. Familiensprache“ eines Kindes „nicht deutsch“ ist. Oft werden damit aber auch Jugendliche bezeichnet, die in der dritten oder vierten Generation aufwachsen, deren Muttersprache durchaus Deutsch ist.

schichte. Gleiches gilt für Personen, die in der Kulturellen Bildung tätig sind: Laut „Mikrozensus" 2013 lag nämlich der Anteil der Bevölkerung mit Migrationshintergrund bei 20,5 Prozent an der Gesamtbevölkerung, Tendenz steigend. Aufgeteilt nach Altersgruppen, erhöht sich der Anteil der Migranten an der Gesamtbevölkerung deutlich. Je jünger sie wird, desto höher liegt der Anteil der Kinder und Jugendlichen mit Migrationsgeschichte: 28,24 Prozent bei den 15- bis 20-Jährigen, 30,96 Prozent bei 10- bis 15-Jährigen, 35,27 Prozent bei 5- bis 10-Jährigen, 34,89 Prozent bei den 0- bis 5-Jährigen (vgl. Statistisches Bundesamt 2013).

Jungen und Mädchen mit Migrationshintergrund machen also, grob zusammengefasst, bereits heute etwa ein Drittel des Gesamtanteils an Kindern und Jugendlichen in Deutschland aus. Das entspricht einem um mehr als 50 Prozent höherem Niveau im Vergleich zur Zahl der Gesamtbevölkerung.

Diejenigen hingegen, die an Schulen oder in der Kulturellen Bildung arbeiten, hinken dieser Relation weit hinterher. „Wir brauchen viel mehr Lehrer mit Migrationshintergrund!", so die zentrale Aussage einer deutschen Lehrerin an einer Schule mit sehr hohem Anteil an Jugendlichen nichtdeutscher Herkunftssprache. „Die Jugendlichen mit Migrationshintergrund, insbesondere die Jungen, haben keine Vorbilder in der Schule." Es fehle schlicht an männlichen Kollegen, die dem Weltbild der Jungen entsprächen, in es eindringen könnten, so die Lehrerin.

Gerade einmal jede zwanzigste Lehrkraft hat einen Migrationshintergrund.[2] Das deutsche Bildungssystem hat sich, ebenso wie ein Großteil der Kulturellen Bildung, nicht auf die neuen Verhältnisse eingestellt.

Gleich den Jugendlichen ohne Migrationshintergrund brauchen Jugendliche mit Migrationshintergrund in der Erziehung Vorbilder, die mit ihrer Herkunftserfahrung umzugehen verstehen. Sie brauchen Lehrer und Trainer mit Migrationshintergrund, damit das eigene Selbstverständnis als „normal" akzeptiert werden kann.

Es gibt einen weiteren Effekt, den Lehrende mit Migrationshintergrund haben, den autochthon Deutsche nicht vermitteln können: die große ethnische Überraschung. Vor einigen Monaten führte ich, gemeinsam mit einem jüdischen, israelisch-stämmigen Kollegen ein Seminar mit migran-

2 Für den Sektor der Kulturellen Bildung existieren leider keine verlässlichen Zahlen. Daher bliebe ich beim Beispiel der Lehrerschaft, beziehe aber meine eigene Erfahrung sowie Berichte von Kollegen ein.

tischen Jugendlichen in Neukölln durch. Und gleich zu Beginn kam die große Verwunderung: „Wie, du bist Araber und er ist Israeli?!", staunten die Teenager. In ihrer Welt existierte eine Grenze, die als nicht überwindbar galt und plötzlich das.

Bedeuten diese Umstände, dass die Gesellschaft sich den Jugendlichen, ihren Bedürfnissen und Wünschen anzupassen hat? Wenn unser Anspruch ist, dass wir die Jugendlichen erreichen wollen, dann muss die Antwort auf diese Frage ein klares und überzeugtes „Ja" sein. Negieren wir diese Frage, geben wir die Jugendlichen verloren und somit einer Radikalisierung frei, die vielfältig aussehen kann: Abrutschen in Kriminalität, religiösen Extremismus, in die Ablehnung demokratischer Strukturen oder auch nur der Verdruss auf unsere Gesellschaft und eine Frustration, die sie zu dauerhaften Arbeitslosengeld-II-Empfängern macht, die weder an sich noch an eine Gesellschaft glauben, die ihnen keine gerechten Chancen zugesteht.

Es ist das Gegenteil von Aufgeben, es ist dies die Anpassung an die realen Verhältnisse, mit denen diese Jugendlichen tagtäglich konfrontiert sind. Es sind die realen Verhältnisse, die wir als Zumutung empfinden müssen, sobald wir uns mit ihnen konfrontieren sollen, aber eben auch reale Verhältnisse, mit denen die Jugendlichen stetig zu kämpfen haben, eine Benachteiligung, derer sie sich durchaus bewusst sind. Nicht immer sind sie in der Lage, diese Benachteiligung auch zu formulieren, ihre Strukturen zu durchblicken, die Ungerechtigkeit, die sich dahinter verbirgt, zu verstehen, dennoch verstehen sie instinktiv sehr genau, was geschieht.

Wenn ich Vorträge über Rassismen in den Medien halte, werden immer wieder ähnliche Fragen von autochthon deutschen Teilnehmern gestellt. Viele fürchten sich davor, ungewollt Aussagen zu machen, die ihnen anschließend als rassistisch oder kulturunsensibel ausgelegt werden könnten. Dadurch, so erklären viele von ihnen, entstünde bei ihnen ein Gefühl der latenten Unsicherheit und sie hielten sich bei diesen Themen eher zurück. Bei einigen beeinträchtige dies insbesondere dann ihre Arbeit, wenn diese mit Jugendlichen mit Migrationsgeschichte zu tun hätte.

Viele derjenigen, die sich auf diese Art zurücknehmen, arbeiten in der Kulturellen Bildung. Ihr Wunsch, sich fortzubilden, ist vorhanden. Gleichzeitig sehen sie sich immer wieder dieser aus Vorsicht resultierenden inneren Blockade ausgesetzt. Für Jugendliche mit Migrationshintergrund wird dies natürlich sofort spürbar. Eventuell können sie kognitiv noch nicht nachvollziehen, was in einer solchen Situation geschieht, aber sie erleben sie als irritierend. Dadurch können verschiedene Selbstverteidigungsreaktionen bei den Jugendlichen ausgelöst werden: Zurückziehen, Aggression, Defensive etc. Ein erfolgreiches Arbeiten wird dann extrem schwierig.

Ein Beispiel: Während eines Trainings mit Jugendlichen in Berlin Neukölln, rief ein Jugendlicher mit türkischen Wurzeln einem autochthon deutschen Teilnehmer während einer hitzigen Debatte zu: „Du Kartoffel!". Als der deutschstämmige Jugendliche antwortete: „Du Döner!", schien es für einen Moment so, als würde die Situation eskalieren. Als dann aber alle Teilnehmer begannen, sich gegenseitig mit „Tzatziki", „Kebab", „Falafel" etc. anzusprechen, brachen letztlich alle in Gelächter aus. Die Situation hatte sich damit von allein erledigt. Für einen Leiter ohne eigene migrantische Erfahrung, oder zumindest eine intensive Weiterbildung, kann eine Situation wie diese Anlass dazu bieten, fatal einzuschreiten. Die Jugendlichen hier zu maßregeln hieße, sie nicht zu verstehen, ihr Lebensumfeld nicht wahrzunehmen und nicht zu begreifen, wie sie funktionieren.

Ein weiteres Beispiel: Viele der Jugendlichen, mit denen ich arbeite, aber auch einige migrantische Musiker, Künstler und Aktivisten, bezeichnen sich selbst und ihre Freunde, je nachdem, wo ihre Wurzeln liegen, als Ausländer, Kanake, Nigger, Polacke, Itaker etc. Für viele Menschen ist dies überhaupt nicht nachvollziehbar. Dahinter steht meist die Intention, das beleidigende Vokabular in den eigenen Wortschatz aufzunehmen. Es geht um die Übernahme der Hoheit über das bislang verletzend genutzte Wort. Die eigenen Grenzen der Verletzlichkeit lassen sich dann selbst bestimmen; es ist eine Form des Selbstschutzes, der Entmachtung der Rassisten. Im Grunde machen die Jugendlichen intuitiv das, was viele Erwachsene erst lernen müssen, sie definieren ihre eigene Unabhängigkeit. Solange sie sich in einem geschützten Rahmen bewegen, funktioniert dies sehr gut. Kommen sie aber in ein Umfeld, das maßgeblich von einer Person mitbestimmt wird, die dieses Denken nicht nachvollziehen kann, so kann durchaus eine konfliktträchtige Situationen daraus entstehen.

Denn das, was die Jugendlichen hier tun, ist für viele autochthon deutsche Kollegen, mit denen ich über dieses Thema sprach, nur schwer bis nicht nachvollziehbar, zumindest unterstützen sie es nicht oder – wie oben beschrieben – sie fühlen sich extrem unwohl in diesen Situationen. Dieses Gefühl des Unwohlseins ist an sich eine großartige Errungenschaft, denn es zeigt, dass die Deutschen aus ihrer Geschichte gelernt haben, sie haben sich damit beschäftigt und sie zu einem großen Teil aufgearbeitet. Aber es bedeutet eben auch, dass es in Situationen mit Jugendlichen mit Migrationshintergrund, die sich überwiegend selbst nicht in der Schuld der Taten der deutschen Vergangenheit verstehen, zu besagten Konflikten kommen kann.

Der Erfolg der Kulturellen Bildung beginnt, wie bei jeder Form des Lernens, mit der Motivation der Zielgruppe. Dafür muss ich als verantwortliche Person in der Lage sein, ein Vertrauensverhältnis zu meinen Lernenden zu schaffen. Je näher meine Lebenserfahrungen an denen der Lernenden sind, desto eher werde ich Vertrauen schaffen können. Stehen meine Erfahrungen kontrovers zu denen, die ich unterrichten soll, so kann ich sie nur sehr schwer erreichen.

Es ist eventuell notwendig zu betonen, dass Lehrende mit Migrationshintergrund nicht zwangsläufig fähiger zur Kulturellen Bildung sind. Vielmehr ist es so, dass dies ein zusätzliches Plus ist, was ihnen den Zugang erleichtert. Denn natürlich ist es so, dass, wenn ich in einen Raum mit Jugendlichen aus dem Libanon, der Türkei, Ägypten, Mexiko oder Afghanistan komme, eine ganz andere erste Reaktion erfahre, als wenn eine identische Kopie von mir, aber mit hellerem Aussehen hineinginge. Die hellere Kopie würde die Jugendlichen nicht anders behandeln, aber sie würde anders angenommen werden. Die Jugendlichen machen immer wieder die Erfahrung, dass sie aufgrund ihrer Andersartigkeit diskriminiert werden, und zwar von Menschen, die aus ihrer Perspektive heller sind als sie selbst. Und so belegen auch verschiedene Studien, dass Schüler mit Migrationshintergrund bei gleicher Leistung immer wieder schlechtere Noten erhalten als ihre deutschen Mitschüler (vgl. Stiftung Mercator o.J.). Ein Schüler brachte es in einem Interview einmal sehr treffend auf den Punkt: „Bloß weil ich schwarze Haare habe, bin ich ja nicht dumm!"

Die oben angesprochene, in vielen Bereichen komplett andere Sicht der Jugendlichen mit Migrationshintergrund auf teilweise hochsensible Bereiche innerhalb unserer Gesellschaft, versuchen Regierende vielerorts durch eine Erhöhung des Anteils von Lehrkräften entgegenzuwirken, die selbst einen Migrationshintergrund haben. Diese Erkenntnis kommt spät und die Wirkung dieser Bemühungen ist bislang schwer einzuschätzen.

Bislang existieren nur wenige verlässliche Zahlen dazu. Im Jahr 2010 hat der Arbeitsbereich Interkulturelle Erziehungswissenschaft der Freien Universität Berlin unter der Leitung von Prof. Dr. Viola B. Georgi im Rahmen der Studie „Lehrende mit Migrationshintergrund in Deutschland: Eine empirische Untersuchung zu Bildungsbiographien, professionellem

Selbstverständnis und schulischer Integration" 200 Lehrende mit Migrationshintergrund befragt sowie 60 biografische Interviews durchgeführt (vgl. Freie Universität Berlin 2010).[3] Die Ergebnisse, so Georgi, „zeigen, dass Lehrende mit Migrationshintergrund ein Schlüssel zur interkulturellen Schulentwicklung in Deutschland sind, aber nicht zum Allheilmittel gesellschaftlicher Integration taugen." Es reiche nicht aus, Lehrende mit Einwanderungsgeschichte anzuwerben, es müsse ebenso in der Lehreraus- und -weiterbildung darauf gezielt werden, den gesamten Raum Schule „auf den Umgang mit Heterogenität vorzubereiten" (ebd.). Und das, was in der Schule funktioniert, dürfte im kulturellen Bildungsbereich noch viel effektiver wirken.

Wir stellen also fest, es existieren zwei Problemfelder: Zum einen gibt es zu wenige Lehrende mit Migrationserfahrung, die den Jugendlichen in der schulischen und/oder kulturellen Arbeit auch als Identifikationsfigur dienen können. Zum anderen fehlt es nach wie vor an einer Anpassung des Systems an die aktuellen Bedürfnisse, sprich, wir benötigen eine an die Situation angepasste Aus- und Weiterbildung von Lehrenden.

Aus Gesprächen mit Kollegen einerseits und Jugendlichen andererseits, wissen wir, dass wir uns momentan in einer Situation befinden, in der der Migrationshintergrund von Lehrenden die wirkungsvollste Möglichkeit ist, um Jugendliche zu erreichen. Insbesondere gilt dies für diejenigen, die als besonders schwer erreichbar gelten.

In einem Seminar, das ich vor einigen Jahren mit migrantischstämmigen Jugendlichen abhielt, stach ein Junge besonders heraus. Von seinem Klassenlehrer wurde er als besonders aggressiv, ruhestörend und schwer erziehbar beschrieben. Der Junge stammte aus dem Libanon, seine Familie lebte von Sozialleistungen und das Bildungsniveau war besonders niedrig. Tatsächlich bedurfte es einiger Zeit, um den Jugendlichen zu erreichen, aber allein der Umstand, dass ich in der Lage war, auch nur einige wenige Worte mit ihm auf Arabisch auszutauschen – ich bestand darauf, dass wir für alle verständlich sprachen –, eröffnete mir ganz neue Möglich-

3 Die Wissenschaftlerinnen der Freien Universität Berlin untersuchten erstmals das professionelle Selbstverständnis von Lehrkräften mit Migrationshintergrund. Sie fragten danach, welche Erfolgsfaktoren sich in den Bildungsbiografien niederschlagen, wie sie ihr Studium und Referendariat erlebt haben und welche Erfahrungen sie in ihrem Schulalltag sammeln.

keiten, ihn zu erreichen und Vertrauen aufzubauen. Diese Erfahrung stimmt auch mit den Ergebnissen der Studie der Freien Universität Berlin überein.[4]

QUOTE UND MEDIEN

Vor einigen Jahren wurde ich gebeten, einen Kommentar zur Frage zu schreiben, ob Deutschland eine Quote für Menschen mit Migrationsgeschichte brauche oder nicht (vgl. Bahouth 2010). Damals hatte ich mich für die Quote ausgesprochen und formuliert, die Quote sei kein Selbstzweck. Ich verglich sie mit einem Wecker. Ein Wecker erinnert uns an das, was wir ohne ihn nicht schafften: Die Gleichberechtigung von Menschen mit Migrationshintergrund in unserem Land. Über Jahrzehnte ist Deutschland nun ein Einwanderungsland. Auch die Jahrhunderte davor sind geprägt von immenser Einwanderung. Und dennoch befinden wir uns in einer Situation, in der Jugendliche, ausschließlich aufgrund ihres Namens, beispielsweise eine schlechtere Note erhalten. Wir leben immer noch in einem Land, in dem Asylbewerberheime angezündet, Deutsche mit dunkler Hautfarbe diskriminiert und verfolgt werden, es gibt immer noch Landstriche, in die sich viele Menschen, die „nicht deutsch" aussehen, einfach nicht hineintrauen. Fälschlicherweise wird dies in den meisten Medien immer noch als „Ausländerfeindlichkeit", „Ausländerhass" oder „Fremdenfeindlichkeit" bezeichnet. Dabei geht es nicht darum, dass irgendwer gegen Ausländer oder Fremde ist: Es ist nichts anderes als Rassismus. Wie oben bereits beschrieben, verstehen viele der Jugendlichen nicht systematisch, was da vor sich

4 „Lehrende mit Migrationshintergrund stehen für gelebte sprachliche Vielfalt in der Schule. Dennoch bringen sie ihre Herkunftssprachen im Unterricht eher selten zum Einsatz. Ein Großteil der Lehrenden verweist und verpflichtet ihre migrantischen Schülerinnen und Schüler den Ergebnissen zufolge auf die deutsche Sprache als Schulsprache. Außerhalb des Unterrichts besteht allerdings durchaus Bereitschaft, die Herkunftssprachen in der Kommunikation mit Schülern und Schülerinnen sowie Eltern vielfältig einzusetzen. Die Fähigkeit zur Kommunikation in den Herkunftssprachen der Schüler und Schülerinnen werden von den Befragten als Ressource beschrieben – etwa als Möglichkeit zur Förderung, zur Anerkennung und als Grundlage für den Aufbau von Vertrauen." (Freie Universität Berlin 2010)

geht, aber sie begreifen, dass es eine Unterscheidung in „wir" und „ihr" gibt und dass sie in dieser Fassung nicht dazugehören.

Insbesondere brauchen wir eine deutlich sichtbare Quote für all diejenigen, die noch zu jung sind, um sich selbst zu informieren und für die, denen es an Bildung mangelt. Dies gilt für beide Seiten, sowohl für diejenigen mit als auch ohne Migrationshintergrund. Insbesondere aber benötigen wir sie für diejenigen mit Migrationsgeschichte, die sich ohnmächtig sehen, angesichts eines Systems, das sie immer noch als Fremde bezeichnet. Und ebenso notwendig ist es für diejenigen, die dem Ausgrenzen Vorschub bieten, damit sie lernen, dass es sich nicht um eine Frage der Ethnie, sondern um eine des Milieus handelt.

Um dies zu erreichen, benötigen wir umso dringender eine Quote in den Medienbetrieben. Denn die Medien sind es, die im großen Maße die Stimmung innerhalb der Bevölkerung beeinflussen. Während der Zeit der Berichterstattung über den Brandbrief der Lehrer der Rütlischule in Neukölln, waren nicht gerade wenige Kollegen um eine möglichst unausgeglichene und quotenorientierte Berichterstattung bemüht, die oftmals diesen Namen nicht verdiente. Jugendliche mit Migrationshintergrund wurden als Problemfälle dargestellt, die mediale Abdeckung blickte nur selten hinter die Fassade der Situation. Schnell wurden Pauschalurteile gefasst und ganze Volksgruppen als schwer erziehbar und integrationsunwillig beschrieben. Diese Vorkommnisse haben ihre Wirkung nicht verfehlt. Zwischen Lehrenden ohne Migrationshintergrund und Lernenden mit Migrationshintergrund hat dies seinerzeit zu einer Vertiefung des Grabens geführt, die auch heute noch spürbar ist.

Die Neuen deutschen Medienmacher e.V., ein Verein von Journalisten überwiegend mit Migrationsgeschichte, kritisiert, dass die Verhältnisse in den Redaktionsstuben zu „weiß" seien. Daraus resultiere, dass die Berichterstattung über Migranten zu negativ ausfalle. Eine Quote wäre eine Möglichkeit, dem entgegenzuwirken, da dadurch vielfältigere Perspektiven in die Entscheidung darüber, wie ein Thema aufgegriffen würde, entstünden. Mehr Einfluss von Journalisten mit Migrationsgeschichte kann durchaus dazu führen, dass kultursensibler mit bestimmten Themen umgegangen wird.

Ein sehr krasses Beispiel für die Form der unsensiblen Berichterstattung sind die Morde des Nationalsozialistischen Untergrunds (NSU). Diese wurden über Monate als „Döner-Morde" tituliert. Die Rassismen und die Diskriminierungen, die hier deutlich werden, haben sich ins Bewusstsein vieler in Deutschland lebenden Menschen mit Migrationsgeschichte eingebrannt. Dass eine so fatale Leistung der Kriminalbehörden über einen so langen Zeitraum möglich war, hängt mit zwei Faktoren zusammen: Zum einen damit, dass die Medien so lange kritiklos das kopierten, was die Polizeisprecher ihnen mitteilten und damit, dass es innerhalb des Polizeiapparates und der Medienbetriebe kaum Menschen mit Migrationshintergrund gibt. Insbesondere in den Führungsetagen ist dies der Fall. Menschen mit Migrationshintergrund haben schlichtweg in den Entscheiderpositionen keine Lobby, sind in aller Regel schlecht organisiert und werden systematisch, wenn vielleicht nicht einmal bewusst, diskriminiert.

Ähnliche Muster lassen sich auch am Beispiel der Emanzipation der Frauen ablesen. Frauen sitzen auch heute, Jahrzehnte nach dem Beginn der Emanzipation, nur sehr bedingt in Führungspositionen, verdienen etwa 10 bis 20 Prozent weniger als Männer und sehen sich täglicher Diskriminierung ausgesetzt. Die Quoten, die es in einigen Bereichen unserer Gesellschaft gibt, haben nur ein Minimum dessen erreicht, was zu einer wirklichen Gleichberechtigung zwischen Mann und Frau beitragen sollte. Es ist schwer zu sagen, wie die Bundesrepublik Deutschland heute aussehen würde, hätte es keine Quotenregelung für Frauen gegeben. Vermutlich wäre die Situation deutlich nachteilhafter.

Mit der Quote für Migranten steht es ähnlich. Es ist ein Werkzeug, das einen klaren Auftrag besitzt. Es soll die Diskriminierung reduzieren. In Artikel 7 der Allgemeinen Resolution der Menschenrechte der Generalversammlung der Vereinten Nationen heißt es: „Alle [Menschen, Anm. C.B.] haben Anspruch auf gleichen Schutz gegen jede Diskriminierung [...].“ (Vereinte Nationen 1948) Um diesen Schutz zu gewährleisten, ist es notwendig, dass gerade in der Kulturellen Bildung mehr Menschen mit Migrationshintergrund arbeiten. Denn sie sind es, die den Jugendlichen die Möglichkeiten vergrößern, an unserer Gesellschaft teilhaben zu können, ihr eigenes Umfeld zu verändern und die eigenen Potenziale zu realisieren.

Wenn man so will, kann man von einer Neuen deutschen Kulturellen Bildungsinitiative sprechen, dies in Anlehnung an die Selbstbezeichnung immer mehr Menschen mit Migrationshintergrund, die Deutschland als ihre Heimat betrachten. Diese *Neuen Deutschen* beginnen sich nun zu formieren. Während des ersten Bundeskongresses der Neuen Deutschen Organisationen (vgl. Neue deutsche Medienmacher e.V. 2015b) im Februar 2015 in

Berlin, kamen 180 Teilnehmer und Vertreter von rund 80 Initiativen aus ganz Deutschland zusammen. Anders als es ihre Elterngeneration tat, arbeiten sie ethnienübergreifend und halten sich nicht an festgezurrten Milieugrenzen auf. Was sie eint, ist der Wunsch nach gleichberechtigter Teilhabe in ihrem Heimatland Deutschland.

In ihrer Abschlusserklärung sprechen sie sich dafür aus, „präsenter zu werden: Wir wollen keine Behörden, staatlichen Unternehmen, Parlamente, Gremien, Rundfunkräte, Wohlfahrtsverbände usw., in denen immer noch (fast) nur Herkunftsdeutsche sichtbar sind." Darüber hinaus machen sie sehr deutlich: „Solange der Anteil von Neuen Deutschen und People of Color in Entscheidungspositionen deutlich unter ihrem Anteil in der Bevölkerung liegt, müssen wir eine Diskussion über Quoten führen." (Neue deutsche Medienmacher e.V. 2015a)

LITERATUR

Bahouth, Chadi (2010): Braucht Deutschland eine Migrantenquote? PRO Wir brauchen einen Wecker! In: taz.de, 07.12.2010. Berlin [www.taz.de/1/archiv/digitaz/artikel/?ressort=hi&dig=2010%2F12%2F07%2Fa0145&cHash=11f187633b59298d880735fd31130e9d, zuletzt aufgerufen am: 10.07.2015].

Freie Universität Berlin (2010): Forscherinnen der Freien Universität befragen Lehrkräfte mit Migrationshintergrund in Deutschland. Hertie-Stiftung und ZEIT-Stiftung finanzieren erste Studie zum professionellen Verständnis. Pressemitteilung Nr. 281/2010 vom 21.09.2010. Berlin [www.fu-berlin.de/presse/informationen/ fup/ 2010/fup_ 10 _281/index.html, zuletzt aufgerufen am: 10.07.2015].

Neue deutsche Medienmacher (2015a): Ergebnisse der Neuen Deutschen Organisationen vom Bundeskongress „Deutschland neu denken". Berlin [www.neuemedienmacher.de/wp-content/uploads/2015/02/ Ergebnisse_Forderungen_NDOs-1.pdf, zuletzt aufgerufen am: 10.07.2015].

Neue deutsche Medienmacher (2015b): Die Neuen Deutschen kommen! „Deutschland neu denken" – 1. Bundeskongress der Neuen Deutschen Organisationen. Berlin [www.neuemedienmacher.de/projekte/bundeskongress-ndo, zuletzt aufgerufen am: 10.07.2015].

Statistisches Bundesamt (2013): Bevölkerung nach Migrationshintergrund. In: Mikrozensus. Wiesbaden [www.destatis.de/DE/ZahlenFakten/GesellschaftStaat/ Bevoelkerung/ MigrationIntegration/ Migrationshintergrund/-Tabellen/MigrationshintergrundAlter.html, zuletzt aufgerufen am 10.07. 2015].

Stiftung Mercator (o.J.): Studie „Bildung, Milieu, Migration“. Wie Migranten das deutsche Bildungssystem erfahren. Essen [www.stiftung-mercator.de/de/projekt/studie-bildung-milieu-migration, zuletzt aufgerufen am: 10.07.2015]

Vereinte Nationen (1948): Resolution der Generalversammlung 217 A (III). Allgemeine Erklärung der Menschenrechte. 10.12.21948 [www.un.org/ depts/ german/ menschenrechte/ aemr.pdf, zuletzt aufgerufen am: 10.07. 2015].

Partizipative Kunstprojekte

Chancen und Herausforderungen für diversitätsbewusste Bildung

BRIGITTE DIETZE

> „Ich bin kein Sozialarbeiter, ich bin kein Animateur für das Stadtviertel, für mich ist Kunst ein Werkzeug, um die Welt kennenzulernen. Kunst ist ein Werkzeug, um mich mit der Realität zu konfrontieren; Kunst ist ein Werkzeug, um die Zeit in der ich lebe, zu erfahren."
> HIRSCHHORN 2002

Der Schweizer Installationskünstler Thomas Hirschhorn entwickelte im Jahr 2013 in der Bronx, fern von der New Yorker Museen-Landschaft, als Installation und Kunstprojekt sein sogenanntes *Gramsci-Monument,* ein multifunktionales Gemeinschaftszentrum in der für ihn üblichen Sperrholz-Ästhetik, welches er zusammen mit einem Team von Anwohnern baute. Nach eigener Recherche von unterschiedlichen Siedlungen entschied er sich genau für diesen Ort. „Als Künstler mit einem Projekt im öffentlichen Raum stelle ich mir folgende Fragen: Bin ich fähig, mit meiner Arbeit Begegnungen zu machen? Und: Bin ich fähig, durch meine Arbeit Ereignisse zu erzeugen?", so Hirschhorn (2002).Partizipation an sozialen Kunstprojekten hat unterschiedliche Formen. Was ihnen aber allen gleich ist, ist die Möglichkeit, künstlerische Eingriffe in den öffentlichen und sozialen Raum vorzunehmen, die durch die Neukonstruktion oder Umgestaltung von Orten

Begegnungen, Dialoge und neue Situationen entstehen lassen, sodass nachhaltige und neue Konzepte eines sozialen Zusammenlebens entwickelt werden können.

Nach Michel Foucault kann man diese Orte als Gegenorte bezeichnen, die Utopien verwirklichen (2006: 320):

> „Utopien sind Orte ohne realen Ort. Es sind Orte, die in einem allgemeinen, direkten oder entgegengesetzten Analogieverhältnis zum realen Raum der Gesellschaft stehen. Sie sind entweder das vervollkommnete Bild oder das Gegenbild der Gesellschaft, aber in jedem Fall sind Utopien ihrem Wesen nach zutiefst irreale Räume. Dann gibt es in unserer Zivilisation wie wohl in jeder Kultur auch reale, wirkliche, zum institutionellen Bereich der Gesellschaft gehörige Orte, die gleichsam Gegenorte darstellen, tatsächlich verwirklichte Utopien, in denen die realen Orte, all die anderen realen Orte, die man in der Kultur finden kann, zugleich repräsentiert."

Die Stadt und ihre Bewohnerschaft dienen als Forschungslabor und Recherche-Mittelpunkt für partizipatorische Kunstprojekte, die diversitätsfreundliche Gesellschaftsformen fördern wollen.

Der Rezipient des Kunstwerks wird zum Mitgestalter der künstlerischen Arbeit erhoben und zum schöpferischen Prozess aktiviert. Dabei wird jeder Akteur gleichwertig betrachtet und in seiner Heterogenität als Bereicherung empfunden. Die partizipatorischen Projekte sind im Kontext eines erweiterten Kunstbegriffes und einer ortsspezifischen *Public Art* zu sehen, die die Bemühungen wie etwa die der Künstler Marcel Duchamp und Joseph Beuys weiterführen und die Kunst mit der Gesellschaft verbinden wollen. In einer multikulturellen, gesellschaftlichen Vielfalt soll die Kunst auch von ebendieser rezipiert werden können.

Soweit das künstlerische Vorhaben und Konzept, was sich Künstler und die auftraggebenden Institutionen zumeist auf ihre Fahnen schreiben wollen und Großes von partizipatorischen Kunstprojekten und ihren neu geschaffenen Gemeinschaften erwarten. Dass diese auf Partizipation angewiesene Kunstform nicht nur Chancen und Herausforderungen birgt, sondern auch Wellen von heftiger Kritik verursacht, ist naheliegend und in vielerlei Hinsicht zu spüren.

EIN BLICK ZURÜCK: DIE ENTWICKLUNG EINER DIVERSITÄTSFÖRDERNDEN PARTIZIPATIONSKUNST VON 1920 BIS HEUTE

Kunst als rezeptive Handlung

Wird eine künstlerische Intervention zur sozialen Arbeit oder wird aus einer sozialen Intervention ein Kunstwerk? Eine Kunstform, die sich außerhalb einer geschlossenen Institution der Gesellschaft nähert und einen Nutzen für sie aufbringt, entwickelt sich nur langsam. Die Moderne brachte einige Ismen hervor, die versuchten, das traditionelle Kunstbild zu revolutionieren. Es ging nicht mehr nur darum, die formalistischen Prinzipien zu verändern, sondern schließlich darum, den Kunstbegriff zu erweitern und die Rezeptionsgewohnheiten der Menschen zu modifizieren.

Die Einflüsse der partizipatorischen Kunstprojekte gehen zurück auf den Beginn des 20. Jahrhunderts, dem Beginn der Moderne. Sowohl die russische Revolutionskunst als auch die europäische Avantgarde nach dem Ersten Weltkrieg versuchte, Kunst und Leben der Menschen miteinander zu verbinden. So lautete bereits 1920 der institutionskritische sowie revolutionäre Ausruf des Moskauer Konstruktivisten Alexander Rodtschenkos (1920 zitiert nach Rollig/Sturm 2001: 128): „Nieder mit der Kunst, die nichts ist als ein Schönheitspflaster auf dem widerwärtigen Leben der Reichen. [...] Arbeite fürs Leben und nicht für Paläste, Kathedralen, Friedhöfe und Museen. Arbeite mitten in allem und mit jedem."

Etwa zur gleichen Zeit kritisierten die Dadaisten den Widerspruch zwischen der Praxis des Lebens und der idealisierten Welt der traditionellen Kunst und schufen die Anti-Kunst als Form des Protestes, u.a. durch die Verwendung von Alltagsgegenständen, den sogenannten Ready-Mades, was den kunstpraktischen Bezug zum Leben betonte und einen Anfang einer problemorientierten Kunst der Wirklichkeit einläutete. Marcel Duchamp vergegenwärtigte die Wichtigkeit des Betrachters für die Kunst und deklarierte ihn zum Art coefficient, der durch das individuelle Rezipieren die künstlerische Handlung komplett machen soll.

Kunst als Happening

Nach dem Zweiten Weltkrieg entwickelte sich Ende der 1950er Jahre eine internationale Aktionsform: Das *Happening*, eine Aneinanderreihung von Ereignissen. Ziel war eine gesteigerte Erlebnisfähigkeit des beteiligten Publikums durch taktile und visuelle Reize. Einflussreich war der amerikanische Komponist John Cage, der 1952 als frühe Form eines Happenings seine Komposition „4:33" uraufführte, welches nur aus Stille bestand und somit die Geräusche des Publikums und der Umwelt einbezogen waren. Die in den 1960er Jahren aufkommende Konzeptkunst trennte das Kunstverständnis endgültig vom rein materiellen Schaffen und kürte die künstlerische Idee und ihr Konzept als Kunstwerk. Der politische und soziale Anspruch an künstlerische Vorgehensweisen nahm in den 1960er und 1970er Jahren stark zu aufgrund der heftigen politischen Unruhen und daraus resultierenden Protest- und Friedensbewegungen. Das präsente Vorhandensein und Agieren des Menschen in der Öffentlichkeit, insbesondere auffällig durch Demonstrationen, Bürgerrechts- und Studentenaktionen ließ die Kunstwelt nicht unbeeinflusst. Zunehmend zeigten sich die Künstler selbst im öffentlichen Raum und riefen mit Performance, Body Art und Aktionskunst zur Gesellschaftsveränderung als künstlerischer Prozess auf.

Kunst als gesellschaftspolitische Bewegung

Anfang der 1960er Jahre war die in Norditalien gegründete „Situationistische Internationale" eine einflussreiche Künstlerbewegung in Europa, mit Wirkungszentren in den Städten Paris, London, Amsterdam, Göteborg und München. Darin waren Künstler, Architekten, Kulturproduzenten und Theoretiker zusammengeschlossen. Von der Gründung 1957 an bis seiner Auflösung 1972 setzte sich die Situationistische Internationale dafür ein, die bestehenden, kapitalismus-geprägten gesellschaftlichen Verhältnisse durch kulturelle Praxisformen zu verändern. Beeinflusst von Marx' radikaler Konsumkritik lehnten sie kommerzielle Kunstvermarktung genauso ab wie einen profitorientierten Urbanismus. Vor allem klagten sie den ökonomie-gesteuerten Stadtaufbau an, der nicht nur den Konsum und den Kapitalismus fördere und damit die herrschende Regierungsform unterstützten würde, sondern auch menschliche Isolation, Entfremdung und Klassentrennung schaffe. Um diese Verhältnisse zu überwinden, forderte die Situationistische Internationale eine Rückkehr zu echten Erlebnissen und Situationen in städtischen Räumen und das unmittelbare Erleben von Gemeinsamkeit durch Kulturproduktion.

Um erfolgreich Einfluss nehmen zu können, entwickelten sie das Konzept des unitären Urbanismus, welches mit einer umfassenden Urbanismuskritik einherging. Das Konzept sah vor, neue soziale Räume zu schaffen, die zur Konstruktion von Situationen sowie zu einer individuellen Aneignung vom städtischen Raum verhelfen. Ziel war es, auf soziale Aspekte und Wünsche der Bevölkerung einzugehen. Eine neue ganzheitliche Stadtentwicklung sollte sich auf das gesamte Alltagsleben beziehen und die zeitgenössische Stadtplanung ersetzen. Sie bedienten sich experimenteller Feldforschungsmethoden sowie einiger Techniken des Dadaismus und Surrealismus, darunter die Collagetechnik. Im Mittelpunkt ihrer gesamten Theorien stand das subjektive Empfinden des Menschen.

Die Konzentration auf Orte der Stadt und das Entwickeln von urbanen Strategien zur Wahrnehmung und Veränderung von Lebensgewohnheiten gilt als gute Grundidee von partizipatorischen Kunstprojekten. Der Einfluss der Situationistischen Internationale auf die gegenwärtige Projektkunst ist nicht zu verkennen.

Kunst als Sprachrohr für bürgerliche Belange

Zur Entwicklung in den USA beschreibt Stella Rollig in ihrem Essay über projektorientierte Kunst die Verknüpfung der amerikanischen Kunstszene der 1980er Jahre mit einer aktivistischen Protestbewegung gegen die herrschende Reagan-Verwaltung. Vor allem der diskriminierende Umgang mit Aids-Kranken, mit Homosexuellen und mit ethnischen Minderheiten veranlasste Künstler zu Interventionen im öffentlichen Raum. So war *Act Up* (Aids Coalition to Unleash Power) eine der größten, in Amerika aktiven Gruppen, die 1987 begannen, Aufklärungsarbeit und Aktionen in der Öffentlichkeit zu betreiben.

Suzanne Lacy, die amerikanische Künstlerin und Autorin, prägte in den 1980er Jahren den Begriff „New Genre Public Art“ und bezeichnete ihn zunächst als Herausforderung. 1995 brachte sie ihre programmatische Essaysammlung „Mapping The Terrain. New Genre Public Art“ in Seattle heraus, mit dem Thema der neuen sozial verantwortlichen, öffentlichen Kunst mit den Bezug zum Alltag der Menschen. Zusätzlich fügte sie dem

Band ein Kompendium über 90 Projektbeispiele hinzu, die in den Jahren 1960 bis 1990 durchgeführt wurden. Etwa zeitgleich mit diesem theoretischen Diskurs wurde mit dem von Mary Jane Jacob kuratierten Projekt „Culture in Action“ 1993 in Chicago ein neuer Weg beschritten: In partizipatorischen und prozessorientierten Projekten erklärten Künstler in Zusammenarbeit mit den Bürgern die ganze Stadt zum Ausstellungsort und behandelten soziale Themenfelder, vor allem Diskriminierung von marginalisierten Gesellschaftsgruppen, wie die der Einwanderer und HIV-Erkrankten. Einen Höhepunkt erreichte die institutionelle Akzeptanz aktivistischer Kunst 1993, als das Whitney Museum of American Art eine gesamte *Biennale*-Ausstellung der sozial engagierten Kunst widmete.

Kunst als Gestaltungsmittel der Gesellschaft

Die europäische Entwicklung der prozess- und community-orientierten Kunst ist vor allem beeinflusst von Joseph Beuys, der mit seinen Theorien und Aktionen der Sozialen Plastik eine Gesellschaftsreform erreichen wollte. Er forderte die Partizipation der Bevölkerung und wollte jeden Menschen zum Mitgestalter am sozialen Organismus und gesellschaftlichen Zusammenleben machen. Um das zu erreichen, schuf er zahlreiche Möglichkeiten, Dialoge mit dem Publikum zu initiieren. So trieb ihn die folgende Aussage an: „[...] der Mensch, so wie er gegenwärtig ist, ist fähig, die Neuorganisation der Gesellschaft zu betreiben, wenn man ihn intensiv anstößt, d.h. wenn möglichst viele intensiv nun darüber beginnen zu reden [...].“ (Beuys zitiert nach Harlan/Rappmann/Schata 1980: 12) Alles Schöpferische, vom Menschen neu Konstruierte, und letztendlich sogar der Vorgang des Denkens, wurde vom Künstler als Kunst im erweiterten Sinne und als Plastik bezeichnet.

Beuys sah es als seine Aufgabe an, dem Menschen bewusst zu machen, „dass er als kreatives Wesen auch ein freies Wesen ist“, um „aus dem zusammenhängenden Unbestimmten zu etwas Bestimmten zu kommen“ (ebd.: 22), denn das sei Kreativität. „[...] meine künstlerische Tätigkeit, auch meine Pädagogik, setzt beim freien Menschen an und versucht, aus der Betätigung heraus Modelle zu erarbeiten, die für den Teil, wo der Mensch Gesellschaftswesen ist, ein brauchbares Modell zu liefern“ (ebd.: 102). Denn, so Beuys’ Annahme, nur der freie kreative Mensch sei die Grundlage und der Baumeister einer neuen Gesellschaft.

Kunst als Vorreiter partizipatorischer Projektkunst

Ein weiterer früher Vertreter von Partizipationsprojekten ist der Engländer Stephan Willats, der richtungsweisend für die folgenden Künstlergenerationen wurde. Seit den 1960er Jahren führte er Nachbarschaftsprojekte mit Bewohnern in englischen Wohnsiedlungen durch, um gemeinsam mit ihnen ihre Lebensumstände zu analysieren und Anstoß zu Veränderung zu geben. Nach Interviews mit Bewohnern von Hochhäusern entwickelte er Persönlichkeits-Tableaus in Form von Collagen, die Symbole von deren häuslichen Lebenswirklichkeit und Interviewausschnitte zeigten. Diese positionierte Willats in einem rotierenden Verfahren in den unterschiedlichen Stockwerken des Hochhauses, sodass möglichst viele Bewohner einander kennenlernten. Damit schuf er ein Forum für zwischenmenschliche Dialoge und Vernetzung in einer Wohnsituation, die man als „Gemeinschaft von Isolierten“ betrachten könnte.

Projektkunst in Deutschland

In Deutschland steht das Aufkommen der partizipatorischen künstlerischen Ansätze in Verbindung mit der in den Großstädten um sich greifenden Privatisierung und Ökonomisierung des öffentlichen Stadtraumes. Durch die zunehmende Gentrifizierung einzelner Stadtteile werden soziale Segregationsprozesse in Gang gesetzt, die soziale Unterschichten aus aufgewerteten Stadtvierteln verdrängen. Damit verbunden ist eine Vertreibung von Obdachlosen und Marginalisierten. Die Stadt Hamburg statuiert hier ein Exempel für den Strukturwandel in den Quartieren. Erfreulicherweise verfügt die Hansestadt über eine ausgeprägte Szene für Kunst im öffentlichen Raum, die von der Kulturbehörde seit den 1990er Jahren stark gefördert wird. „Park Fiction“ ist beispielsweise ein Projekt, das sich aktiv gegen die Gentrifizierung wehrt. 1995 wurden Künstler von der Kulturbehörde eingeladen, eine Arbeit für den öffentlichen Raum zu entwickeln. Zusammen mit einer bereits bestehenden Bürgerinitiative begannen sie den langjährigen Prozess der Konzeption einer Parkanlage, die in dem Hafengebiet für die Anwohner angelegt werden sollte. 1997 errichtete das gleichnamige Künstlerkollektiv „Park Fiction“ ein Planungsbüro, um mit der lokalen Bevölkerung in gemeinsamen Aktionen und Workshops, Entwürfe für den

Park zu gestalten. Park Fiction gilt als Vorzeigeprojekt community-orientierter und künstlerischer Eingriffe in den öffentlichen Raum.

Gegenwärtig kommen Projektkünstler immer häufiger in Verruf, die ursprünglich sozialen, künstlerischen und politischen Interessen einer New Genre Public Art in eine oberflächliche hippe Eventkultur zu führen. Die österreichische Autorin und Journalistin Stella Rollig (2004: 27) äußerte in einer Kritik gegenüber der späten New Genre Public Art, dass „es mehr um das Besetzen von Themen als um tatsächliche Wirksamkeit" ging. Projektkünstler müssen sich oft dem Vorwurf stellen, dass sie die Funktion der Kunst verfehlt hätten und dem Bereich der Sozialarbeit näherstehen würden. So animiere sie schließlich in einem Zeitalter der Globalisierung das „Andere" und das „Fremde" zum Coming-Out, um es in einer globalisierten kulturellen Ökonomie als Ware konsumierbar zu machen, schreibt Marius Babias (2007: 429) in einem Essay über Projektkunst. Er befürchtet eine zunehmende Instrumentalisierung der Kunst dahingehend, soziale Missstände im Dienste des Staates auszugleichen. Die Autonomie des Kunstwerkes würde aufgegeben für eine Kunst als Serviceleistung zur Sicherung des sozialen Zusammenlebens.

Es bleibt zu verdeutlichen, dass die Projektkünstler mit den Interventionen zwar versuchen, einen möglichst großen Nutzen für die Gesellschaft zu schaffen, dennoch aber autonom bleiben in ihrer Konzepterstellung, in ihrer Betreuung und künstlerischen Ausarbeitung. Die künstlerisch-schöpferischen Prozesse werden letztendlich von Künstlern initiiert. So zählen die Konstruktion von Situationen, die Konzepterstellung und die soziologischen Untersuchungen nach eigenen Fragestellungen ebenso zum künstlerischen Akt wie das Projektergebnis.

Ein Beispiel für Projektkunst: „Der Brunnenplatz 1"

Bochum-Querenburg. Einige Bewohner des Querenburger Stadtteils Hustadt sitzen gemeinsam am Tisch und planen mit der slowenischen Künstlerin und Architektin Apolonija Šušteršič einen multifunktionalen Pavillon für die heterogene Anwohnerschaft. Was die ästhetische Erscheinung (Flipchart, Planungsskizzen) eines Workshops aufweist, gilt hier bereits als Bestandteil und Phase des partizipativen Kunstprojektes „Brunnenplatz 1". Apolonija Šušteršič wurde dazu eingeladen, eine ortsspezifische, künstlerische Intervention umzusetzen, die – wie für sie typisch – für die Community des Ortes einen Bezug herstellt.

„Ich beginne immer mit einer detaillierten Recherche des spezifischen Felds, auf dem sich ein Projekt erstreckt. Ich schaue mir die aktuelle Situation vor Ort hinsichtlich politischer Themen und Probleme an“, so beschreibt die Künstlerin ihre Vorgehensweise in ihrem Blog, der die dreijährige Laufzeit des Projektes dokumentiert.[1]

Die ehemalige Universitätsrahmenstadt in Bochum-Querenburg wurde Ende der 1960er Jahre als moderner Vorort für Bedienstete der Universität und der naheliegenden Opel-Werke gebaut. Die Besonderheit des Stadtviertels liegt in dem utopisch-modernen Baukonzept, das ein friedvolles Zusammenleben für alle sozialen Schichten fördern sollte. Im geometrischen Bauhaus-Stil entstanden auf engstem Raum terrassenförmig angelegte Wohnhäuser für insgesamt 5.000 Menschen. Im Unterschied zum „sozialistischen Gleichstellungsgedanken“ wurde in der Hustadt die „Drei-Klassen-Gesellschaft“ beibehalten: Auf unterster Ebene entstanden die „Professorenbungalows“, auf mittlerer Ebene die Reihenhäuser für Beamte und dahinter dann eine hohe Beton-Hochhäuserfront für Angestellte und Studenten.

„Dort sollte sich der moderne Mensch über Jahre [...] mit sozial Schwachen verbrüdern. [...] bitte ohne Berührungsängste bei gemeinsamer Nutzung, öffentlicher und privater Versorgungseinrichtungen‘ [...]. Die Hustadt war gewissermaßen ein Erziehungsprojekt, eine Gesamtschule für Erwachsene“, so schreibt Henning Sußebach, ein Redakteur der Wochenzeitung „Die Zeit“. (Sußebach 2005: 71) über seinen Kindheitsort und bezeichnet das Wohn-Experiment als letztendlich nicht geglückt, da sich die sozialen Schichten immer mehr voneinander separiert hätten. Heute wohnen in der Hustadt neben einer hohen Anzahl von Rentnern Menschen unterschiedlichster Herkunft und Biografien. „In der Nachbarschaft werden 80(?) verschiedene Sprachen gesprochen, viele verschiedene Kulturen, Lebensstile oder Lebensgewohnheiten werden jeden Tag, nah beieinander, gelebt“, schreibt Apolonija Šušteršič.

Als Artist-in-Residence-Künstlerin lud sie die Bewohner in ihre Wohn- und Arbeitsstätte am Brunnenplatz zur Präsentationen über ihre Arbeit ein. In Interviews und Workshops konnten sie über ihre persönliche Beziehung

1 Siehe Blog unter: http://hustadtproject.blogspot.de/p/apolonija-sustersic.html.

zur Hustadt und ihre Wünsche für die Zukunft zu reden. An den Bedürfnissen im Quartier orientiert, entwarf Apolonija Šušteršič einen Gemeinschaftspavillon. „Diese Idee ist tatsächlich während verschiedener Unterhaltungen und Erzählungen von Träumen der Menschen entstanden, denen ich in der Hustadt begegnet bin“, resümiert sie. Der Pavillon soll den Namen „Brunnenplatz 1“ bekommen und multifunktional als Kino, Sommerküche, lokales Infoboard und Austausch-Bibliothek genutzt werden.

Das Projekt „Brunnenplatz 1“ ist dahingehend konzipiert, neue Orte für Kommunikation und Begegnung zu schaffen. Sowohl der Arbeitsprozess als auch Ergebnisse einzelner Aktionen zielen auf diese Leitidee ab. Auf Basis der Interviews mit den Anwohnern ist auch die Konzeption für die künstlerischen Aktionen entstanden. Die Form der Umsetzung entwickelt sich im Verlauf der Durchführung, abhängig von der Partizipation der Community. Die Prozessualität bildet demnach den Schwerpunkt. Darin entsteht ein Dialog darüber, der nicht das Anderssein oder die fremde Ethnie thematisiert – oder gar problematisiert, sondern das Zusammenleben in der Hustadt und die Verbesserung der Wohnqualität in den Fokus nimmt. Dass es sich um eine multikulturelle Begegnung handelt, ist zunächst zweitrangig, ebenso wie die Ergebnisse der Aktionen. Es geht darum, die Bewohner von Hustadt, als Individuen mit eigenen Interessen und Ressourcen im Mittelpunkt wahrzunehmen.

Nach einigen Treffen der Anwohner mit Apolonija Šušteršič bildete sich eine Kerngruppe von lokal Engagierten, die das Netzwerk durch weitere Interessierte vergrößern sollte. Das sogenannte „Aktionsteam_Hustadt“ realisiert eigenverantwortlich und auf ehrenamtlicher Basis Aktivitäten zur Stärkung und kulturellen Aktivierung der Gemeinschaft im Quartier. Erfolge erzielten sie mit öffentlichkeitswirksamen Aktionen, wie etwa mit der Ausschreibung eines Handy-Foto-Wettbewerbs, in Kooperation mit lokalen Institutionen, z.B. der Ruhr Universität oder den Stadtwerken. Die Fotografien der Wettbewerbsteilnehmer wurden in Bochumer Einrichtungen ausgestellt, um die Vielfalt der Hustadt auch in anderen Stadtteilen sichtbar zu machen.

Ein Blog liefert neben Informationen zum „Brunnenplatz 1“ und zur Künstlerin aktuelle Entwicklungen in Bild-, Video- und Textform. Im Archiv, welches bis zum Projektbeginn im September 2008 zurückgeht, lassen sich die einzelnen Phasen der Entwicklung gut nachvollziehen. Um die Belebung des Gemeinschaftspavillons zu sichern, werden sowohl die Anwohner als auch die Akteure sozialer Institutionen und ortsansässiger Vereine nach der Beendigung der Zusammenarbeit mit der Künstlerin die Aktionen weiterführen.

„Die Faszination für den Raum ist in meiner Arbeit hoffentlich genauso präsent, wie die soziale Analyse und gesellschaftliche Kritik: Mich interessiert das Befragen und Infragestellen kultureller und institutioneller Kontexte von Orten und Situationen, an und mit denen ich arbeite", bekundet Apolonija Šušteršičs. Im Mittelpunkt ihrer Arbeiten steht die kritische Betrachtung von Räumen, wobei nicht nur physische Räume, sondern auch soziale und politische Räume gemeint sind. Typisch für ihre Arbeitsweise ist eine ortsspezifische Neubestimmung von Räumen, die auf soziale Gemeinschaft, Dialog und Kulturaustausch im menschlichen Alltag abzielt. In den Prozess der künstlerischen Arbeit sind die Community sowie Institutionen, Kulturpolitik und Stadtplanung zentral eingebunden. Ihre oftmals lokalkritischen und politischen Statements sollen die Bewohner eines „Raumes" zur Eigeninitiative anregen und die interaktiv angelegten Arbeiten zur Selbstorganisation ermutigen.

„Brunnenplatz 1" veranschaulicht beispielhaft die Möglichkeiten einer künstlerischen Intervention im öffentlichen Raum, die das multikulturelle Zusammenleben stärkt und gleichzeitig einen eigenen künstlerischen Ausdruck zulässt.

Angelehnt an die Ideen von Beuys bezeichnet Apolonija Šušteršič ihre Arbeit „Brunnenplatz 1" als eine Soziale Skulptur, in dem Sinne seines Leitspruches „Mensch, du hast die Kraft zu deiner Selbstbestimmung." Wie den Situationisten ist es ihr ein Bedürfnis, Eingriffe in urbane Grundstrukturen vorzunehmen, die Isolation und Entfremdung in der Gesellschaft hervorrufen.

CHANCEN UND HERAUSFORDERUNGEN FÜR DIE DIVERSITÄTSBEWUSSTE BILDUNG

Der Kulturellen Bildung werden große Chancen zugeschrieben, einen diversitätsbetonten Dialog stattfinden zu lassen, gesellschaftliche Defizite auszugleichen, aber trotzdem einen künstlerischen Ausdruck mit großer Strahlkraft zu initiieren. Es sind vor allem Theater-, Musik und Tanzprojekte, die in diesem Kontext zu finden sind. Beiträge aus der bildenden Kunst sind seltener und zumeist als partizipatorisches Kunstprojekt im öffentlichen Raum sichtbar. Staatliche und Nichtstaatliche Institutionen schreiben finanzielle Förderungen aus für partizipatorische Kunst- und Kulturprojekte. Wie hoch die Qualität der Projekte ist, bleibt oftmals nicht nachvollziehbar. Best-Practice-Beispiele sollten nicht ausschließlich das künstlerische Ergebnis und den Partizipationsanteil der Community analysieren, sondern vor allem, welche Strukturen, Kooperationen und Hilfestellungen impliziert wurden, die den Prozess des Projektes unterstützten und ggf. deren Nachhaltigkeit sichern. Partizipatorische Kunstprojekte bergen demnach große Gefahren: Schlecht konzipiert und betreut werden sie zu einer Belastung für einen Ort und einer Community, die zwar schnell zu begeistern ist für einen temporären Eingriff in die Lebenswelt, der – ohne Beachtung einer nachhaltigen Wirkung – dann aber auch ebenso schnell wieder endet. Da die Qualität der Projekte sowohl vom Künstler als auch von der Partizipation der Community abhängt, ist eine Garantie für einen reibungslosen Ablauf nicht gegeben. Auch aufgrund des hohen zeitlichen Umfangs und der externen Faktoren, die auf das Projekt einwirken, ist der Verlauf des Projektes in keiner Weise vorherzusehen, das Ungewisse ist einzuplanen. Was also bleibt einer diversitätsbewussten Kulturellen Bildung zu vermitteln, die sowohl Künstler als auch Institutionen bei der Umsetzung partizipatorischer Projekte unterstützen möchte? Es gibt zehn wichtige Faktoren, die beachtet werden sollten:

1) Der Künstler darf sich nicht als Mittelpunkt der künstlerischen Arbeit sehen, sondern sich mit den unterschiedlichen Rollen in einem Projekt identifizieren.
2) Die Persönlichkeit des Künstlers ist in der sozialen Projektkunst besonders elementar. Er ist schließlich Initiator, Moderator, Künstler und Ratgeber für eine Community – eine heterogene Menschengruppe. Empathie, interkulturelle Kompetenz und kommunikative Fähigkeiten sind wichtige Voraussetzungen. Denn oftmals ist die Anbahnung von Kooperationen mit Institutionen erforderlich und es müssen zahlreiche Gespräche mit unterschiedlichen Akteuren geführt werden, bevor ein Projekt realisiert wird.
3) Die finanzielle Absicherung für die Künstler ist wichtig, damit diese sich während der Projektphase auf die künstlerische Arbeit konzentrieren können.

4) Bei längerfristig und komplexer angelegten Projekten hat es sich als positiv erwiesen, eine künstlerische Assistenz, die unterstützend beim Projektmanagement tätig ist, einzubinden.
5) Die Gewährleistung der durchgängigen Prozesshaftigkeit und Flexibilität des Projektes steht ebenfalls im Vordergrund. Entscheidungen und einzelne Planungsschritte sollten nicht als statisches Konstrukt gesehen werden, sondern veränderbar sein.
6) Die Partizipation von Teilnehmern sollte freiwillig und zwanglos verlaufen. Dies bedeutet auch, dass die Teamgröße sich jederzeit ändern kann.
7) Der Prozess des Projektes ist mindestens ebenso wichtig wie das künstlerische Ergebnis. Eine ästhetische Strahlkraft steht dabei nicht im Mittelpunkt der künstlerischen Arbeit. Dennoch sollte auf die typische Bildsprache des Künstlers geachtet werden und in ihrer Materialität unterstützt werden. Eine ausgiebige Recherche-Arbeit zu Beginn des Projektes erfordert einen großzügig kalkulierten zeitlichen Rahmen.
8) Durch geschlossene Kooperationen mit ortsansässigen Institutionen lassen sich die Nachhaltigkeiten von Projekten sichern, sofern dies erwünscht ist und das Projekt nicht als ephemer angelegt ist.
9) Für ein diversitätsförderndes Projekt ist es sinnvoll, von einem Projektort auszugehen, an dem eine heterogene Vielfalt der Anwohner präsent ist. Das verhindert die Gefahr, dass eine konstruierte Gemeinschaft aus einer vordefinierten Gesellschaftsgruppe das Gefühl der Stigmatisierung erfährt.
10) Das Projekt wird mit Ortsansässigen konzipiert und nicht mit *ausgewählten Benachteiligten*. Die Definition der Community nach ortsspezifischen Kriterien vermeidet folglich eine ungewollte Diskriminierung.

Die Komplexität der Projektkunst ist so hoch, dass eine Durchführung ohne zuverlässiges Projektmanagement eine sehr hohe Belastung für den Künstler bedeutet. Oft bewältigen sie die vielfältigen Aufgaben größtenteils allein, ohne einen großen finanziellen Gewinn davonzutragen. Institutionelle und persönliche Unterstützung sind wichtige Faktoren für das Gelingen von partizipatorischen Kunstprojekten. Die beschriebene Vielschichtigkeit solcher Projekte, sowohl inhaltlich als auch organisatorisch, bedeutet eine besondere Herausforderung für die Kulturelle Bildung. So liegt die Herausforderung auf Seiten der Künstler zum einen in der Förderung der oben genannten Kompetenzen, zum anderen aber auch in der Qualifizierung als Projektmanager und temporäre Coaches einer Community.

LITERATUR

Babias, Marius (2007): Projektkunst. In: Franzen, Brigitte/König, Kaspar/Plath, Carina (Hg.): skulptur projekte münster 07. Köln: Verlag der Buchhandlung Walther König, S. 429.

Babias, Marius/Könneke, Achim (Hg.) (1998): Die Kunst des Öffentlichen. Amsterdam/Dresden: Verlag der Kunst.

Foucault, Michel (2006): Von anderen Räumen. In: Dünne, Günzel (Hg.): Raumtheorie. Frankfurt a.M.: Suhrkamp.

Franzen, Brigitte/König, Kaspar/Plath, Carina (Hg.) (2007): skulptur projekte münster 07. Köln: Verlag der Buchhandlung Walther König.

Harlan, Volker/Rappmann, Rainer/Schata, Peter (1980): Soziale Plastik – Materialien zu Joseph Beuys. Achberg: Achberger Verlag.

Lacy, Suzanne (Hg.) (1995): Mapping the Terrain. New Genre Public Art. Seattle: Bay Press.

Rollig, Stella (2004): Das wahre Leben. In: Babias, Marius/Könneke, Achim (Hg.): Die Kunst des Öffentlichen. Amsterdam/Dresden, S. 12-27.

Rollig, Stella/Sturm, Eva (2001): Dürfen die das? Kunst als sozialer Raum. Wien: Verlag Turia und Kant.

Sußebach, Henning (2005): In Utopia. In: Zeit online, 17/2005, S. 71 [www.zeit.de/2005/17/Heimat_2fBochum_17, zuletzt aufgerufen am: 13.03.2009].

„Internationalität“ in der kulturellen Bildungspraxis

Eine explorative empirische Studie

SUSANNE KEUCHEL

Im Fachdiskurs wird oftmals argumentiert, dass Kulturelle Bildung per se Interkulturelle Bildung sei (bpb 2009) da Kulturelle Bildung, „immer mit der Vielfalt von Blickwinkeln zu tun“ habe, da „künstlerische Zugänge helfen […], die Welt mit anderen Augen zu sehen“ (bpb o.J.). Interkulturalität ist jedoch nur eine Facette im Diskurs um Diversität und kulturelle Vielfalt. Zunehmend werden auch transkulturelle Phänomene in der Kulturellen Bildung diskutiert. Noch selten werden im Fachdiskurs Fragestellungen zur „Internationalität“ in der Kulturellen Bildung aufgegriffen, die jedoch in der Erziehungswissenschaft (Rühle et al. 2014) zunehmend eine Rolle spielen, unter der Fragestellung: Wie international ist Bildung in Zeiten von Globalisierung, Migration und damit einhergehendem soziodemografischen Wandel aufgestellt? Und wird in diesem Kontext kritisch reflektiert? Entsprechend könnte die Frage gestellt werden: Wie steht es um die „Internationalität“ von Themenbezügen und künstlerischem Repertoire in der Kulturellen Bildung? Wenn die Protagonisten heute in den Deutschbüchern der Grundschule nicht mehr ausschließlich Thomas, Brigitte und Franz heißen, sondern auch Ali, Murad und Aylin (Luciak/Binder 2010; vgl. auch Rühle 2014), ist es interessant zu prüfen, ob sich auch im künstlerischen Repertoire der Kulturellen Bildung Verschiebungen aufzeigen, ob beispielsweise neben der Halbtonleiter auch die Vierteltontechnik beim aktiven Musizieren eine verstärkte Rolle in kulturellen Bildungsprojekten einnimmt oder beispielsweise die Bücher von iranischen Autoren in Literaturprojekten mit Kindern und Jugendlichen ebenso relevant sind wie die der deutschen Autoren.

ZUM EMPIRISCHEN FORSCHUNGSSTAND

Dass die „Internationalität" in der kulturellen Bildungspraxis noch keinen wichtigen Stellenwert einnimmt, belegen einzelne Rückmeldungen und Befunde, beispielsweise von kulturellen Bildungsexperten aus 14 Ländern von fünf Kontinenten, die im Rahmen einer Vorstudie zu dem Projekt „Monitoring nationale kulturelle Bildungssysteme" (Keuchel 2014a) des International Network for Research in Arts Education (INRAE) erhoben wurden. Die Experten gaben bezogen auf ihre Länder Einschätzungen zur Internationalität der nationalen Curricula in der Kulturellen Bildung ab. Im Ergebnis zeigte sich, dass Kunstwerke aus anderen Kulturräumen innerhalb der nationalen Curricula in der Kulturellen Bildung in Ländern aus Europa oder Nordamerika eine weniger starke Rolle spielen als beispielsweise in Asien oder Afrika.[1]

In der Studie „Kulturwelten in Köln" (Keuchel/Larue 2011) wurde nicht das kulturelle Bildungsangebot, dafür aber das öffentliche Kulturangebot der Stadt Köln im Kontext der Internationalität in den Blick genommen. In einem Zeitraum von vier Monaten wurden in einer empirischen Studie systematisch für 4.016 Veranstaltungen die Herkunft der Künstler und Kunstwerke untersucht, mit dem Ergebnis, dass ein künstlerisches Repertoire aus Deutschland und dem angloamerikanischen Raum innerhalb der Veranstaltungen überwiegt, wie dies Abbildung 1 verdeutlicht.

1 Die Ergebnisse wurden bisher noch nicht veröffentlicht, aber auf der Tagung in Wildbad Kreuth „New Alliances for Europe – Prologue III on Arts Education", 17. bis 20.05.2015, vorgestellt.

Abbildung 1: Herkunftsländer und -regionen von Kunstwerken im Kölner Kulturangebot in einem Zeitraum von vier Monaten (Mehrfachnennungen pro Veranstaltung möglich) (vgl. Keuchel/Larue 2011: 23)

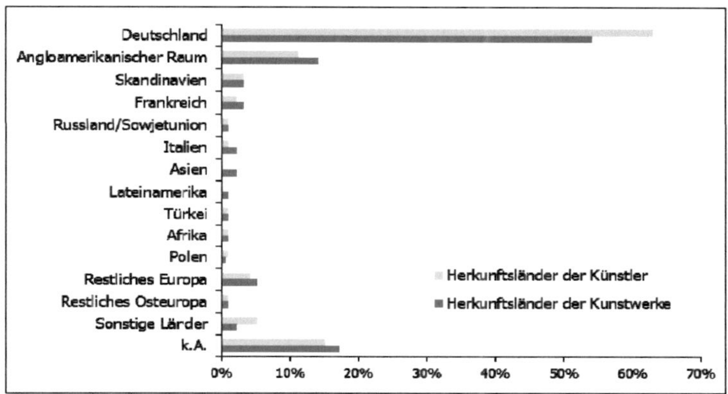

Quelle: Zentrum für Kulturforschung (ZfKf) (2010)

Auch in der Studie „Lernorte oder Kulturtempel" (Keuchel/Weil 2010), einer Infrastrukturerhebung aus dem Jahr 2010 zu Bildungsangeboten[2] in klassischen Kultureinrichtungen, wurde der Stellenwert internationaler Perspektiven in der kulturpädagogischen Arbeit thematisiert. Dabei wurde deutlich, dass Bildungsangebote in Theatern (9 %), Mehrspartenhäusern (11 %) und Orchestern (3 %) sehr selten Herkunftsländer bzw. Kulturkreise außerhalb Europas thematisieren (vgl. ebd. 2010: 147). Häufiger finden sich Bezüge bei Museen und Bibliotheken (jeweils 26 %). Die größere Präsenz entsprechender Angebote in Museen konnte vor allem auf die Ausstellungsschwerpunkte der Völkerkundemuseen zurückgeführt werden, die mit 47 Prozent andere Kulturkreise in ihren Ausstellungen aufgreifen. Anteilig

2 Vollerhebung der deutschen Theater, Orchester, Musiktheater sowie Teilerhebung der Museen und Bibliotheken im Jahr 2008. Angeschrieben wurden 771 Kultureinrichtungen, von denen 413 antworteten (Rücklaufquote von 54 %). Anhand der schriftlichen Befragung der Einrichtungen wurden 1.016 unterschiedliche Vermittlungsformate sowie 89.558 Einzelveranstaltungen der Kulturellen Bildung in diesen Einrichtungen ermittelt.

häufiger konnten internationale Perspektiven außerhalb Europas in der kulturellen Bildungsarbeit der Kultureinrichtungen in den Großstädten mit mehr als 1 Millionen Einwohnern (38 %), insbesondere in Berlin, München und Hamburg, beobachtet werden. Fragen zu einem Eurozentrismus werden aktuell auch bei Bildungsfragen in der Erziehungswissenschaft kritisch reflektiert und diskutiert (Knobloch 2014: 297).

Ein weiterer Befund der Infrastrukturerhebung in Kultureinrichtungen war 2010, dass vergleichsweise selten Kooperationen mit Migrantenselbstorganisationen (10 %) im Rahmen von kulturellen Bildungsprojekten stattfanden. Die seltene Einbeziehung von Migrantenselbstorganisationen im Kontext der Kulturellen Bildung konnte auch bei einer empirischen Studie zu kommunalen Gesamtkonzepten[3] aus dem Jahr 2012 (Keuchel 2014b), belegt werden, wobei hier der Anteil schon bei 25 Prozent lag (ebd.: 104). Der dennoch vergleichsweise niedrige Anteil überraschte insofern als 67 Prozent der Kommunen im Rahmen der kommunalen Gesamtkonzepte interkulturellen Themen einen hohen Stellenwert beimaßen, die diese jedoch sehr unterschiedlich interpretierten: „Eine Mehrheit der Städte (42 %)" verstand „hierunter das Erreichen (junger) Menschen mit Migrationshintergrund, 33 Prozent das Aufgreifen von Kunst aus unterschiedlichen (Migrantenherkunfts-)Ländern [...]. 25 Prozent der Konzepte" stellten „weniger kulturelle länderspezifische Unterschiede in den Mittelpunkt ihrer Aktivitäten als vielmehr den Aspekt der Migration als eigenes Phänomen" (Keuchel 2014b: 98).

In der Infrastrukturerhebung wurde auch untersucht, ob in den Kultureinrichtungen Mitarbeiter mit Migrationshintergrund im Bereich Kunst, Vermittlung, Verwaltung und/oder Technik beschäftigt sind. 37 Prozent der befragten Kultureinrichtungen bejahten dies. Dabei konnte speziell bei den Museen und Bibliotheken beobachtet werden, dass sich Einrichtungen mit Mitarbeitern mit Migrationshintergrund anteilig deutlich stärker engagierten im Kontext von Bildungsangeboten, die migrantische Bevölkerungsgruppen konkret mitdenken (49 %), als Einrichtungen ohne entsprechende Mitarbeiter (23 %). Dies galt auch für Kooperationen mit Migrantenselbstorganisationen.

3 Hier wurden insgesamt die kommunalen Gesamtkonzepte von 12 Kommunen analysiert.

Dass eigene biografische Migrationserfahrung möglicherweise die Sensibilität für Diversität und speziell für Zielgruppen mit ähnlichen Lebenserfahrungen stärkt – indem bei der Gestaltung kultureller Bildungsprojekte Vermittler mit entsprechendem Hintergrund anteilig deutlich häufiger migrantische Zielgruppen in den Blick nehmen und auch eher internationale außereuropäische Bezüge in kulturellen Bildungsprojekten setzen –, war tendenziell auch eine Beobachtung der empirischen Bestandsaufnahme der Tanz-in-Schulen-Projekte (Keuchel/Grünsche/Groß 2009), wie dies folgende Übersicht verdeutlicht.

Abbildung 2: Vermittelte Tanzformen in den Tanz-in-Schulen-Projekten in NRW 2009 (vgl. ebd.: 7 und 22)[4]

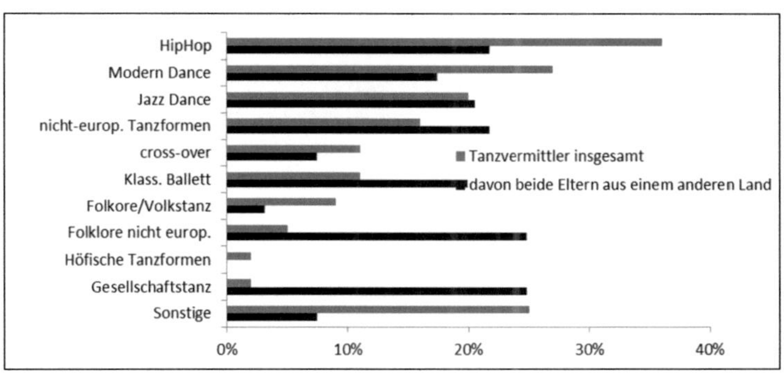

Quelle: ZfKf (2009)

So werden nicht-europäische Tanzformen von Tanzvermittlern mit Eltern aus anderen Herkunftsländern anteilig deutlich häufiger in den Blick genommen. Das heißt jedoch im Gegenzug nicht, dass hier eine inhaltliche Beschränkung auf diese Inhalte beobachtet werden konnte, sondern dass auch viele andere Tanzformen von Tanzvermittlern, die einen Migrationshintergrund hatten, aufgegriffen wurden.

Auch zeigte das „InterKulturBarometer" 2012, dass Bevölkerungsgruppen mit Migrationshintergrund, die hier im Sinne des Statistischen Bundes-

4 Die Tabelle führt die beiden Tabellen aus Keuchel 2009 (Übersicht 1, S. 7 und Übersicht 25, S. 2) zusammen.

amtes definiert wurden,[5] häufig ein breiteres kulturelles Interessensspektrum haben, bezogen auf Künstler aus unterschiedlichen Kulturräumen, da sie vielfach ein stärkeres Interesse an Künstlern und Kunstwerken aus dem Herkunftsland und zugleich aus dem Aufnahmeland haben (vgl. Keuchel 2012: 86 ff.).

ZU DEN FRAGESTELLUNGEN DER HIER VORGESTELLTEN EXPLORATIVEN STUDIE

Die Möglichkeiten, Diversitätsbezüge in Projekten der Kulturellen Bildung herzustellen, sind vielfältig und komplex. Die vorausgehenden Beiträge im Buch – und auch schon die Bestandsaufnahme zu bestehenden empirischen Erhebungen zu kulturellen Bildungsprojekten im Kontext international und interkultureller Fragestellungen – zeichnen ein breites Spektrum auf und benennen konkret praktizierte Diversitätsbezüge in der Kulturellen Bildung: das Thematisieren des Phänomens Migration oder kultureller Vielfalt, beispielsweise in Form des Aufgreifens von Kunstwerken oder des Lebensalltags aus anderen Kulturräumen, des Arbeitens mit heterogenen Zielgruppen, der gezielten Ansprache von Menschen mit Migrationshintergrund oder auch des Arbeitens innerhalb heterogener Vermittlerstrukturen.

Eine umfassende Analyse zur Rolle von Diversität in der kulturellen Bildungspraxis ist entsprechend schwierig und extrem aufwendig, da es gilt, komplexe Sachverhalte auf sehr unterschiedlichen Ebenen zu überprüfen. Auch werden Diversitätsbezüge von den kulturellen Bildungsakteuren selbst definitorisch sehr unterschiedlich gesetzt. So kann teils immer noch beobachtet werden, dass interkulturelle Bildungsprojekte in der Praxis oftmals einfach nur gleichgesetzt werden mit dem simplen Erreichen von migrantischen Zielgruppen (Keuchel 2010/Weil: 136 f.), die dann oftmals darüber hinaus als bildungsfern begriffen werden (ZAD 2009). Andere kul-

5 Unter dem Begriff „Menschen mit Migrationshintergrund“ können im Sinne des Statistischen Bundesamtes „alle nach 1949 auf das heutige Gebiet der Bundesrepublik Deutschland Zugewanderten, sowie alle in Deutschland geborenen Ausländer und alle in Deutschland als Deutsche Geborenen mit zumindest einem zugewanderten oder als Ausländer in Deutschland geborenen Elternteil“ zusammengefasst werden (vgl. Bundesamt für Migration und Flüchtlinge 2009).

turelle Bildungsakteure haben hier eine viel differenzierte Sicht, die sich sehr konkret mit Perspektivwechseln und auch transkulturellen Fragestellungen auseinandersetzt, um Diversität zu begreifen, und die sich dabei nicht auf kulturräumliche Diversitätsbezüge beschränkt, sondern auch generationsspezifische, milieuspezifische oder andere ungewohnte Perspektiven in kulturellen Bildungsprojekten einbezieht.

Die Thematisierung von Diversität erfolgt dabei oftmals aus einem spezifischen Blickwinkel, der sich auch auf die sprachliche Bezeichnung und Einordnung der Projekte bezieht, wie poly-, inter- oder transkulturell. Diese Blickwinkel spiegeln jeweils ein spezielles Zusammenspiel von Kulturen wider, wie die Vielfalt, den Dialog und das In-sich-Verwobene.

Auch die Konzeption von diversitätsbewussten kulturellen Bildungsprojekten kann sich sehr unterscheiden, hier teils auch gegensätzlich gestalten – wie das bewusste Einbeziehen von heterogenen Zielgruppen, und damit unterschiedlichen Perspektiven, versus einer homogenen Zielgruppe. Im Sinne von „Empowerment-Strategien“ richten sich die Angebote in der Praxis an „[...] Personen, die als Angehörige von Minderheiten Erfahrungen mit Diskriminierung und Rassismus gemacht haben [...]“ (Hentges 2014: 316), um sie zu stärken, „[...] ihre Angelegenheiten selbst in die Hand zu nehmen, in denen sie sich ihrer Fähigkeiten bewusst werden, eigene Kräfte entwickeln und ihre individuellen und kollektiven Ressourcen zu einer selbstbestimmten Lebensführung nutzen lernen“ (Herriger 2014).

Versucht man, die Merkmale diversitätsbewusster kultureller Bildungsprojekte zu beschreiben, steht man vor der Problematik, dass diese vielfach auf verschiedenen Ebenen ansetzen und sich entsprechend durch mehrere verschiedene Merkmale auszeichnen, wie die folgende Tabelle 1 zeigt.

Tabelle 1: Merkmale diversitätsbewusster kultureller Bildungsprojekte auf verschiedenen multidimensionalen Ebenen

Konzeption	Themen	Perspektiven	Diversitätsbezüge
• heterogene Vermittlergruppen • heterogene Zielgruppenzusammensetzung • homogene Zielgruppenzusammensetzung (im Sinne von Empowerment) • …	• Migration • Identität • Inklusion • Exklusion • …	• kulturelle Vielfalt bzw. polykulturell • interkulturell • transkulturell	• international • milieuspezifisch • generationsspezifisch • Kunst als ungewohnte Perspektive auf Alltagsaspekte • …

In der folgenden Betrachtung wird, wie in der Einleitung skizziert, ein Aspekt und zwar der der Internationalität innerhalb kultureller Bildungsprojekte untersucht, wohlwissend, dass es andere Diversitätsbezüge und Betrachtungsweisen gibt. Die zentrale Forschungsfrage ist entsprechend: Welche internationalen künstlerischen und thematischen Bezüge finden sich in nationalen kulturellen Bildungsprojekten?

Mit Blick auf Ergebnisse der vorausgehenden empirischen Studien wird bei der Analyse ein besonderer Fokus auf außereuropäisches und außerangloamerikanisches künstlerisches Repertoire sowie auf lebensweltorientierte Themenbezüge gesetzt, mit der Hypothese, dass sich die öffentlich geförderte Kulturlandschaft in Deutschland, aber auch kulturelle Bildungsangebote trotz des demografischen Wandels immer noch sehr an einer westlich europäisch-angloamerikanisch ausgerichteten Kunstpraxis orientieren (vgl. Rühle et al. 2014).

Da die vorausgehend betrachteten Studien auch Beziehungen analysierten zwischen der Setzung von internationalen Diversitätsbezügen und der Beteiligung von Personal mit Migrationshintergrund wird im Folgenden auch der Migrationshintergrund der an den pädagogischen Projekten beteiligten Vermittlern, den Künstlern und Kulturpädagogen untersucht, um entsprechende Zusammenhänge für die kulturelle Bildungspraxis überprüfen zu können. Bei dieser Betrachtung gilt natürlich generell zu berücksichtigen, dass ein Migrationshintergrund, insbesondere bezogen auf die zweite und dritte Generation, nicht einhergehen muss mit der Kenntnis des Lebens in zwei unterschiedlichen Ländern oder eben eigener Migrationserfahrung. Vertrautheit mit dem Leben in verschiedenen Ländern kann genauso durch eine prägende berufliche oder private Auslandserfahrung erworben werden.

ZUR METHODIK DER HIER VORGESTELLTEN STUDIE

Zur Durchführung dieser explorativen Studie wurden für die Stichprobenbildung zwei Datenbanken, die eine Großzahl an kulturellen Bildungsprojekten bündeln, zugrunde gelegt: Die Datenbanken zur Projektsammlung von „Kinder zum Olymp" und „MIXED UP".

Die Datenbank des Wettbewerbs „Kinder zum Olymp" umfasst die Projektbeschreibungen von mehr als 3.600 kulturellen Bildungsprojekten von Preisträgern und Endrundenteilnehmern aus ganz Deutschland für die Wettbewerbsjahre von 2004/2005 bis 2013/2014. Der Wettbewerb der Kulturstiftung der Länder ist ein bundesweiter Wettbewerb. Prämiert wurden bisher gemeinsame Projekte von Schulen, Kulturinstitutionen und schulexternen Künstlern, in denen Kinder und Jugendliche die Möglichkeit erhalten, sich aktiv in kulturellen Projekten zu engagieren und eigene künstlerische Erfahrungen zu sammeln. Aktuell ist eine Neukonzeption des Wettbewerbs geplant.[6]

Die Datenbank des Wettbewerbs „MIXED UP" umfasst im Zeitraum 2005 bis 2014 die Projektbeschreibungen von etwa 2.000 kulturellen Bildungsprojekten, die für den Wettbewerb eingereicht wurden. Der Wettbewerb wird ausgelobt vom Bundesministerium für Familie, Senioren, Frauen und Jugend (BMFSFJ) und der Bundesvereinigung Kulturelle Kinder- und Jugendbildung e.V. (BKJ). Er prämiert seit dem Jahr 2005 gelungene Modelle der Zusammenarbeit zwischen Trägern der Kulturellen Bildung und Schulen im gesamten Bundesgebiet.[7]

---

6 Siehe www.kinderzumolymp.de/cms/Wettbewerb.aspx.

7 Siehe www.mixed-up-wettbewerb.de.

Da die Fragestellung nach der Internationalität sich auf die aktuelle kulturelle Bildungspraxis bezieht, wurden im Rahmen der explorativen Studie nur die in den Datenbanken erfassten Projekte analysiert, die im Zeitraum 2012 bis 2014 ihren Projektbeginn hatten. Innerhalb dieses Zeitraums wurden alle „Kinder-zum-Olymp"-Projekte der Datenbank aus den Bundesländern Baden-Württemberg, Berlin, Bremen, Brandenburg, Nordrhein-Westfalen, Saarland, Schleswig-Holstein, Mecklenburg-Vorpommern, Sachsen und Thüringen und „MIXED-UP"-Projekte[8] aus den Bundesländern Bayern, Brandenburg, Hamburg, Hessen, Niedersachsen, Rheinland-Pfalz und Sachsen-Anhalt erfasst. Die Auswahl der Projekte beider Wettbewerbe wurde so getroffen, dass sie sich für die Studie in den Flächenstaaten und Stadtstaaten ausgewogen verteilen und dass alle neuen und alten Bundesländer innerhalb der Stichprobe vertreten sind. Speziell das Bundesland Brandenburg wurde für den angegeben Projektzeitraum sowohl im Rahmen der „Kinder-zum-Olymp-" als auch der „MIXED-UP"-Datenbank ausgewertet. Insgesamt wurden so 459 kulturelle Bildungsprojekte für die Studie herangezogen.

Grundsätzlich gilt zu beachten, dass die inhaltlichen Zuordnungen, bezogen auf internationale Perspektiven, nur auf Basis der Projektbeschreibungen erfolgen konnten, die teils sehr unterschiedlich in ihrer Ausführlichkeit waren.

Im Rahmen der Auswertung wurde hypothetisch angenommen, dass, wenn Internationalität innerhalb des kulturellen Bildungsprojekts thematisiert wird – beispielsweise Bezug genommen wird auf eine Künstlerin aus der Türkei oder auf das (Alltags-)Leben in einem oder mehreren Ländern –, dies in der Projektbeschreibung als ein besonderer Fokus adäquat hervorgehoben wird. Es kann jedoch in Einzelfällen natürlich nicht ausgeschlossen werden, dass entsprechende Angaben in der Projektbeschreibung nicht vermerkt wurden. Schwierig wurde es punktuell bei Projektbeschreibungen, die als Fokus lediglich kulturelle Vielfalt erwähnen. Hier kann vermutet werden, dass auch internationale Bezüge zum Tragen kommen. Dies muss jedoch nicht der Fall sein, da beispielsweise auch milieuspezifische Per-

8 Für die Auswertung wurden die Wettbewerbseinreichungen von 2014 herangezogen, die 385 Projekte umfasste und die die BKJ dankenswerterweise für die Auswertung zur Verfügung stellte. Das Gros dieser Projekte wurde im Zeitraum 2012 bis 2014 durchgeführt.

spektiven denkbar wären. Entsprechend wurden diese Projekte unter der Kategorie „kulturelle Vielfalt" gesondert erfasst.

Wie vorausgehend schon erläutert, wurde überprüft, ob die im Rahmen der Projektbeschreibung genannten beteiligten Künstler und Kulturpädagogen einen Migrationshintergrund[9] haben. Von einer zusätzlichen Erfassung längerer Auslandsaufenthalte der beteiligten Vermittler wurde nicht nur aufgrund des Aufwands eines solchen Unterfangens abgesehen, sondern auch aufgrund des zu erwartenden Erfolgs, solche Auslandsaufenthalte über das Internet systematisch und weitgehend lückenlos erfassen zu können. Die Wahrscheinlichkeit, dass in Kurzbiografien die eigene oder die Herkunft der Eltern thematisiert wird, ist größer als beispielsweise die Erwähnung von Auslandsaufenthalten. Speziell bei der Zuordnung des Migrationshintergrundes der namentlich in den Projekten aufgeführten Kulturpädagogen bzw. Künstler muss dennoch im Rahmen der Auswertung auf eine gewisse Unschärfe hingewiesen werden. Die Namen in Kombination mit der Profession wurden in einem ersten Schritt im Internet gegoogelt, hier auch auf Facebook recherchiert, um Hinweise auf den Lebenslauf zu bekommen. Konnten hier keine Informationen zur Herkunft der Künstler und Kulturpädagogen ermittelt werden, wurden nur diejenigen der Gruppe der Personen mit Migrationshintergrund zugeordnet, die einen Vor- und Nachnamen hatten, die beide definitiv in Deutschland nicht gebräuchlich sind. Alle anderen wurden in einer Kategorie „nicht zuordbare Personen" gesammelt. In letztgenannter Gruppe können sich natürlich Personen der zweiten oder dritten Migrantengeneration befinden, die durch Heirat und Namensgebung einen in Deutschland gebräuchlichen Namen erhalten haben. Das waren insgesamt 8 Prozent unter den ermittelten Künstlern bzw. Kulturpädagogen, die im Rahmen der Projekte namentlich aufgeführt wurden. Dabei gilt zu berücksichtigen, dass bei 37 Prozent der Projekte keine namentliche Nennung der beteiligten Künstler und Kulturpädagogen erfolgten.

9 Es wurden hier Personen erfasst, die entweder selbst Migrationserfahrung haben oder deren Eltern bzw. ein Elternteil einen Migrationshintergrund hatten.

ZUR INTERNATIONALITÄT DER KULTURELLEN BILDUNGSPROJEKTE

In der folgenden Übersicht wurden internationale Diversitätsbezüge, hier die Thematisierung von Künstlern, Kunstwerken und/oder der (Alltags-) Welten aus anderen Ländern, innerhalb der kulturellen Bildungsprojekte zusammengefasst. Eine Grauzone waren dabei Projekte, die darauf verwiesen, dass sie allgemein kulturelle Vielfalt in den Blick nehmen, ohne hier explizit andere Länder oder Kulturräume zu nennen. Diese Projekte können im Prinzip internationale Bezüge haben, müssen dies aber nicht, da kulturelle Vielfalt beispielsweise auch anhand generationsspezifischer, milieuspezifischer oder anderer Aspekte aufgezeigt werden kann. Insgesamt traf dies auf 5 Prozent der untersuchten Projekte zu. Wird diese Grauzone einbezogen, da es sehr wahrscheinlich ist, dass bei einem Projektfokus „kulturelle Vielfalt" auch geografische grenzüberschreitende Diversitätsbezüge gesetzt werden, liegt der Anteil bei 28 Prozent. Werden dagegen nur Projekte berücksichtigt, in deren Projektbeschreibung explizit Bezug gesetzt wird zu den Künstlern oder dem (Alltags-)Leben aus anderen Ländern, liegt der Anteil bei 23 Prozent. Da die Differenz nicht sehr groß ist und sich auch die Tendenzen in der Verteilung, bezogen auf Faktoren wie Bundesländer oder Projektzeitraum, hier sehr ähnlich gestalten, werden im Folgenden zur Vereinfachung bei der allgemeinen Betrachtung internationaler Diversitätsbezüge Projekte mit konkretem Fokus auf kulturelle Vielfalt dargestellt. Die explizite Auflistung von Ländern und/oder Künstlern aus anderen Ländern wird nicht in die Darstellung einbezogen.

Abbildung 3: Internationale Themenbezüge Künstler bzw. Fokus auf kulturelle Vielfalt allgemein bei den ausgewerteten kulturellen Bildungsprojekten beider Datenbanken

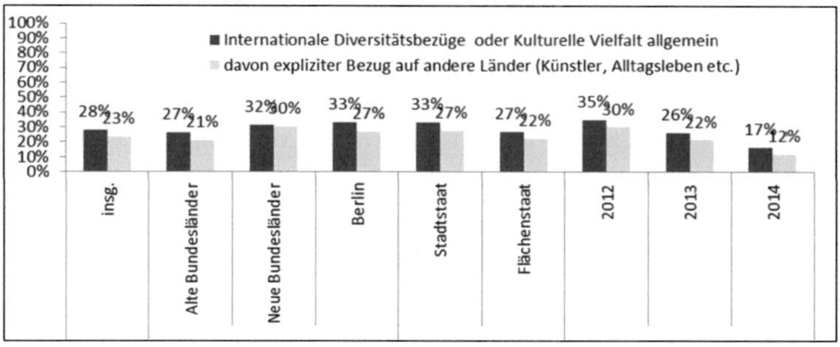

Quelle: Akademie Remscheid (ARS) (2015)

Dass der Anteil der Projekte mit internationalen Diversitätsbezügen in Berlin und den Stadtstaaten höher ist, könnte mit der Bevölkerungsstruktur erklärt werden: So liegt der Anteil der Bevölkerungsgruppen mit Migrationshintergrund in Berlin beispielsweise bei 26 Prozent, bundesweit vergleichsweise bei 20,3 Prozent.[10] Das „InterKulturBarometer“ (Keuchel 2012: 86 ff.) hat u.a. aufgezeigt, dass Bevölkerungsgruppen mit Migrationshintergrund vielfach das Interesse an Künstlern und Kunstwerken aus ihrem Herkunftsland im Aufnahmeland aufrechterhalten. Da kulturelle Bildungsprojekte den Anspruch haben, bei Projekten mit Kindern und Jugendlichen deren Alltagserfahrungen und Lebenswelten einzubeziehen, könnte dies den höheren Anteil erklären.

Überraschend ist dann jedoch der Befund, dass die hier untersuchten kulturellen Bildungsprojekte in den neuen Bundesländern anteilig stärker internationale Diversitätsbezüge aufweisen als die in den alten Bundesländern, obwohl der Anteil der Bevölkerungsgruppen mit Migrationshintergrund bei 5 Prozent liegt. Möglicherweise gehen kulturelle Bildungsakteure, aufgrund der in den Medien (bpb 2006; Ruhrmann/Demren 2000) stark thematisierten und nach empirischen Studien erhöhten Ausländerfeindlich-

10 Berechnet nach Bevölkerung mit Migrationshintergrund – Ergebnisse des Mikrozensus – Fachserie 1, Reihe 2.2 (2014).

keit[11] in den neuen Bundesländern, sensibler und aktiver mit internationalen Diversitätsbezügen um. So hat beispielsweise die Landesvereinigung kulturelle Jugendbildung (LKJ) Sachsen e.V. in ihrem Leitbild als ein Ziel im Wortlaut definiert, „mit internationalen Jugendkultur-Projekten einen Beitrag für Weltoffenheit und Toleranz, gegen Rassismus und Rechtsextremismus in Sachsen-Anhalt [zu] leisten" (LKJ 2013: 1). Ursachen für eine erhöhte Zahl rassistisch motivierter Übergriffe werden zum einen in der schwachen wirtschaftlichen Lage in den neuen Bundesländern (Decker et al. 2012) gesehen, eine andere Ursache, nach einer Untersuchung von Psychologen der Universität Leipzig, in der Angst vor dem Unbekannten. So wurde in der Studie festgestellt, dass je weniger Menschen mit Migrationshintergrund in einem Bundesland leben, desto größer die Ressentiments der dortigen Bevölkerung sind (vgl. Decker et al. 2014).

Ein weiterer überraschender Befund, der jedoch in eine ähnliche Richtung interpretiert werden könnte, ist die deutliche Abnahme an internationalen Diversitätsbezügen im Zeitraum von 2012 bis 2014. Auch dies könnte mit der medialen, fachlichen und politischen Präsenz mit „Interkultur" in Bezug gesetzt werden, die immer thematische Schnittmengen zur „Interkulturalität" aufweist. 2006 begann eine intensivere Diskussion in der Kulturlandschaft zur Bedeutung interkultureller Fragestellungen, die u.a. einen Auftakt im Start des ersten Bundesfachkongresses „InterKultur"[12] in Stuttgart fand. In der Reihe „Kulturelle Bildung" beschäftigte sich der Deutsche Kulturrat im Jahr 2009 erstmals unter dem Titel „Aufgaben im Wandel" sehr ausführlich mit der Interkulturellen Bildung (vgl. Deutscher Kulturrat 2009). Parallel führte der Deutsche Kulturrat in dem Jahr im Rahmen seines Projektes „Strukturbedingungen für eine nachhaltige interkulturelle Bildung"[13] (vgl. Bäßler 2010) eine Befragung seiner Mitglieder, also der Kulturverbände, durch. Gefragt wurde zum einen, inwieweit Migranten bzw. Migrantenvereinigungen zu den Mitgliedern der Bundeskulturverbände gehören und zum anderen, welche Rolle das Thema Interkulturelle Bildung in

11 Nach einer empirischen Studie der Friedrich-Ebert-Stiftung sind 39 Prozent der Ostdeutschen ausländerfeindlich, gegenüber 22 Prozent der Westdeutschen (Decker/Kiess/Brähler 2012).

12 Siehe www.bundesfachkongress-interkultur.de/2006.

13 Siehe auch die Zusammenfassung in bpb (2009) sowie Deutscher Kulturrat (2010).

der Verbandsarbeit spielt. Auch wurde im Rahmen dieses Projektes vom Deutschen Kulturrat ein Runder Tisch mit Migrantenorganisationen ins Leben gerufen. Dieser Runde Tisch beschäftigte sich im Jahr 2010 besonders mit Fragen der Interkulturellen Bildung in Kindertageseinrichtungen und der Schule. Es wurden Modellvorhaben durchgeführt, wie der „Kunst-Code"[14] des Bundesverbandes der Jugendkunstschulen und Kulturpädagogischen Einrichtungen e.V. (BJKE), und evaluiert. So startete beispielsweise 2010 das Forschungs- und Entwicklungsprojekt „Interkulturelle Kompetenzen in der Weiterbildung im Bereich der Kulturellen Bildung" (vgl. Hoffmeier/Smith 2013). Die BKJ veröffentlichte Publikationen zum Thema, beispielsweise „Kulturelle Vielfalt erleben" (BKJ 2008) oder „Kulturelle Vielfalt leben lernen" (BKJ 2006). 2012 erschien das „InterKulturBarometer" (Keuchel 2012), dessen Ergebnisse ebenfalls auf vielen Tagungen thematisiert wurden. Die Intensität der Diskussion lässt dann teils dadurch nach, dass sie von neuen Themenfeldern in der Akzentsetzung im politischen Diskurs der Kulturellen Bildung abgelöst wird, wie „Partizipation"[15], „Inklusion" (Aktion Mensch e.V. 2015) oder auch „Nachhaltigkeit"[16]. Entsprechend könnte vermutet werden, dass internationale und interkulturelle Diversitätsbezüge innerhalb der kulturellen Bildungsprojekte aus diesem Grund nachgelassen haben, da andere Perspektiven in den Vordergrund gerückt sind, wie der Blick auf den Einsatz partizipativer Konzepte oder das gemeinsame Lernen von Kindern mit und ohne Behinderungen, auch wenn diese Themen ebenfalls in Bezug zu einer diversitätsbewussten Kulturellen Bildung stehen.

In der folgenden Übersicht wird das Verhältnis von künstlerischen und alltagsbezogenen Länderbezügen dargestellt. Nur 2 Prozent der untersuchten kulturellen Bildungsprojekte thematisieren ein oder mehrere spezielle Länder und behandeln zugleich Künstler aus diesen und/oder anderen Län-

---

14 Siehe www.kunst-code.de.

15 Bundeskongress „Zeitalter der Partizipation: Paradigmenwechsel in Politik und politischer Bildung", 21./23. Mai 2012 in Berlin oder „Illusion Partizipation? Zukunft Partizipation!" – Fachkongress der Kulturellen Bildung zum Thema Partizipation, 13./14.11.2015 in Berlin, durchgeführt von der Bundesvereinigung für Kulturelle Kinder- und Jugendbildung e.V.

16 Qualifizierungsworkshop – „Kulturelle Bildung – Bildung für nachhaltige Entwicklung" am 13.06.2014 in Berlin, siehe auch BKJ (2012).

dern. Das heißt im Umkehrschluss, dass kulturelle Bildungsprojekte mit Kindern und Jugendlichen, die Themenbezüge zu anderen Ländern setzen, eher über das (Alltags-)Leben reden, als sich Kulturräume über dort lebende Künstler zu erschließen.

Nur bei 16 Prozent der kulturellen Bildungsprojekte wird hervorgehoben, dass auch Kunstwerke von nicht deutschen Künstlern behandelt werden. Dabei gilt zu berücksichtigen, dass 43 Prozent der kulturellen Bildungsprojekte aufgrund der Projektbeschreibung vermuten lassen, dass überhaupt keine Künstler in der Projektarbeit behandelt werden, sondern nur die künstlerische Arbeit der Kinder und Jugendlichen im Fokus steht. Dies kann jedoch nur hypothetisch angenommen werden.

Abbildung 4: Internationale Diversitätsbezüge, differenziert nach Künstler- und Lebensweltbezügen bei den ausgewerteten kulturellen Bildungsprojekten

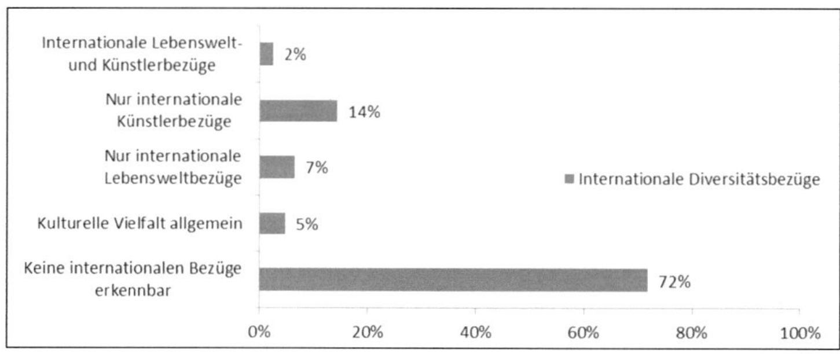

Quelle: ARS 2015

Insgesamt thematisieren 9 Prozent der kulturellen Bildungsprojekte andere Länder. Hier kann sehr konkret angenommen werden, dass dieser Anteil, bezogen auf die untersuchten kulturellen Bildungsprojekte, realistisch ist, da davon auszugehen ist, dass konkrete Themensetzungen grundsätzlich in der Projektbeschreibung Erwähnung finden.

Tendenziell kann beobachtet werden, dass Künstler aus anderen Ländern eher in den kulturellen Bildungsprojekten in den Metropolen Berlin (21 %) oder auch allgemein in den Stadtstaaten (22 %) thematisiert werden. Dies könnte zum einen mit dem höheren Migrationshintergrund in Metropolen zusammenhängen oder auch mit einer stärkeren Vernetzung der kulturellen Bildungsprojekte mit international agierenden Kultureinrichtungen wie Theatern oder Museen.

Spannend ist der tendenziell höhere Anteil an kulturellen Bildungsprojekten in den neuen Bundesländern mit 14 Prozent, die explizit Länderbezüge innerhalb ihrer Themen setzen. Dies hängt möglicherweise ebenfalls mit der stärker präsenten Thematik rassistisch motivierter Übergriffe zusammen, gegen die kulturelle Bildungsakteure in den neuen Ländern sehr konkret Zeichen setzen wollen, wie vorausgehend vermutet.

Bei der Betrachtung der Reichweite der internationalen Diversitätsbezüge, Länder- wie Künstlerbezüge, kann in der Tat – wie schon andere empirischen Studien, die zu Beginn vorgestellt wurden, zeigten – eine starke Eurozentrierung beobachtet werden. Es werden vor allem Länder und Künstler bzw. Kunstwerke innerhalb Europas thematisiert. Nur 6 Prozent der untersuchten kulturellen Bildungsprojekte binden thematisch auch Künstler, Kunstwerke oder Länder außerhalb des europäischen und angloamerikanischen Raums ein. Auch hier sind tendenziell die kulturellen Bildungsprojekte in den neuen Bundesländern mit 9 Prozent etwas aktiver. Mit Blick auf die Historie der neuen Bundesländer wurde überprüft, ob das Spektrum sich hier vor allem auf die osteuropäischen Länder und Russland, hier insbesondere den asiatischen Teil, bezieht. Dies war jedoch nicht der Fall.

Abbildung 5: Reichweite der internationalen Diversitätsbezüge, hier Herkunft von Künstlern, Kunstwerken und (Alltags-)Leben, bei den ausgewerteten kulturellen Bildungsprojekten

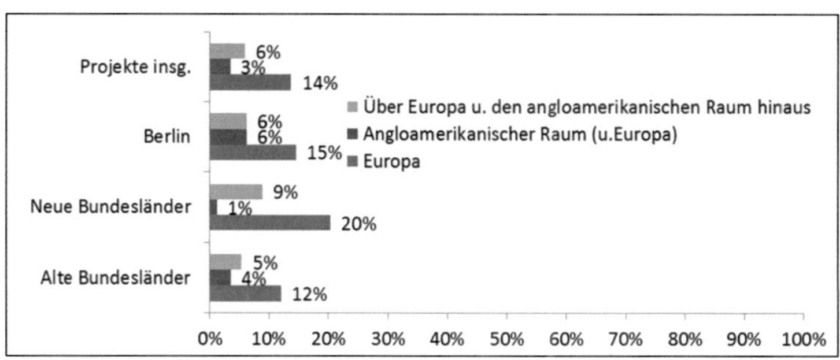

Quelle: ARS (2015)

Spannend wiederum in den neuen Bundesländern ist die vergleichsweise seltenere thematische Einbeziehung von Künstlern, Kunstwerken oder Alltagsbezügen aus Ländern des angloamerikanischen Raums. Es kann hier natürlich hypothetisch vermutet werden, dass dies mit der Historie der neuen Bundesländer zu tun haben könnte.

ZUR PRÄSENZ VON VERMITTLERN MIT MIGRATIONSHINTERGRUND

Wie sieht es mit der Präsenz von Personen mit Migrationshintergrund in den untersuchten kulturellen Bildungsprojekten aus? Immer wieder wird im Diskurs der Stellenwert der Einbindung von Personen mit Migrationshintergrund als wichtige interkulturelle Multiplikatorenfunktion in Organisationsprozessen betont (vgl. Otten/Scheizta/Cnyrim 2009). Auch Chadi Bahouth unterstreicht (in seinem Beitrag in diesem Band, S. 103 ff.) die Vorzüge einer Einbindung von migrantischen Vermittlern in kulturellen Bildungsprojekten. Die vorausgehend vorgestellte Infrastrukturerhebung in Kultureinrichtungen (vgl. Keuchel/Weil 2010) hat zudem verdeutlicht, dass in Einrichtungen mit migrantischem Personal im Bereich Kunst/Technik/Vermittlung der Anteil an kulturellen Bildungsangeboten, die migrantische Bevölkerungsgruppen als Zielgruppe explizit anspricht, wesentlich höher ist. Vorteile der Einbindung von Personal mit Migrationshintergrund entstehen vor allem im Kontext gemeinsamer biografischer Migrationserfahrungen, die dann möglicherweise auch zu entsprechenden thematischen Akzentsetzungen in diese Richtung führen. Daneben werden in Studien auch die Vorteile in der Außendarstellung von Einrichtungen mit migrantischen Mitarbeitern als Multiplikatoren hervorgehoben, da sie die Identifikation von Personen mit ähnlichem Migrationshintergrund mit dieser Einrichtung stärken (vgl. Bonfadelli/Moser 2007: 251).

Tabelle 2: Migrationshintergrund bei den an den ausgewerteten kulturellen Bildungsprojekten beteiligten Künstlern und Kulturpädagogen

	Projekte				**Erfasste Kulturpädagogen bzw. Künstler innerhalb der Projekte**			
	insgesamt		**Nur auswert-bare Projekte**		**insgesamt**		**Nur auswert-bare Projekte**	
Namen nicht aufgeführt	170	37%			391	35%		
Namen aufgeführt	289	63%			724	65%		
davon mit Migra-tionshintergrund	91	2%	91	31%	127	11%	127	18%
davon ohne Migra-tionshintergrund	174	38%	174	60%	550	49%	550	76%
davon nicht eindeutig zuordbar	24	5%	24	8%	47	4%	47	6%
	459	100%	289	100%	1.115	100%	724	100%

Quelle: ARS (2015)

Die Zuordnung der an den kulturellen Bildungsprojekten erfassten Künstler und Kulturpädagogen konnte im Rahmen der Sekundäranalyse der Projektbeschreibungen nur über die Namen in Kombination mit der Profession und des Standortes erfolgen. Bei 63 Prozent der in der Stichprobe erfassten kulturellen Bildungsprojekte wurden beteiligte Künstler oder Kulturpädagogen namentlich aufgeführt. Innerhalb der Projekte mit namentlich aufgeführten Vermittlern liegt der Anteil der Projekte, die Vermittler mit Migrationshintergrund einbeziehen, bei beachtlichen 31 Prozent.

Hypothetisch könnte jedoch davon ausgegangen werden, dass, wenn Vermittler mit Migrationshintergrund beteiligt sind, dies in der aktuellen Förderpraxis immer noch als Besonderheit erlebt und damit eher in der Projektbeschreibung hervorgehoben wird. Betrachtet man aus diesem Grund den Anteil von Projekten, die Vermittler mit Migrationshintergrund einbinden, bezogen auf die Gesamtzahl der analysierten Projekte, so liegt dieser bei 20 Prozent. Dieser Anteil entspricht exakt dem Anteil der Bevölkerung mit Migrationshintergrund in Deutschland (vgl. Bundesamt für Migration und Flüchtlinge 2015).

Löst man sich von der Projektebene und untersucht stattdessen den Anteil der Vermittler mit Migrationshintergrund an der Gesamtzahl der in den Projekten namentlich genannten Künstler und Kulturpädagogen – oftmals werden insbesondere bei großen Projekten eine Vielzahl an Vermittlern eingebunden –, sieht das Verhältnis weniger paritätisch aus: Hier liegt der Anteil der Personen mit Migrationshintergrund, bezogen auf tatsächlich namentlich aufgeführte Künstler, bei 18 Prozent, bezogen auf die Gesamtzahl beteiligter Künstler – also auch denen, die nicht namentlich aufgeführt wurden – bei 11 Prozent.

In der vorausgehenden Betrachtung konnte überraschend eine Abnahme an interkulturellen Diversitätsbezügen innerhalb der untersuchten kulturellen Bildungsprojekte von 2012 bis 2014 beobachtet werden. In diesem Sinne ist es spannend, auch die zeitliche Entwicklung der Beteiligung von Vermittlern mit Migrationshintergrund zu analysieren. Entgegen der Bevölkerungsentwicklung zeigt sich überraschend auch hier eine leichte Abnahme des Anteils beteiligter Künstler und Kulturpädagogen mit Migrationshintergrund innerhalb der Projekte.

Abbildung 6: Migrationshintergrund der an den ausgewerteten kulturellen Bildungsprojekten beteiligten Künstler und Kulturpädagogen, differenziert nach Projektbeginn

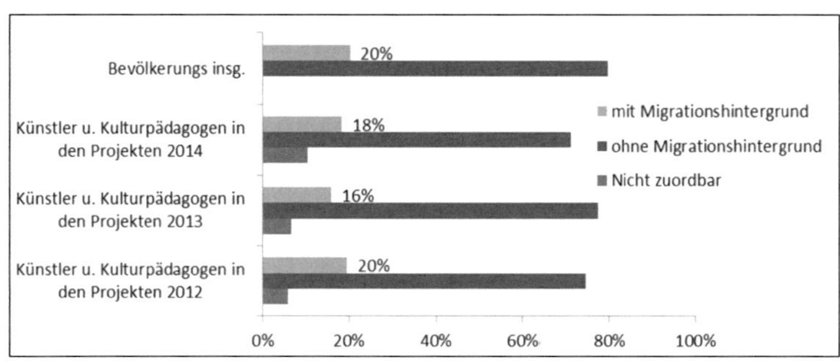

Quelle: ARS (2015)

Bei der Analyse der Vermittler mit und ohne Migrationshintergrund wurde vorausgehend hypothetisch vermutet, dass, wenn Vermittler mit Migrationshintergrund beteiligt sind, dies in der aktuellen Förderpraxis immer noch als Besonderheit erlebt und damit eher in der Projektbeschreibung hervorgehoben wird. Diese Hypothese kann anhand der Studie natürlich weder verifiziert noch falsifiziert werden. Interessant ist in diesem Kontext jedoch schon die leichte Abnahme der Beteiligung von Vermittlern mit Migrationshintergrund in Korrelation zur Abnahme an internationalen Diversitätsbezügen, die tendenziell im Gegensatz steht zum demografischen Wandel. Dabei muss darauf verwiesen werden, dass die Abnahme der Vermittler mit Migrationshintergrund hier anteilig nicht so stark ist wie die Abnahme an internationalen Diversitätsbezügen.

Analysiert man die Anteile der Vermittler mit Migrationshintergrund bezogen auf die Projektstandorte, verdichtet sich der Verdacht, dass möglicherweise Vermittler mit Migrationshintergrund auch ganz gezielt angesprochen werden, will man eine diversitäre Haltung bei Zielgruppen innerhalb kultureller Bildungsprojekte stärken: So ist der Anteil der in den Projekten eingesetzten Vermittler mit Migrationshintergrund in den neuen Bundesländern mit 15 Prozent fast dreifach so hoch wie der Anteil von 28 Prozent (ARS 2015) Bevölkerungsgruppen mit Migrationshintergrund in den neuen Bundesländern.[17] Auch hier könnte, in Anlehnung an dem vorausgehend beobachtetem höheren Anteil an internationalen Diversitätsbezügen in den neuen Bundesländern, hypothetisch angenommen werden, dass, um den rassistisch motivierten Übergriffen auf Menschen engagiert entgegenzutreten, noch bewusster auf Personen mit Migrationshintergrund zugegangen wird und mit diversitären Themensetzungen in kulturellen Bildungsprojekten Zeichen gesetzt werden.

---

17 Projekte mit Kulturpädagogen und/oder Künstlern mit Migrationshintergrund sind eindeutig zuzuordnen.

Abbildung 7: Migrationshintergrund bei den an den ausgewerteten kulturellen Bildungsprojekten beteiligten Künstlern und Kulturpädagogen, differenziert nach Projektorten und Projektbeginn

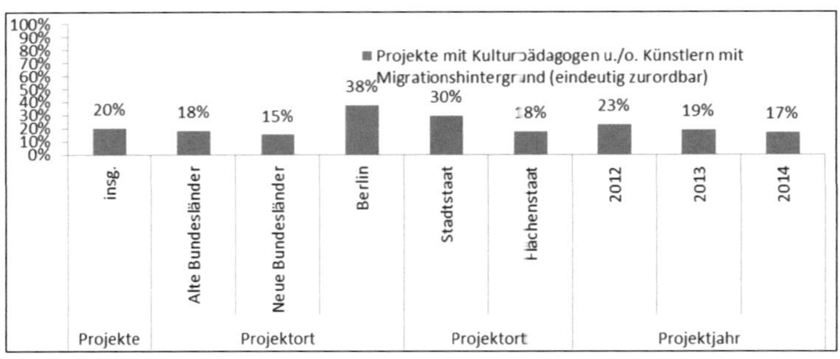

Quelle: ARS (2015)

Sehr hoch ist erwartungsgemäß der Anteil an Vermittlern mit Migrationshintergrund in den Metropolen wie Berlin. Dieser höhere Vermittleranteil korreliert mit der Bevölkerungszusammensetzung: So liegt aktuell in Berlin der Anteil an Bevölkerungsgruppen mit Migrationshintergrund bei 26 Prozent (ebd.).

ZUR BEZIEHUNG VON EIGENER MIGRATIONSBIOGRAFIE UND SENSIBILITÄT FÜR INTERNATIONALE DIVERSITÄTSBEZÜGE

Sowohl in der vorausgehend skizzierten Infrastrukturerhebung in klassischen Kultureinrichtungen (Keuchel/Weil 2010) als auch in der skizzierten „Tanz-in-Schule-"Evaluation (vgl. Arbeitsgruppe Evaluation und Forschung 2009) konnte festgestellt werden, dass vermehrt internationale Diversitätsbezüge und Kooperationen mit Migrantenselbstorganisationen gesetzt werden, wenn Personal mit Migrationshintergrund in den Einrichtungen bzw. innerhalb der Projekte beteiligt ist. Entsprechend werden auch in der folgenden Übersicht die Korrelationen überprüft.

Abbildung 8: Beziehung zwischen Migrationshintergrund der Vermittler und der Thematisierung von internationalen Diversitätsbezügen in den untersuchten kulturellen Bildungsprojekten

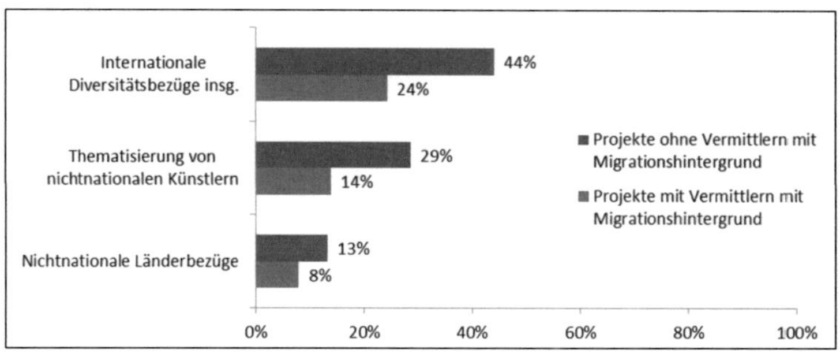

Quelle: ARS (2015)

Die vorausgehende Grafik verdeutlicht, dass eine Beteiligung von Personen mit Migrationshintergrund bei der Vermittlung in der Tat in Beziehung steht zu mehr internationalen Diversitätsbezügen in kulturellen Bildungsprojekten. In den Projekten, wo Vermittler mit Migrationshintergrund beteiligt waren, ist der Anteil an internationalen Diversitätsbezügen (44 %) fast doppelt so hoch wie bei den Projekten, wo keine entsprechenden Vermittler beteiligt waren (24 %). Dies gilt vor allem für die thematische Einbeziehung von Künstlern und Kunstwerken außerhalb Deutschlands: Werden bei knapp einem Drittel der kulturellen Bildungsprojekte (29 %), innerhalb derer auch Vermittler mit Migrationshintergrund arbeiteten, Künstler bzw. Kunstwerke aus anderen Ländern thematisiert, liegt der Anteil bei Vermittlergruppen ohne Migrationshintergrund nur bei 14 Prozent.

Dass das eigene künstlerische Repertoire von kulturellen Bildungsakteuren oftmals bezogen auf Internationalität nicht kritisch reflektiert wird, war auch eine Rückmeldung der Teilnehmer des ersten Erprobungsgangs des Fortbildungsprojekts „Diversitätsbewusste Kulturelle Bildung“ (DiKuBi) der Akademie Remscheid, über das in diesem Buch berichtet wird (siehe Keuchel/Dunz in diesem Band, S. 185 ff.). So äußerte sich beispielsweise eine bildende Künstlerin in diesem Sinne: „[…] sich mal mit nichteuropäischen, nichtamerikanischen Künstlern auseinanderzusetzen, da glaube ich schon, dass man jetzt mehr über den Tellerrand schaut. Allein bei der Recherche dazu gab es so viel Interessantes, wo man mehr wissen will

[...]“. Es ist durchaus nachvollziehbar, dass Künstler und Kulturpädagogen, die biografische Anregungen aus verschiedenen Kulturräumen haben, hier sensibler reagieren und eher auch Künstler beispielsweise aus dem nicht-europäischen Raum einbeziehen.

INTERNATIONALE DIVERSITÄTSBEZÜGE IN DEN EINZELNEN KÜNSTLERISCHEN SPARTEN

Abschließend werden die internationalen Diversitätsbezüge in den kulturellen Bildungsprojekten in Bezug gesetzt zu den künstlerischen Ausdrucksformen. Wie dies folgende Übersicht verdeutlicht, sind es vor allem Theater- und Filmprojekte, die internationale Bezüge setzen, in Form einer Einbeziehung von Künstlern und Werken aus dem Ausland und/oder das Aufgreifen von Alltagswelten aus anderen Ländern.

Abbildung 9: Internationale Diversitätsbezüge und Vermittler mit Migrationshintergrund in den untersuchten kulturellen Bildungsprojekten, differenziert nach Kunstsparten

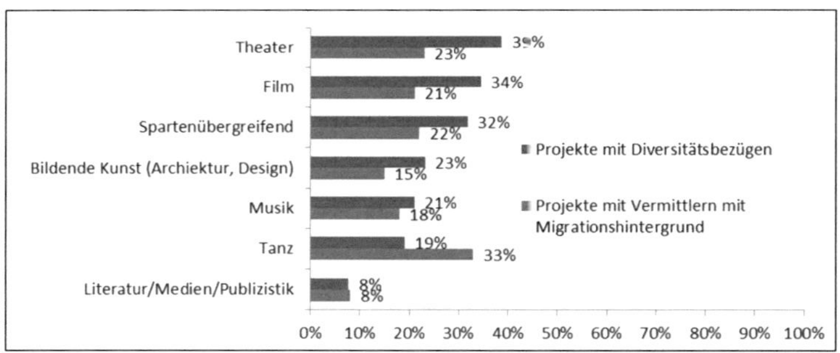

Quelle: ARS (2015)

Auffällig an dieser Stelle ist der mit 33 Prozent vergleichsweise hohe Anteil an Vermittlern mit Migrationshintergrund in den Tanzprojekten, der hier ausnahmsweise nicht parallel mit einem hohen Anteil an Projekten mit internationalen Diversitätsbezügen einhergeht. Dies könnte an der nicht-sprachlich, sondern körperlich gebundenen Kunstform liegen, die sich weniger eignet, konkret über Alltagslebenswelten aus anderen Ländern zu berichten, aber auch dazu führt, dass sich in der künstlerischen Praxis keine Sprachbarrieren auftun. Die zeitgenössische Tanzwelt ist damit per se eine internationale, wie dies eine Tanzkritikerin sehr anschaulich beschreibt:

> „Während es im deutschen Sprechtheater immer noch zur Ausnahme gehört, dass Schauspieler ‚mit Migrationshintergrund', [...] auf der Bühne stehen, sind Karrieren im Tanz [...] international. Diese Tendenz hat sich seit den 1990er-Jahren durch die forcierten Transferbewegungen der Globalisierung noch einmal verstärkt. Im deutschen Sprechtheater werden derzeit Stücke diskutiert, in denen Schauspieler als Kinder von Einwanderern der zweiten oder dritten Generation zu Darstellern ihrer eigenen Geschichte werden und damit die Diversifizierung der einst als ‚multikulturell' begrüßten Gesellschaft verhandeln. Im Tanz dagegen ist die Ein- und Auswanderung so selbstverständlich, dass sie in der künstlerischen Praxis kaum reflektiert wird. Denn sie ist oft die Voraussetzung der künstlerischen Tätigkeit: Zwecks Erlernung und Ausübung verlassen Menschen ihre Heimatländer." (Boldt 2012)[18]

EIN FAZIT – EMPFEHLUNGEN FÜR EINE „INTERNATIONALISIERUNG" DER KULTURELLEN BILDUNGSPRAXIS

Es wurde eingangs der explorative Charakter der Studie betont. Dennoch konnten in der vorausgehenden Analyse einige interessante Erkenntnisse zur Internationalisierung kultureller Bildungsprojekte gesammelt werden, aus denen konkrete Empfehlungen für die künftige Praxis abgeleitet werden können. Diese werden nachfolgend kurz dargestellt. Spannend wäre es, in Folgeuntersuchungen, weitere Aspekte einer diversitätsbewussten Kulturellen Bildung auf den unterschiedlichen Ebenen empirisch in den Blick zu nehmen, beispielsweise weitere Diversitätsbezüge oder auch Aspekte der Konzeption, Themen und Perspektiven, wie sie vorausgehend bei der Konkretisierung der Forschungsfrage diskutiert wurden.

18 Esther Boldt (2012) schreibt als freie Theater- und Tanzkritikerin unter anderem für nachtkritik.de, die taz und das Goethe-Institut e.V.

„Internationalisierung" als elementarer Bestandteil und Bereicherung der Kulturellen Bildung

In der systematischen Bestandsaufnahme wurde deutlich, dass die „Internationalisierung" von Themenbezügen und Künsten innerhalb der kulturellen Bildungsprojekte noch nicht systematisch mitgedacht und umgesetzt wird. Mit dem Anspruch der Kulturellen Bildung, konkrete Bezüge zu den Lebenswelten von Kindern und Jugendlichen zu setzen, sollte dieser Aspekt angesichts von zunehmender Globalisierung, Medialisierung, Migration, Flucht und dem damit einhergehenden soziodemografischen Wandel eine angemessene Rolle im Themenspektrum der Kulturellen Bildung spielen – auch im Sinne der Chancengleichheit: Internationale Auslandserfahrungen sind für Kinder, die nicht aus finanzschwachen Elternhäusern kommen in Zeiten der Globalisierung nahezu Standard geworden. Hierdurch werden ein Welteinblick und damit einhergehende Kenntnisse ermöglicht, die Kindern aus finanzschwachen Familien vielfach verschlossen bleiben.

Auch in der Organisationsentwicklung wird dem Stellenwert „Internationalität" ein zunehmender Stellenwert zugesprochen:

> „Migration (in Kombination mit der sonstigen demographischen Entwicklung), politische Anerkennung der Migration, Europäisierung und Globalisierung sind gesellschaftliche Rahmenbedingungen, auf die die Organisationen mittels einer Weiterentwicklung ihrer Diversität, Interkulturalität und Internationalität antworten müssen, um nicht an ihnen zu scheitern." (Göhlich et al. 2012: 19)

Unabhängig von dieser Argumentation ist die internationale Perspektive auch ein wichtiges kulturelles Kapital einer Einrichtung und eine klare Erweiterung der Bildungsperspektive jedes Einzelnen, die zunehmend auch in Leitbildern von Bildungseinrichtungen als nicht verzichtbare Perspektive institutionalisiert wird, wie beispielsweise an Bremer Schulen (Die Senatorin für Bildung und Wissenschaft 2007) oder der Bremer Hochschule (vgl. Karakaşoğlu 2012),[19] die im Sinne einer universitären Gesamtstrategie „Internationalität" neben „Interkulturalität" im Leitbild fest verankert hat.

19 Siehe auch www.hs-bremen.de/internet/de/hsb/leitbildHsb.

Mehr „außerwestliche“ Perspektiven in der Kulturellen Bildung ...
Die Analyse der Internationalisierung von kulturellen Bildungsprojekten zeigt ähnliche Defizite im Rückgriff auf künstlerisches Repertoire oder inhaltliche Themenbezüge zu Kulturräumen außerhalb Europas und des angloamerikanischen Raums auf, wie beispielsweise die Studie „Kölner Kulturwelten“ (Keuchel/Larue 2011). Dass die eigene Biografieerfahrung sehr stark die Themensetzung der eigenen beruflichen Gestaltungsräume, sei es in der Wissenschaft, der Kunst oder der Pädagogik beeinflusst, ist ein häufig zu beobachtendes Phänomen und Gegenstand wissenschaftlicher Studien (vgl. Peez 2009; Glaser/Schmid 2006). Oft ist man sich gar nicht bewusst, dass man in der Repertoire-Wahl und Themensetzung sehr stark seine eigenen kulturellen Erfahrungen, sei es geografisch-räumlich oder milieuspezifisch, reflektiert. Umso wichtiger ist es, in Zeiten Kultureller Vielfalt innerhalb von kulturellen Bildungsprojekten im Vorfeld der Projektgestaltung immer auch kritisch zu prüfen, wie weit eine Konzentration auf die eigenen kulturellen Erfahrungen stattfindet und wie weit man sich öffnet bei der Projektplanung und -gestaltung und Raum lässt für neue kulturelle Erfahrungen.

Biografien mit Migrationserfahrung erweitern vielfach den Blickwinkel auf Internationalität
In dieser wie auch in den eingangs referierten Studien kann immer wieder ein Zusammenhang festgestellt werden zwischen der Auseinandersetzung mit Diversität innerhalb von kulturellen Bildungsprojekten und der Einbeziehung von Vermittlern mit Migrationshintergrund. Angesichts des vorausgehend beschriebenen Zusammenhangs zwischen biografischen Erfahrungen und Themensetzungen innerhalb eigener beruflicher Gestaltungsräume ist dies naheliegend, da zum einen Migrationserfahrung, der Wechsel von einem Lebensraum mit eigenen Spielregeln in einen anderen, mit neuen oder erweiterten Spielregeln, sicherlich Betroffene für das Themenfeld Diversität sensibilisiert. Zum anderen finden sich speziell bei Bevölkerungsgruppen mit Migrationserfahrungen aus weiter entfernten Kulturräumen außerhalb Europas erweiterte Repertoirekenntnisse und -akzente des Herkunftslandes, die dann auch in die kulturelle Bildungsarbeit selbstverständlich einfließen können. Dies kann natürlich nicht nur bezogen auf Migrationserfahrung beobachtet werden, sondern auch bezogen auf eine prägende Auslandserfahrung, einem Milieuwechsel u.v.m. Für eine Sicher-

stellung des adäquaten Aufgreifens von jugendlichen Lebenswelten ist es daher wichtig, auch ein breites Spektrum gesellschaftlicher Perspektiven zu berücksichtigen, was in der Konsequenz auch bedeutet, dass die Vermittler in der Kulturellen Bildung ein breites gesellschaftliches Spektrum abbilden sollten und/oder über partizipative Konzepte Vertreter verschiedenster Biografiekontexte und Milieus in die Projektgestaltung einbinden.

Keine Reduzierung der Professionalität von Vermittlern mit Migrationshintergrund auf Migrationserfahrung

Die internationalen Diversitätsbezüge in den Projekten und die Beteiligung von Vermittlern mit Migrationshintergrund zeigen in den Jahren zwischen 2012 bis 2014 einen angesichts des soziodemografischen Wandels irritierend leichten Rückgang. Diese Beobachtung könnte auch in eine andere Richtung interpretiert werden: Künstler und Kulturpädagogen mit Migrationshintergrund werden nur dann gezielt angesprochen, wenn im Vorfeld von kulturellen Bildungsprojekten ein besonderer Themenfokus auf Diversität geplant ist. Sollte diese Annahme zutreffend sein, wird die Wahrnehmung von Künstlern und Kulturpädagogen auf ihren Migrationshintergrund reduziert und damit indirekt ihre künstlerische bzw. pädagogische Profession als zweitrangig bzw. sekundär gehandelt. Damit wird aber zugleich eine „Normalität" von Internationalität bzw. anderen Diversitätsbezügen innerhalb kultureller Bildungsprojekte entgegengewirkt: Denn wenn Vermittler mit Migrationshintergrund nur dann gezielt angesprochen werden, wenn Diversität bei Projekten bewusst im Fokus steht, heißt dies im Umkehrschluss: In allgemeinen kulturellen Bildungsprojekten sind Internationalität oder andere Diversitätsbezüge nicht zwingend notwendig zu setzen. Es wäre in diesem Sinne wichtig, dass Vermittler mit und ohne Migrationshintergrund in der Kulturellen Bildung gleichermaßen als Experten ihrer künstlerischen und kulturpädagogischen Profession angesehen werden, die in diesem Rahmen selbstverständlich Internationalität und Diversität in ihren Projekten reflektieren und vertreten können. Dafür bedarf es aber auch eines Grundwissens des professionellen Umgangs mit Diversität und damit einem Umdenken in der Aus- und Weiterbildung der Kulturpädagogik. Aus- und Weiterbildung muss hier kritisch prüfen, inwieweit sie Fragestellungen zu Diversität und Internationalität aufgreift und in die Lehre integriert, um künftigen Praktikern in der Kulturellen Bildung ein entsprechendes Rüstzeug an die Hand geben zu können.

Systematische Verankerung von „Internationalität" in Ausbildung, Leitbildern und im Qualitätsdiskurs der Kulturellen Bildung

Die Abnahme internationaler Diversitätsbezüge in den hier untersuchten kulturellen Bildungsprojekten innerhalb des Projektzeitraums 2012 bis 2014 legt nahe, dass es wichtig ist, kontinuierlich und beharrlich von Seiten der Wissenschaft, Fachverbände und Politik auf notwendige Neuanforderungen an Konzeption und Inhalten der Kulturellen Bildung zu verweisen. Ein zeitweiser Impuls, beispielsweise die Priorisierung eines Themas in jährlichem oder Dreijahresturnus vorzunehmen, wie hier die Verdichtung des Themenfelds Diversität und Interkulturalität, wie vorausgehend dargestellt, die einhergeht mit einer entsprechenden Förderpraxis und die sich dann in Folge nach einigen Jahren wieder anderen Themenakzenten widmet, reicht offenbar nicht aus, um nachhaltige Entwicklungen anzustoßen. Insbesondere bleibt sie wenig folgenreich, wenn es sich bei dem Themenfeld um eine Reaktion auf neue gesellschaftliche Entwicklungen handelt. Daraus könnte die Empfehlung abgeleitet werden, dass es bei Neukonzeptionen in der Kulturpädagogik, die auf gesellschaftlichen Wandel reagieren, sehr wichtig ist, Prozesse langfristig im Fachdiskurs zu begleiten, aber auch in der Förderpolitik, um neue Anforderungen nicht nur in Modellprojekten, sondern systematisch und nachhaltig in Aus- und Weiterbildung, Leitbildern und Qualitätsstandards zu verankern.

LITERATUR

Aktion Mensch e.V. (Hg.) (2015): Auftrag Inklusion – Perspektiven für eine neue Offenheit in der Kinder- und Jugendarbeit. Inhaltliche Grundlagen, Handlungsempfehlungen und Anregungen für die Praxis. Bonn: Eigenverlag.

Arbeitsgruppe Evaluation und Forschung des Bundesverband Tanz in Schulen e.V. (Hg.) (2009): Empirische Annäherung an Tanz in Schulen. Befunde aus Evaluation und Forschung. Oberhausen: Athena.

Bäßler, Kirsten (2010): Interkulturelle Öffnung der Bundeskulturverbände. In: Deutscher Kulturrat: Auswertung einer Befragung des Deutschen Kulturrates zum Themenfeld „Integration und interkulturelle Bildung" im Rahmen des vom Bundesministerium für Bildung und Forschung geförderten Projektes „Strukturbedingungen für eine nachhaltige interkulturelle Bildung“. Bonn: Eigenverlag.

BKJ (Bundesvereinigung Kulturelle Kinder- und Jugendbildung e.V.) (Hg.) (2006): Kulturelle Vielfalt leben lernen. 21 Praxisbeispiele. Remscheid: Eigenverlag.

BKJ (Bundesvereinigung Kulturelle Kinder- und Jugendbildung e.V.) (Hg.) (2008): Kulturelle Vielfalt erleben. Internationale Jugend-Kultur-Bewegungen. 21 Beispiele aus der Praxis. Remscheid: Eigenverlag.

BKJ (Bundesvereinigung Kulturelle Kinder- und Jugendbildung e.V.) (2012): Kulturelle Bildung für nachhaltige Entwicklung. Magazin Kulturelle Bildung, Nr. 9/2012. Remscheid.

Boldt, Esther (2012): Transkulturalität statt Multikulti – Grenzübergreifende Karrieren im Tanz. In: Goethe-Institut. München [www.goethe.de/ins/bf/de/oug/kul/tan/9439473.html, zuletzt aufgerufen: 09.09.2015].

Bonfadelli, Heinz/Moser, Heinz (Hg.) (2007): Meiden und Migration: Europa als multikultureller Raum? Wiesbaden: VS Verlag für Sozialwissenschaften.

bpb (Bundeszentrale für politische Bildung) (o.J.): Interkulturelle kulturelle Bildung. In: Dossier Kulturelle Bildung. Bonn [www.bpb.de/gesellschaft/kultur/kulturelle-bildung / 60109 / interkulturelle-kulturelle-bildung, zuletzt aufgerufen am: 01.09.2015].

bpb (Bundeszentrale für politische Bildung) (2006): „Fremde“ in den Medien. In: Informationen zur politischen Bildung, Heft 271. Bonn [www.bpb.de/izpb/9694/fremde-in-den-medien?p=all, zuletzt aufgerufen am: 09.09.2015].

bpb (Bundeszentrale für politische Bildung) (2009): Entwicklung und Perspektiven. In: Dossier Kulturelle Bildung. Bonn [www.bpb.de/gesellschaft/kultur/kulturelle-bildung/ 59923/ entwicklung-und-perspektiven?p=all, zuletzt aufgerufen am: 01.09.2015].

bpb (Bundeszentrale für politische Bildung) (2011): Interkulturelle Bildung – eigentlich eine Selbstverständlichkeit. In: Dossier Kulturelle Bildung. Bonn [www.bpb.de/gesellschaft/kultur/kulturelle-bildung/60110/interkulturelle-bildung?p=all, zuletzt aufgerufen am: 09.09.2015].

Bundesamt für Migration und Flüchtlinge (2009): Integrationsreport. Grunddaten der Zuwandererbevölkerung in Deutschland. Workingpaper 27 der Forschungsgruppe des Bundesamtes.

Bundesamt für Migration und Flüchtlinge (2015): Migrationsbericht 2013. Im Auftrag der Bundesregierung. BMI.

Decker, Oliver/Kiess, Johannes/Brähler, Elmar (2012): Die Mitte im Umbruch. Rechtsextremistische Einstellungen in Deutschland 2012. Hrsg. von der Friedrich-Ebert-Stiftung von Ralf Melzer. Bonn: J. H. W. Dietz [www.fes-gegen-rechtsextremismus.de/pdf_12/mitte-im-umbruch_www.pdf, zuletzt aufgerufen am: 09.09.2015].

Decker, Oliver/Kiess, Johannes/Brähler, Elmar/Melzer, Ralf (Hg.) (2014): Die stabilisierte Mitte. Rechtsextreme Einstellung in Deutschland 2014. Universität Leipzig.

Deutscher Kulturrat (Hg.) (2009): Kulturelle Bildung: Aufgaben im Wandel. Berlin: Eigenverlag.

Deutscher Kulturrat (2010): Interkulturelle Öffnung der Bundeskulturverbände. Auswertung einer Befragung des Deutschen Kulturrates zum Themenfeld „Integration und interkulturelle Bildung" im Rahmen des vom Bundesministerium für Bildung und Forschung geförderten Projektes „Strukturbedingungen für eine nachhaltige interkulturelle Bildung". Bonn [www.kulturrat.de/dokumente/studien/verbandsoeffnung.pdf, zuletzt aufgerufen am: 11.09.2015].

Die Senatorin für Bildung und Wissenschaft (2007) (Hg.): Die Bremer Orientierungsrahmen Schulqualität. Bremen [www.bildung.bremen.de/sixcms/media.php/13/orientierungsrahmen-schulqualitaet.pdf, zuletzt aufgerufen: 09.09.2015].

Glaser, Edith/Schmid, Pia (2006): Biografieforschung in der Historischen Pädagogik. In: Handbuch erziehungswissenschaftliche Biografieforschung. 2. überarb. und aktual. Aufl. Wiesbaden: VS Verlag für Sozialwissenschaften, S. 363-389.

Göhlich, Michael/Weber, Susanne Maria/Öztürk, Halit/Engel, Nicolas (Hg.) (2012): Organisation und kulturelle Differenz. Diversity, Interkulturelle Öffnung, Internationalisierung. Wiesbaden: Springer VS.

Hentges, Gudrun (2014): Politische Bildung für MigrantInnen. In: Marschke, Britta/Brinkmann, Heinz Ulrich (Hg.): Handbuch Migrationsarbeit. 2. überarb. und aktual. Aufl. Wiesbaden: Springer VS, S. 303-318.

Herriger, Norbert (2014): Empowerment-Landkarte: Diskurse, normative Rahmung, Kritik. In: Politik und Zeitgeschichte (APuZ 13–14/2014). Bonn: bpb.

Karakaşoğlu, Yasemin (2012): Interkulturelle Öffnung als Rahmen hochschulpolitischer Maßnahmen zur Unterstützung des Studienerfolgs von Studierenden mit Migrationshintergrund. Vortrag im Rahmen der Tagung „Mehrsprachigkeit in Wissenschaft und Gesellschaft. Ein interdisziplinäres Symposium zu Mehrsprachigkeit, Bildungsbeteiligung und Potenzialen von Studierenden mit Migrationshintergrund. Universität Bielefeld, 06./07.02.2012 [www.uni-bremen.de/fileadmin/user_upload/chancengleichheit/Uploads_Diversity/Grundlagenpapier_DiversityStrategie_UniBremen_Juni12.pdf, zuletzt aufgerufen am: 09.09.2015].

Keuchel, Susanne (2012): Das 1. InterKulturBarometer. Migration als Einflussfaktor auf Kunst und Kultur. Köln: ARCult Media.

Keuchel, Susanne (2014a): Arts Education Development Index (AEDI) – A Comparative International Empirical Research Approach in Arts Education. In: Larry O'Farrell/Schonmann, Shifra/Wagner, Ernst (Hg.): International Yearbook for Research in Arts Education, Vol. 2. Münster: Waxmann, S. 42-51.

Keuchel, Susanne (2014b): Quo Vadis – Empirische Analyse von kommunalen Gesamtkonzepten für Kulturelle Bildung. In: Kelb, Viola (Hg.): Gut vernetzt?! Kulturelle Bildung in lokalen Bildungslandschaften. München: kopaed, S. 95-113.

Keuchel, Susanne/Günsche, Carolin/Groß, Stefanie Groß (Zentrum für Kulturforschung) (Hg.) (2009): Tanz in Schulen in NRW. Ein empirischer Blick in die Praxis. Bonn: Bundesverband Tanz in Schulen.

Keuchel, Susanne/Larue, Dominik (2011): Kulturwelten in Köln. Eine empirische Analyse des Kulturangebots mit Fokus auf Internationalität und Interkulturalität. Köln: ARCult Media.

Keuchel, Susanne/Weil, Benjamin (2010): Lernorte oder Kulturtempel: Infrastrukturerhebung: Bildungsangebote in klassischen Kultureinrichtungen. Köln: ARCult.

Knobloch, Phillip D. Th. (2014): Reflektierter Euro- und Okzidentozentrismus. Über die Verortung von Bildung und Erziehungswissenschaft im Kontext globaler Pluralität. In: Rühle/Müller/Knobloch (Hg.): Mehrsprachigkeit – Diversität – Internationalität: Erziehungswissenschaft im transnationalen Bildungsraum. Münster et al.: Waxmann, S. 297-320.

LKJ Sachsen (Landesvereinigung kulturelle Kinder- und Jugendbildung Sachsen-Anhalt e.V.) (2013): Pädagogisches Konzept der LKJ Sachsen-

Anhalt e.V. [www.lkj-sachsen-anhalt.de/wp-content/uploads/2014/02/-Bildungskonzeption-2013-14.pdf, zuletzt aufgerufen am: 09.09.2015].

Luciak, Mikael/Binder, Susanne (2010): Informationen und Anregungen zur Umsetzung des Unterrichtsprinzips „Interkulturelles Lernen". Ein Handbuch für den Bereich allgemeinbildende Pflichtschulen und allgemeinbildende höhere Schulen. Wien: Assa.

Otten, Matthias/Scheitza, Alexander/Cnyrim, Andrea (Hg.) (2009): Interkulturelle Kompetenz im Wandel. Bd. 2: Ausbildung, Training, Beratung. Berlin: Iko-Verlag.

Peez, Georg (2009): Kunstpädagogik und Biografie. 52 Kunstlehrerinnen und Kunstlehrer erzählen aus ihrem Leben. Professionsforschung mittels autobiografisch-narrativer Interviews. München: kopaed.

Rühle, Sarah (2014): Diversität, Interkulturalität und Multiperspektivität im Unterricht Möglichkeiten und Grenzen einer mehrperspektivischen allgemeinen Bildung für alle im Kontext von Chancengerechtigkeit. In: Rühle, Sarah/Müller, Annette/Knobloch, Philipp D. Th. (Hg.). Mehrsprachigkeit – Diversität – Internationalität. Erziehungswissenschaft im transnationalen Bildungsraum. Münster: Waxmann, S. 89 ff.

Rühle, Sarah/Müller, Annette/Knobloch, Phillip/Dylan, Thomas (Hg.) (2014): Mehrsprachigkeit – Diversität – Internationalität. Erziehungswissenschaft im transnationalen Bildungsraum. Münster: Waxmann.

Ruhrmann, Georg/Demren, Songül (2000): Wie Medien über Migranten berichten. In: Schatz, Heribert/Holtz-Bacha, Christina/Nieland, Jörg-Uwe: Neue Herausforderungen an die Integrationsfunktion von Presse und Rundfunk. Wiesbaden: Westdeutscher Verlag, S. 69-81 [www.lmz-bw.de/fileadmin/user_upload/Medienbildung_MCO/fileadmin/bibliothek/ruhrmann_demren_migranten/ruhrmann_demren_migranten.pdf, zuletzt aufgerufen am: 09.09.2015].

ZAD (Zentrum für Audience Development) (2009): Migranten als Publikum in öffentlichen deutschen Kultureinrichtungen. Der aktuelle Status Quo aus Sicht der Angebotsseite. Band 1. Freie Universität Berlin.

Diversität in der Kulturellen Bildung – eine Quadratur des Kreises?

BARBARA NEUNDLINGER UND EVA KOLM

Das Thema „Migration“ ist nicht das einzige, aber ein sehr präsentes auf dem Arbeitsgebiet der Kulturellen Bildung in Schulen. In diesem Zusammenhang wird meist die notwendige Auseinandersetzung mit unterschiedlichen Sprachen, Religionen und Weltbildern von Kindern und Jugendlichen problematisiert – obwohl diese Parameter nicht unbedingt an das Moment der Zuwanderung gekoppelt sind. Ein einprägsames Beispiel für die unterschiedliche gesellschaftliche Bewertung ist der Vergleich zwischen einer „internationalen“ und einer „multikulturellen“ Schule. In beiden Schularten finden sich Kinder und Jugendliche, die zu einem großen Anteil einen sogenannten Migrationshintergrund haben und vielleicht noch nicht gut Deutsch sprechen. Bei den einen wird aufgrund ihrer sozialen Herkunft ihre Vielfalt an Sprachen und Nationen als Bereicherung gesehen, bei den anderen sind genau die gleichen Faktoren negativ konnotiert. Dabei spielen die sozioökonomische Situation und der Bildungsabschluss der Eltern eine ausschlaggebende Rolle, die auch einen großen Einfluss auf die Wahl der Ausbildung und den Zugang zu Bildung haben.

Als Organisation, die u.a. Kulturvermittlung mit Schulen in Österreich unterstützt, verpflichtet sich KulturKontakt Austria (KKA)[1] den auf europäischer Ebene formulierten bildungs- und kulturpolitischen Grundprinzipien eines inklusiven Umgangs mit Vielfalt und Unterschiedlichkeit und lebensbegleitenden Lernens. Neben den oben beschriebenen Aspekten dieser Vielfalt sind auch weitere Entwicklungen in Bildungs- und Kulturinstitutionen für die Tätigkeit von KKA wichtig:

Das Kriterium Zentrum oder Peripherie ist gerade in einem Staat wie Österreich, in dem es „wenig Stadt“ und „viel Land“ gibt, relevant: Die Erreichbarkeit und die damit verbundenen finanziellen Belastungen sind ein wichtiger Ein-/Ausschlussgrund.

So bieten Kunst- und Kultureinrichtungen, die in einem großen ländlich strukturierten Bundesland, wie z.B. Niederösterreich angesiedelt sind, teilweise mobile Programme zur Kulturellen Bildung an. Nicht die Besucherinnen und Besucher kommen zur Kultureinrichtung, sondern die Kultureinrichtung kommt zu ihrem Publikum, beispielsweise mit einem Bus voll beladen mit Musikvermittlerinnen und -vermittlern und Musikinstrumenten, um auch Schulen in entlegenen Gegenden zu erreichen. Aber auch in einer Großstadt wie Wien wird ein Theaterbus eingesetzt, um in die Außenbezirke der Stadt zu fahren und dort mobile Theaterproduktionen im Bus zu zeigen – oftmals für Kinder und Jugendliche, die nicht den Weg in die Innenstadt und ins Theater finden. Das Bundesland Vorarlberg wiederum hat 2015 beschlossen, dass künftig alle Eintrittskarten von Kulturinstitutionen gleichzeitig als Fahrkarte für den Vorarlberger Verkehrsverbund gelten, wovon kleinere Kultureinrichtungen und Schulen gleichermaßen profitieren sollen.

Zielgruppenspezifische und den Bedürfnissen der Altersgruppe entsprechende Angebote bilden mittlerweile für die Zusammenarbeit von Akteuren

1 KKA arbeitet als Kompetenz- und Ressourcenzentrum in den Kernbereichen Bildung, Kultur und Kunst und den geografischen Schwerpunkten Österreich, Ost- und Südosteuropa. Zu den Arbeitsbereichen von KKA zählen die Förderung des Austauschs und die Kooperation zwischen Bildungsinstitutionen in Ost- und Südosteuropa und Österreich zur nachhaltigen Unterstützung von Bildungsreformen, das „Artists-in-Residence-Programm“, das internationalen Kulturschaffenden Stipendien- und Gastatelieraufenthalte in Österreich bietet, sowie die Unterstützung der Kulturvermittlung mit Schulen in Österreich.

aus Kunst und Kultur mit Schulen eine selbstverständliche Grundvoraussetzung. Die Entwicklungen der letzten Jahre zeigen, dass sich auch hier das Feld immer weiter diversifiziert. Das frühkindliche Alter als entscheidendes Zeitfenster für Bildungsprozesse hat seinen Niederschlag auch in den Angeboten der Kunst- und Kultureinrichtungen gewonnen.

Bei intergenerativen Projekten spielt wiederum die Berücksichtigung der Unterschiede innerhalb der sehr großen Altersgruppe ab 50 Jahren eine wesentliche Rolle: Berufsleben und Ruhestand, Mobilität und Gesundheit sind nur einige Aspekte verschiedenartigen Erfahrungswissens.

Der Umgang mit all diesen Aspekten sowie auch mit anderen Kategorien, die schon geläufiger (wie die Kategorie Geschlecht) oder stärker tabuisiert (wie physische und psychische Fähigkeiten oder sexuelle Orientierung) sind, ist ein hochkomplexer Vorgang, der verschiedene Merkmale in den Blick nimmt und gleichzeitig die Verbindung zwischen diesen Merkmalen nicht aus den Augen verlieren darf.

VON ZITRONEN UND ANDEREN SCHUBLADEN

Der Bereich Kulturvermittlung von KKA arbeitet an der Schnittstelle zwischen Schule, Kunst und Kultur. Es werden partizipative Projekte und Aktivitäten der Kulturellen Bildung mit Schulen in ganz Österreich konzipiert, beratend und organisatorisch begleitet und gefördert.

KKA berät Lehrkräfte, Künstlerinnen und Künstler sowie Kunst- und Kulturvermittlerinnen und -vermittler. Im Rahmen von Programmen, z.B. zur Zusammenarbeit mit Kunstschaffenden im Unterricht, zur Auseinandersetzung von Lehrlingen (Auszubildenden) mit Kunst und Kultur oder zur Kooperation von Schulen und Kultureinrichtungen, unterstützt KKA die Aktivitäten schulischer Kulturvermittlung auch finanziell und setzt Impulse in der kulturellen Schulentwicklung.

Im Zentrum der Arbeit steht dabei der Ansatz, Kinder und Jugendliche ausgehend von ihrer eigenen Lebenswirklichkeit zur aktiven Teilhabe an künstlerischen und kulturellen Prozessen anzuregen.

Auf dieser Basis gestaltet KKA seine Aktivitäten im Sinne eines chancengerechten Zugangs zu Bildung, Kultur und Kunst. Die österreichische Anti-Diskriminierungs- und Gleichbehandlungsgesetzgebung mit den darin verankerten Aspekten Geschlecht, ethnische Zugehörigkeit, Religion oder

Weltanschauung, Alter, sexuelle Orientierung, Behinderung bildet dabei die Grundlage des Diversitätsverständnisses.

Für die Zusammenarbeit von KKA mit Schulen, Kunstschaffenden, Akteuren der Kulturvermittlung und von Kultureinrichtungen hat sich die Arbeit mit dem Diversitätsmodell von Lee Gardenswartz und Anita Rowe (2002) für das Nachdenken über Unterschiedlichkeitsdynamiken bewährt (siehe Abbildung 1).

Abbildung 1: 4 Layers of Diversity

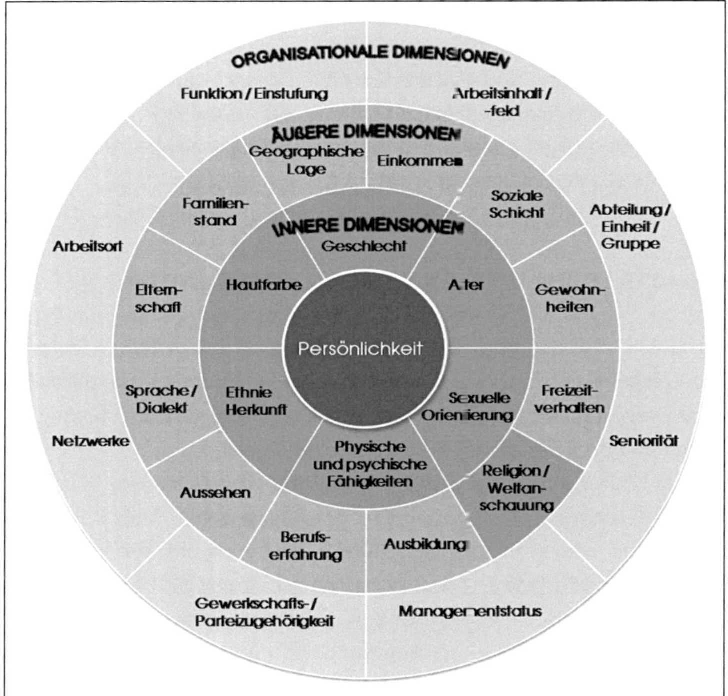

Quelle: Gardenswartz/Rowe 2002, adaptiert von ASD – Austrian Society for Diversity

Dieses Modell hat sich aus der Forderung afroamerikanischer Frauen nach einem multidimensionalen Ansatz in den USA der 1980er Jahre entwickelt und wurde später um „äußere" und „organisationale Dimensionen" ergänzt (vgl. dazu Abdul-Hussain/Baig 2009: 28 ff.). Das Modell kann einerseits dabei unterstützen, die Vielfalt und Unterschiedlichkeiten der Menschen konkreter zu benennen, andererseits birgt es gerade dadurch Gefahren, die weiter unten zur Sprache kommen.

Inwiefern hat sich eine Benennung von Diversitätskategorien als wichtig und hilfreich für die Arbeit von KKA herausgestellt?

Zunächst geht es um die Erarbeitung und Förderung einer wertschätzenden Haltung gegenüber Unterschiedlichkeit und um die Entwicklung eines Bewusstseins über Unterschiede und deren Einfluss auf den (Arbeits-) Alltag, die Kommunikation und Kooperation zwischen den Mitarbeiterinnen und Mitarbeitern von KKA.

Auch die Fördergeber von KKA und vor allem die Multiplikatoren wie Lehrkräfte, Kunstschaffende, Kulturvermittlerinnen und -vermittler, mit denen KKA zusammenarbeitet, werden durch Information, Beratung und Weiterbildung für das Thema Diversität sensibilisiert. Des Weiteren ermöglicht die Analyse der Zusammensetzung der Schülerschaft, in ideeller Fortführung der ersten *Managing Diversity-Ansätze* in den USA der 1970er Jahre für marginalisierte Gruppen, durch gezielte Steuerung von Fördermitteln einen gerechteren Zugang zu Kultureller Bildung zu gewährleisten.

Der Versuch, die demografische Gesellschaftsstruktur abzubilden, beeinflusst darüber hinaus die Ausschreibungskriterien von Förderprogrammen, die Besetzung von Jurys, die Auswahl der Projektteilnehmenden und die Zusammenstellung von Projektteams.

Nicht zuletzt fördern die Maßnahmen den respektvollen und inklusiven Umgang miteinander im Rahmen der von KKA geförderten Aktivitäten. Diesen versucht KKA aus den Informationen über Themen und Abläufe der Projekte abzulesen und beratend zu verstärken.

Was die Arbeit mit Diversitätskategorien so komplex macht, sind die immanenten Fallen bei der Anwendung in der Praxis:

- Es gestaltet sich oft schwierig, wenig erreichte oder repräsentierte Bevölkerungsgruppen ausfindig zu machen und zu kontaktieren. Als „benachteiligt" werden Kinder und Jugendliche in Österreich, relativ vage, oft aufgrund des Schultyps und der Entfernung zu einem urbanen Zentrum angenommen; das Modell einer „indexbasierten Ressourcenverteilung", das sicherstellen soll, dass die „soziale Zusammensetzung der Schulen" bei der Mittelvergabe berücksichtigt wird, wird aktuell in Österreich diskutiert.

- Der gesellschaftspolitische Anspruch auf Erhöhung der Teilhabe möglichst aller Menschen an Kunst und Kultur, den KKA durchaus stellt, und die damit verbundene Diversifizierung führen manchmal auch zu Abgrenzungsschwierigkeiten zwischen Kulturvermittlung, *Audience Development* und Kulturmarketing. Das gemeinsame Ziel, ein Angebot durch die Identifizierung von minorisierten Anspruchsgruppen möglichst spezifisch zu gestalten, gerät durch die Nähe zu wirtschaftlichen Interessen in die Gefahr von erhöhten Stereotypisierungen.

Dem Dilemma, durch analytische Differenzierung Unterschiede und damit auch ihre Bewertung zu verfestigen, entgeht auch KKA nicht: Stellen Sie sich vor, sie sollen zehn nebeneinanderliegende Zitronen beschreiben – Eigenschaften wie gelb, sauer etc. werden Ihnen schnell einfallen. Erst wenn Sie danach jede Zitrone einzeln genau betrachten, werden Ihnen zahlreiche Besonderheiten auffallen.[2] Will heißen: Durch die Benennung einer Gruppenzugehörigkeit rückt die Individualität in den Hintergrund, die Kategorisierung leistet der Generalisierung und schlechtestenfalls der Stereotypisierung Vorschub.

Dem Ziel, Annahmen über die Bedeutung von Zugehörigkeiten und Unterschieden zu dekonstruieren, kann sich eine Organisation wie KKA nur durch fortwährende Reflexion annähern. Zusammen mit der Berücksichtigung der sogenannten *Intersektionalität*, d.h. des gleichzeitigen Zusammenwirkens mehrerer Kategorien, steht der Umgang mit Diversität vor einem kaum auflösbaren Widerspruch. KKA hat sich aus diesem Grund entschieden, nicht auf alle Diversitätskriterien gleichermaßen zu fokussieren, sondern einige für den Arbeitskontext besonders relevante herauszugreifen.

Viele Lehrkräfte und Kulturvermittlerinnen und -vermittler allerdings sind in ihrer täglichen Arbeit damit konfrontiert zu handeln, ohne immer alle Details reflektieren zu können.

Einen möglichen Ausweg aus dieser potenziellen Überforderung sieht KKA im Prinzip des partizipativen Ansatzes.

2 Diese Metapher findet sich im Reader von Missing Link, Asyl & Integration NÖ, Caritas Wien (2013).

VON STUFEN UND SCHLÜSSELN

Ohne hier im Detail auf die Entwicklung des Begriffs Partizipation im Sinne von Teilhabe, Teilnahme, Beteiligung und Mitwirkung eingehen zu können, soll darauf verwiesen werden, dass es um mehr als nur um die Beteiligung an oder die Nutzung von gesellschaftlichen Gütern wie Wissen, Kultur oder Besitz geht, nämlich um „die aktive Teilnahme an gesellschaftlichen Prozessen vor allem auch jener, die traditionell von diesen Prozessen ausgeschlossen sind" (Ehmayer zitiert nach Stöger 2005: 92 f.).

In Anlehnung an Untersuchungen zur politischen Partizipation hat Claudia Ehmayer für die Einschätzung der *Partizipationsintensität* im Rahmen von Kulturvermittlungsangeboten folgende Stufen vorgeschlagen:

- Informiert-Werden;
- Mit-Reden;
- Mit-Entscheiden;
- Mit-Gestalten;
- Selbst-Gestalten.

Die Qualität von Partizipation kann daran gemessen werden, wie die Beteiligten zu Entscheidungen kommen (Prozess) und welche Entscheidungen sie treffen (Ergebnis).

Für die Kulturvermittlung bedeutet das u.a., dass Partizipation Ziel wie auch Arbeitsweise ist und dass die Mitwirkung an der Gestaltung des Prozesses und des Produkts möglich und erwünscht ist. Kritisch anzumerken ist dazu, insbesondere für den Schulzusammenhang, dass die Definition von Partizipation als Lernziel und gleichzeitig als Lernmethode in asymmetrischen Machtverhältnissen zu einer kaum auflösbaren *Doublebind-Situation* führt, weil die Schülerinnen und Schüler anerkennen müssen, ohne Hilfe partizipationsunfähig zu sein, um sich dafür zu öffnen, das Partizipieren zu lernen (vgl. Ahrens/Wimmer 2012: 32f.). Für das Zusammendenken von Partizipation mit Fragen der Macht würde deshalb eine eingehendere Verknüpfung mit dem Konzept von *Cultural Citizenship* Sinn machen, das „alle jene Praktiken, die sich vor dem Hintergrund ungleicher Machtverhältnisse entfalten und die kompetente Teilhabe an den symbolischen Ressourcen der Gesellschaft ermöglichen" umfasst (Klaus/Lünenburg zitiert nach Zobl/Lang 2012: 4 f.).

Im Hinblick auf die oben genannte Komplexität eines diversitätssensiblen Anspruchs ergeben sich durch die Fokussierung auf partizipative Angebote in der Kulturvermittlung mit Schülerinnen und Schülern zwei produktive Richtungen:

1) Durch die Möglichkeit für Schülerinnen und Schüler, sich im Rahmen von Kulturvermittlungsprojekten selbst einzubringen und an Entscheidungen teilzuhaben, ist die Berücksichtigung der individuellen Bedingtheiten und Bedürfnisse gewährleistet.
   Während traditionelle Unterrichtsgestaltung davon ausgeht, dass Unterschiede innerhalb der Schülerschaft durch eine gleichförmige Lernorganisation ausgeglichen werden, gehen diversitätssensible Bildungskonzepte davon aus, dass die Gleichbehandlung aller Schülerinnen und Schüler Ungleichheit (re-)produziert (vgl. BMUKK 2013). Aus diesem Grund wird in einschlägigen Handlungsempfehlungen für den Schulzusammenhang explizit empfohlen, „Beteiligungskulturen, -verfahren und -strukturen aufzubauen" (vgl. beispielsweise IMST 2012 oder LIFE e.V. 2013: 38).
   Generell schätzen Kinder und Jugendliche thematisch fokussierte, webbasierte, hierarchiearme, kurzfristige, kleinräumige Formen der Partizipation, wobei die Diversitätsaspekte Wohnort, Bildungshintergrund und Alter eine ausschlaggebende Rolle für ihr Engagement spielen (vgl. Zentrum polis 2012: 4).
   Die Zusammenarbeit mit Kindern und Jugendlichen in diesem Feld stellt durchaus hohe Anforderungen: Die moderierenden Expertinnen und Experten wie z.B. Kulturvermittlerinnen und -vermittler müssen über ein methodisches, soziales und pädagogisches Repertoire verfügen, das eine Unterstützung ohne Bevormundung ermöglicht.
   Im Schulzusammenhang besteht darüber hinaus gleichzeitig ein Konflikt zwischen dem schulischen Regelwerk und einem Partizipationsanspruch, der einem offenen Prozess verpflichtet ist, im Zuge dessen Regeln selbst gestaltet werden.
   Und: Partizipation ist nicht immer einfach. Das Preisgeben von eigenen Ideen und Einstellungen kann riskant, das Aushandeln unterschiedlicher Interessen, Sichtweisen und Bedürfnisse anstrengend sein. Das Teilen von Verantwortung und das Abgeben von (Definitions-) Macht sind die Gradmesser für die Partizipation – und besonders in

den Kulturinstitutionen ein intern durchaus umstrittenes Vorgehen zwischen Kulturvermittelnden und Programmgestaltenden oder Kuratorinnen und Kuratoren. So werden die Mitbestimmung und Mitgestaltung kultureller Bedeutungsproduktion durch das Individuum bzw. durch verschiedene Öffentlichkeiten im Rahmen von kulturellen Bildungsangeboten zu bedeutsamen emanzipatorischen Experimentierfeldern für gesellschaftliche Partizipation. Denn die gute Nachricht ist: Erfolgreiche und vielfältige Erfahrungen in Sachen Beteiligung stärken die Bereitschaft, sich erneut einzubringen. Um allerdings die Effekte auch über ein spezielles Angebot im Rahmen von kulturellen Bildungsprozessen hinaus halten zu können, muss es zu einem Transfer dieser Partizipationsprozesse kommen: im Schulzusammenhang also in das Unterrichtsgeschehen. Interessant ist hier, dass dieser Transfer leichter gelingt, wenn die ganze Klasse oder zumindest ein Großteil ihrer Schülerschaft teilgenommen hat (siehe Popper/Kollmayer 2012: 49 f.).

2) Durch die Einbindung von Keyworkern, also von Multiplikatoren und/oder Personen einer Anspruchsgruppe, die als Bindeglied zwischen Kulturinstitution und Anspruchsgruppe wirken, kann näher an den unterschiedlichen Interessen und Bedürfnissen dieser Gruppe gearbeitet werden, die im Rahmen eines kulturellen Bildungsangebots erreicht werden soll.
   Diese Personen verfügen über spezifisches Wissen, das den Kulturarbeiterinnen und -mitarbeitern fehlt, also sozusagen über den „Schlüssel", um ihrem sozialen Umfeld in adäquater „Sprache" und Form kulturelle Inhalte zugänglich zu machen. Dazu müssen sie als Repräsentantinnen und Repräsentanten zum frühestmöglichen Zeitpunkt in die Arbeit der Kunstschaffenden und Kulturvermittelnden einbezogen werden. Der wechselseitige Erfahrungsaustausch stellt sicher, dass die von den Keyworkern kommenden Impulse in der alltäglichen Bildungsarbeit der Kulturinstitutionen auch dauerhafte Spuren hinterlassen (vgl. Schanner 2007: 23 ff.).

KKA hat mit seinem Ansatz, die Entwicklung partizipativer Kulturvermittlungsangebote zu unterstützen, gute Erfahrungen gemacht. Den notwendigen chancengerechten Zugang zu diesen Angeboten zu ermöglichen, bleibt allerdings in Österreich, wo das Schulsystem durch ein hohes Ausmaß an Chancenungleichheit gekennzeichnet ist (vgl. Bruneforth/Herzog-Punzenberger/Lassnigg 2012: 24), eine große Aufgabe: Denn um am gesellschaftlichen und damit auch kulturellen Leben teilhaben zu können, muss man lernen, kritische Fragen aufzuwerfen und kulturelle und gesellschaftliche Teilhabe einzufordern; man muss aber bereits Teil der Gesellschaft sein, um Zugang zu Bildung zu haben.

VOM DIVERSEN STEUERN UND LENKEN

Folgende Beispiele aus der KKA Praxis machen deutlich, wie Diversitätsaspekte in der Schulpraxis Berücksichtigung finden. Dabei postuliert KKA für sich eine Rolle des Steuerns und Lenkens in Richtung Diversität: Einerseits werden Diversitätsthemen aufgegriffen, die sich dann aufgrund ihrer gesellschaftspolitischen Präsenz und Relevanz in den Programmen wiederfinden. Andere Themen wiederum setzt KKA bewusst als Schwerpunkt in den geförderten Projekten, um sie im Schul- und Kulturumfeld stärker zu betonen und in den Mittelpunkt zu rücken.

Abbildung 2: „Sehreise" im Museum

Quelle: MUMOK, Sehreise 2010

Fokus Sprache: „Interkulturalität und Mehrsprachigkeit – eine Chance!“[3]

Diese österreichweite Initiative unterstützte Schulprojekte, die sich mit der Vielfalt an Kulturen und Sprachen in Schule und Gesellschaft auseinandersetzten. Vom Schuljahr 2006/07 bis zum Schuljahr 2013/14 wurde auf Anregung des Referats für Migration und Schule im österreichischen Bildungsministerium die Initiative „Interkulturalität und Mehrsprachigkeit – eine Chance!“ insgesamt acht Mal angeboten.

557 Projekte wurden von Schulen in ganz Österreich durchgeführt und von KKA betreut. Das Thema gelebte Mehrsprachigkeit zog sich als roter Faden durch die von den Schulen umgesetzten Projekte: Menschen gestalten und kommunizieren ihren Alltag in Worten, Gesten und Gefühlsausdrücken. Die vielfältigen von den Kindern und Jugendlichen mitgebrachten Sprachen sind ein großes Potenzial im österreichischen Bildungssystem, aber auch später am Arbeitsmarkt. Die Initiative „Interkulturalität und Mehrsprachigkeit – eine Chance!“ ermöglichte es im Sinne der Diversität, die Förderung der Erstsprachen genauso wichtig zu nehmen wie die Förderung der Bildungssprache Deutsch. Auch lässt sich ein Perspektivenwechsel am Thema Sprache/n verfolgen: von der Defizitorientierung hin zur Kompetenzorientierung. Es geht nicht darum, negative Normabweichungen zu bestätigen und nach Schwächen zu suchen, sondern an den Stärken prozessorientiert weiterzuarbeiten. Umso motivierender erachteten es die Lehrkräfte, in eigenständiger Projektarbeit mit ihren Schülerinnen und Schülern die sprachlichen und interkulturellen Gestaltungsmöglichkeiten und die sprachliche Diversität am Standort Schule zu erkunden, zu erweitern und zu lenken.

In einer Begleitforschung hat das Österreichische Institut für Kinderrechte und Elternbildung (IKE) u.a. herausgefunden: Ein Schulklima, das von einer wertschätzenden Haltung gegenüber anderen Kulturen und Sprachen geprägt ist, und Lehrkräfte, die in diesem Sinne zusammenarbeiten, begünstigen die Übernahme von Identifikations- und Vermittlerfunktionen von Lehrkräften mit Migrationserfahrung und tragen zu einem positiven Selbstwertgefühl der Schülerinnen und Schüler bei (vgl. Hackl/Hannes 2014: 54).

3 Beispiele und Informationen, siehe www.schule-mehrsprachig.at.

Der Diskurs um das Thema ist also ein sehr dynamischer in einem Spannungsfeld, das im Laufe der Jahre an verschiedenen Benennungspraktiken – Gastarbeiterforschung – Ausländerpolitik – interkulturelle Pädagogik – Migrationspädagogik – transkulturelle Bildung – Diversitätsforschung – Postmigrationsforschung ..., um nur einige zu nennen – abzulesen ist.

Abbildung 3: Play Ganymed

Quelle: Helmut Wimmer, Play Ganymed 2011

Fokus Nachhaltigkeit: „p[ART] – Partnerschaften zwischen Schulen und Kultureinrichtungen"[4]

Das Programm „p[ART]" begleitet die Entwicklung von mehrjährigen, dauerhaften Partnerschaften zwischen je einer Schule und einer Kultureinrichtung. Es wurde von KKA initiiert und wird von Schulen und Kultureinrichtungen in ganz Österreich umgesetzt. Ausgestattet mit einer finanziellen Unterstützung durch KKA werden das gegenseitige Kennenlernen ermög-

4 Beispiele und Informationen, siehe www.kulturkontakt.or.at/part.

licht und nachhaltige Begegnungen zwischen den Lebenswelten „Schule" und „Kunst/Kultur" angeregt. Teilnehmen können Partnerschaften, die sich mit den diversen sozialen und kulturellen Hintergründen der teilnehmenden Schüler beschäftigen möchten und die Auseinandersetzung mit ihrer jeweiligen sprachlichen, sozialen und kulturellen Situation thematisieren.

Das Programm „p[ART]" will motivieren, Strategien zu entwickeln, um Vielfalt und Individualität der teilnehmenden Schülerinnen und Schüler bestmöglich zu fördern. Es möchte deutlich machen, dass ein Bewusstsein für Diversität immer auch ein Bewusstsein für Gemeinsamkeiten bedeutet – Unterschiede sollen nicht geleugnet, sondern wahrgenommen werden.

Die bestehende mehrdimensionale Diversität der Schülerschaft wird u.a. sichtbar durch:

- sprachliche Unterschiede (z.B. Mehrsprachigkeit bzw. Sprache/n und deren gesellschaftlicher Stellenwert);
- Nicht-/Behinderungen (Barrierefreiheit);
- soziale Unterschiede (sozioökonomischer Hintergrund, sozialer Status und Bildungshintergrund der Eltern, kulturelle Praxis und Freizeitverhalten von Familien und Peer-Groups);
- Geschlecht;
- Ort der Schule bzw. Kultureinrichtung (Erreichbarkeit).[5]

„p[ART]" zielt auf die nachhaltige Integration der Partnerschaft in den Arbeitsalltag der teilnehmenden Einrichtungen und auf die strukturelle Verankerung ab. Dies soll durch die mehrjährige Dauer der Partnerschaft unterstützt werden. „p[ART]" gibt somit Impulse zur kulturellen Schulentwicklung bzw. zur Angebotsentwicklung von Kultureinrichtungen.

Schulen sind also verstärkt mit der Herausforderung konfrontiert, wie sie einen Beitrag zu mehr Chancengerechtigkeit und gesellschaftlicher Teilhabe leisten können. Kunst- und Kultureinrichtungen wiederum passen ihre Angebote den veränderten gesellschaftlichen Bedingungen an (z.B. Barrierefreiheit, sozial gestaffelte Eintritte, mehrsprachige Angebote, Angebote für spezifische Altersgruppen, …).

---

5 Zusammenfassung eines Beitrags von Claudia Schneider (ASD, Austrian Society for Diversity), gehalten beim „p[ART]"-Start-Workshop 2014.

Fokus chancengerechter Zugang: „Kulturvermittlung mit Schulen in Bundesmuseen“[6]

Die Initiative „Kulturvermittlung mit Schulen in Bundesmuseen“ wurde parallel zur Einführung des freien Eintritts für junge Menschen bis zum 19. Lebensjahr im Januar 2010 vom Bildungsministerium ins Leben gerufen, von KKA von 2009 bis 2014 betreut und von den Bundesmuseen umgesetzt.[7] Die Initiative bot den Bundesmuseen die Möglichkeit, ihre bereits bestehenden Vermittlungsangebote auszuweiten und zu profilieren sowie an der Diversifizierung des jungen Publikums zu arbeiten: Aufbauend auf ihren Erfahrungen konnten so die Bundesmuseen 65 neue, zusätzliche Angebote für schulische Einrichtungen entwickeln, dabei die unterschiedlichen Zugangsmöglichkeiten von Schülerinnen und Schülern verstärkt berücksichtigen und bestehende Zugangs- und Nutzungsbarrieren verringern.

Für die Initiative wurden ebenfalls mehrere Diversitätsaspekte in Betracht gezogen und erstmals ein Schwerpunkt auf die Entwicklung von Vermittlungsangeboten gelegt,[8] die sich dezidiert an jene Kinder und Jugendlichen richten, welche die Angebote in der Regel nur selten nutzen, z.B.

---

6 Beispiele und Informationen, siehe www.kulturkontakt.or.at/bundesmuseen.

7 Das sind folgende Museen: Albertina, Belvedere, Kunsthistorisches Museum mit Österreichischem Theatermuseum und Weltmuseum Wien, MAK Österreichisches Museum für angewandte Kunst/Gegenwartskunst, MUMOK – Museum Moderner Kunst Stiftung Ludwig Wien, Naturhistorisches Museum, Technisches Museum Wien, Österreichische Nationalbibliothek.

8 In der Kategorie 1 wurden Projekte in Zusammenarbeit mit Schulen gefördert, die den Anspruch stellen, Vielfalt und Gegensätze als Ressource zu erkennen, zu verstehen, zu moderieren, zu akzeptieren und zu vernetzen. Partner konnten z.B. Schulen sein, die von jungen Menschen mit Migrationshintergrund besucht werden. In der Kategorie 2 wurde die Zusammenarbeit mit Multiplikatoren gefördert, die in der Folge Schulklassen zum Museumsbesuch motivieren können. Als Initiativen bieten sich z.B. das Bereitstellen von Informationsmaterial, Weiterbildungen und die Etablierung längerfristige Zusammenarbeit mit Lehrerinnen und Lehrern für den muttersprachlichen Unterricht an.

- weil der Standort ihrer Schule nicht wie die Bundesmuseen im Zentrum der Bundeshauptstadt, sondern in einem Wiener Randbezirk gelegen ist;
- weil sie aus armutsgefährdeten Familien stammen, für die der Besuch eines Museums an der Finanzierung des Fahrscheins scheitert;
- weil sie, wie fast die Hälfte der Jugendlichen in Österreich, eine Berufsschule besuchen, in deren Lehrplan Kulturelle Bildung nicht vorgesehen ist;
- weil ihre Lehrerinnen und Lehrer aufgrund der sprachlichen Vielfalt in der Klasse die Teilnahme an einem deutschsprachigen und auf das Sprechen zentrierten Vermittlungsprogramm scheuen;
- weil ihre Eltern aufgrund ihrer Bildungsgeschichte einen Museumsbesuch nicht als Bestandteil von Bildungs- und Freizeitverhalten einordnen.

Auch wenn zeitlich begrenzte Projekte nur einen Impuls geben können, so tragen sie doch zu wichtigen Änderungen auf der Bewussteins- und Haltungsebene bei: die Kulturvermittelnden intensivieren Kontakte zu externen Expertinnen und Experten sowie Lehrkräften aus bisher von Kulturvermittlungsangeboten nur selten erreichten Schulen. Lehrerinnen und Lehrer, insbesondere jene für den muttersprachlichen Unterricht, die den Museen anfangs skeptisch gegenüberstanden, waren sehr zufrieden mit der Zusammenarbeit. Familienangehörige, die die Museen nicht gekannt hatten, lernten diese gemeinsam mit ihren Kindern kennen. Die Thematisierung verschiedener Anspruchsgruppen und Prozesse in den Museen hat auch für jene Mitarbeiterinnen und Mitarbeiter, die in der Regel nicht mit Vermittlungsarbeit im engeren Sinne befasst sind, Signalwirkung, von der nicht zuletzt auch alle Museumsbesucherinnen und -besucher profitieren.

Fokus Alter: „mix@ges – Intergenerational Bonding via Creative New Media“[9]

Das Projekt „mix@ges – Intergenerational Bonding via Creative New Media“ untersuchte von 2011 bis 2013, wie ältere und jüngere Teilnehmende im Rahmen eines intergenerativen Austausches digitale Medien kreativ nutzen können. In fünfzehn Workshops in Belgien, Deutschland, Österreich, Schottland und Slowenien erprobten und gestalteten die Teilnehmenden gemeinsam einen ungewöhnlichen Zugang zu Kunst und Kultur.[10]

Ein Ziel war es, inspirierende und attraktive Ansätze zu entwickeln, mit denen Kultur- und Community-Organisationen den intergenerativen Dialog fördern können. Aus dem Alltag bekannte digitale Hilfsmittel wie Mobiltelefone oder iPods wurden dabei in kreative Werkzeuge verwandelt, neue digitale Technologien konnten in Workshops ausprobiert werden. Dadurch wurden Räume für den kulturellen Ausdruck der Teilnehmenden wie auch digitale Zugänge zu Kunst und Kultur geschaffen.

Neben den fallweise auftretenden technischen Problemen, die Medienprojekten inhärent sind, erwies sich in Österreich das Gewinnen der älteren Zielgruppe als eine große Herausforderung. Bereits während der Recherche zu Beginn von „mix@ges“ musste KKA feststellen, dass es in Österreich nur ganz vereinzelt Beispiele für intergenerative Bildungsarbeit im Kulturbereich gibt, kaum eines setzt sich mit digitalen Medien auseinander. Der generelle Befund aller Projektpartner, dass besonders die Zusammenarbeit mit bestehenden Netzwerken und Partnerinstitutionen hilfreich bei der Ansprache von Teilnehmenden ist, hat sich auch in Österreich bestätigt. Am erfolgreichsten war das LENTOS Kunstmuseum, das mit bestehenden Mediengruppen für Seniorinnen und Senioren kooperierte.

Gleichzeitig konstatierten die beteiligten Museen, dass ein intergeneratives Angebot eine gute Möglichkeit darstellt, Ältere auf ungewohnte Wei-

9 Beispiele und Informationen, siehe www.mixages.eu.

10 Projektpartner waren: Institut für Bildung und Kultur e.V. (IBK), Remscheid, Deutschland (Initiator und koordinierender Partner); University of Strathclyde, Glasgow, Schottland; KulturKontakt Austria, Wien, Österreich; Entr'âges, Brüssel, Belgien; Zveza društev upokojencev Slovenije (ZDUS) – Deutsch-Slowenischer Verband der Seniorenorganisationen, Ljubljana, Slowenien.

se anzusprechen und sie als Multiplikatoren für Kulturinstitutionen in ihrem Alterssegment zu gewinnen. Auffällig ist dabei, dass Ältere zu Beginn vor allem neugierig darauf sind, junge Menschen kennenzulernen, während die Jüngeren zunächst eher an den eingesetzten Medien interessiert sind.

Die gestalterische Nutzung digitaler Medien, die Teil der Projektarbeit war, war für die jüngeren zumeist gleichermaßen neu wie für die älteren Teilnehmenden. Beide Altersgruppen lernten, dass sie ihre Ideen auch in das Feld der digitalen Technologien transferieren können. Unterschiede ließen sich im Lerntempo erkennen, was von den Workshopleitungen berücksichtigt werden musste. Beobachtungen zeigten auch, dass vor allem gegen Ende des Workshops die digitale Technik mehr von den Jüngeren benutzt wurde, während die Älteren eher die Rolle von Regisseurinnen und Regisseuren einnahmen. Sofern der Anspruch besteht, dass alle Teilnehmenden in Bezug auf die Bedienung der digitalen Medien gleich viel lernen sollen, müsste mehr Zeit für dieses Lernen und weniger für das Herstellen eines Produkts eingeplant werden.

FAZIT

Diversität als bewussten Umgang mit Vielfalt und Unterschiedlichkeit in den genannten Aspekten mitzudenken und zu berücksichtigen, erfordert eine Grundhaltung, die dazu führen kann, dass Institutionen aus Kunst, Kultur und Bildung ihre Arbeitsweisen und ihr Angebot verändern und nach den demografischen Verhältnissen unserer Gesellschaft ausrichten.

Wie bereits eingangs erwähnt, sind österreichische Bildungs- und Kulturinstitutionen in Folge der EU- und der nationalen Gesetzgebung verpflichtet, Diskriminierungen aufgrund von Diversitätsaspekten zu minimieren. Die Schule ist jene Institution in Österreich, die bis zu einem Alter von 15 Jahren alle jungen Menschen erreicht, und sie ist damit der ideale Kooperationspartner für Kulturschaffende zu Fragestellungen im Zusammenhang mit Vielfalt. Die Erhöhung der Teilhabechancen für Kinder und Jugendliche vor allem aus bildungs- und sozial benachteiligten Milieus spielt dabei eine wichtige Rolle.

Im Auge behalten muss man, dass der Umgang mit Diversität grundsätzlich als gesamtgesellschaftliche Aufgabe zu definieren ist. Die Rolle der Kulturvermittlung, insbesondere auf der Ebene von Projekten, kann strukturelle Diskriminierung kaum beeinflussen, dazu sind ein Lernen in den Institutionen und Veränderungen auf politischer Ebene notwendig.

KKA versucht im Rahmen seiner Möglichkeiten, einen Fokus auf die arbeitsfeldrelevanten Diversitätsaspekte zu legen, und ist besonders dort erfolgreich, wo die externe Finanzierung eine Sensibilisierung und fundierte Auseinandersetzung mit Diversität und Partizipation in den Bildungs- und Kulturinstitutionen anstößt und verstärkt.

LITERATUR

Abdul-Hussain, Surur/Baig, Samira (2009): Diversity – eine kleine Einführung in ein komplexes Thema. In: Dies. (Hg.): Diversity in Supervision, Coaching und Beratung. Wien: facultas.wuv, S. 15-60.

Ahrens, Sönke/Wimmer, Michael (2012): Partizipation. Versprechen. Probleme. Paradoxien. In: Brenne, Andreas/Sabisch, Andrea/Schnurr, Ansgar (Hg.): revisit. Kunstpädagogische Handlungsfelder. Kunst Pädagogik Partizipation, Buch 02. München: kopaed, S. 19-39.

BMUKK (Bundesministerium für Unterricht, Kunst und Kultur) (Hg.) (2013): 5 minuten für … „Differenz und Diversität", Ausgabe No. 5/ 2013.

Bruneforth, Michael/Herzog-Punzenberger, Barbara/Lassnigg, Lorenz (Hg.) (2012): Nationaler Bildungsbericht Österreich: Indikatoren und Themen im Überblick. Graz: Leykam.

Gardenswartz, Lee/Rowe, Anita (2002): Diverse Teams at Work: Capitalizing on the Power of Diversity. Society for Human Resource Management.

Hackl, Marion/Hannes, Caterina (2014): Begleitforschung. In: BMBF (Bundesministerium für Bildung und Frauen) (Hg.): Interkulturalität und Mehrsprachigkeit – eine Chance! Impulsprojekte Schuljahr 2013/ 2014. Wien, S. 54.

IMST – Gender_Diversitäten Netzwerk (Innovationen machen Schulen Top!) (Hg.): Umgang mit Diversitäten in der Schule & Unterricht, Handreichung 03_2012. Klagenfurt/Wien.

LIFE e.V. (Hg.) (2013): Diversität in Schulen: Diskriminierung thematisieren, Empowerment fördern und Partizipation stärken. Berlin.

Missing Link, Asyl & Integration NÖ, Caritas Wien (Hg.) (2013): Vielfalt, Integration, Zusammenleben. Unterrichtsmaterialien für die 7. und 8. Schulstufe. Wiener Neustadt.

Popper, Vera/Kollmayer, Marlene (2012): Evaluationsbericht zur Nachhaltigkeit von p[ART]. Wien.

Schanner, Roman (2007): Was ist Keywork? Eine Einführung. In Knopp, Reinhold/Nell, Karin (Hg.): Keywork. Neue Wege in der Kultur- und Bildungsarbeit mit Älteren. Bielefeld: transcript, S. 21-34.

Stöger Gabriele (2005): KulturMitWirkung. Kultur/-einrichtungen und Förderung von Partizipation. Tagungsdokumentation und Recherche im Auftrag des BMBWK und von KulturKontakt Austria. Wien.

Zentrum polis (Hg.): polis aktuell: Partizipation von Kindern und Jugendlichen, Nr. 4/2012.

Zobl, Elke/Lang, Siglinde (2012): P/ART/ICIPATE – The Matrix of Cultural Production. In: kommunikation.medien, Ausgabe 1/2012 [www.journal.kommunikation-medien.at, zuletzt aufgerufen am: 15.05.2015].

Kapitel III
Diversität im Kontext von Methodik und (Fort-)Bildung der Kulturellen Bildung

Diversitätsbewusste Kulturelle Bildung (DiKuBi)

Ein Fortbildungskonzept für Multiplikatoren im Aufbau

SUSANNE KEUCHEL UND MARIA DUNZ

> „Auf jeden Fall habe ich jetzt ein anderes Verständnis von Diversität, [...] weil man Dinge anders wahrnimmt, viel tiefer schaut, viel weiter schaut. Ich würde sagen, eine Horizonterweiterung hat stattgefunden. Auch durch die Selbsterfahrung. Das war, glaube ich, der wesentlichste Punkt. Es hat so viel Spaß gemacht. [...] Diese Erfahrung, sich fremd zu fühlen, dieses Spiel mit den unterschiedlichen Kulturen, diese Überraschungseffekte fand ich toll. Wie jetzt? [...] Ich bin so oft in einer Schiene und denke, ich weiß es, aber dann kommt etwas ganz anderes. Und sich darauf einzulassen und damit umzugehen, das habe ich auch gelernt." (Bildende Künstlerin, Kürten, Teilnehmerin der ersten Fortbildung in der Akademie Remscheid)

Die Akademie Remscheid entwickelt derzeit in Kooperation mit der Westfälischen Wilhelms-Universität Münster, gefördert vom Bundesministerium für Bildung und Forschung (BMBF), ein Fortbildungskonzept „Diversitätsbewusste Kulturelle Bildung" (DiKuBi). Im Folgenden werden Grundideen und Ziele des Fortbildungskonzeptes vorgestellt.

Das Weiterbildungsprogramm DiKuBi wird unter der Leitung von Prof. Dr. Öztürk vom Arbeitsbereich Erwachsenenbildung/Weiterbildung der Westfälischen Wilhelms-Universität Münster in den kommenden zwei Jahren anhand der Erprobung von drei Fortbildungsveranstaltungen kontinuierlich weiterentwickelt.

Die Zitate im Text beziehen sich auf Kurzgespräche mit den Teilnehmern der ersten Fortbildungsveranstaltung. Die Evaluationsergebnisse zu der ersten Fortbildungsveranstaltung lagen zum Zeitpunkt der Beitragserstellung noch nicht vollständig vor.

ZUR ENTSTEHUNG UND NOTWENDIGKEIT DES FORTBILDUNGSKONZEPTES

Der aktuelle kulturelle Bildungsdiskurs in der Praxis, aber beispielsweise auch die empirische Analyse von rund 460 kulturellen Bildungsprojekten (siehe Keuchel in diesem Band, S. 129 ff.) verdeutlicht, dass in der Kulturellen Bildung in Deutschland kulturelle Vielfalt, hier beispielsweise auch die bewusste Einbeziehung von Künstlern und Kunstwerken aus anderen Kulturräumen, vergleichsweise selten thematisiert wird. Vermittlungskonzepte, die den Umgang mit kultureller Diversität gezielt fördern (vgl. Keuchel/Larue 2012; Keuchel/Weil 2010; Yildiz 2009; Keuchel in diesem Band, S. 37 ff. in diesem Band), sind rar. Zugleich lässt sich beobachten, dass Menschen mit Migrationshintergrund in der Praxis stereotyp betrachtet werden, indem sie häufig nicht in ihrer Individualität wahrgenommen, sondern auf das Identitätsmerkmal ihres familiären Herkunftslandes reduziert gesehen werden (vgl. Terkessidis 2003; Sinus Sociovision 2007). Bewusst interkulturell ausgerichtete Bildungsangebote laden häufig zu exotischen fremdländischen Entdeckungen ein und sorgen dabei ungewollt dafür, dass sich Stereotype verfestigen. Auch verbinden interkulturelle Bildungsprojekte einen diversitätsbewussten Ansatz in der Praxis oftmals ausschließlich mit stärkeren Bemühungen, migrantische Zielgruppen zu erreichen (vgl. hierzu auch Keuchel/Larue 2012). Gründe dafür liegen u.a. in den fehlenden Kenntnissen zum aktuellen Diskurs, einem sehr defizitär belasteten Bild migrantischer Zielgruppen (vgl. u.a. Zentrum für Audience Development 2009) sowie in den Unsicherheiten im Umgang mit diesen. Darüber hinaus sind Multiplikatoren mit Migrationserfahrung in Institutionen deutlich unterrepräsentiert.

Transkulturelle Bildungsansätze (vgl. Welsch 1995, 1999) treten dem entgegen, indem sie den Einzelnen in seiner Individualität und Komplexität sichtbar machen und Menschen mit Migrationshintergrund eben nicht als Vertreter einer Kultur stereotypisieren (vgl. Keuchel 2012). Transkultur geht davon aus, dass jeder Mensch eine Persönlichkeit mit vielen kulturellen Hintergründen ist. Für die ästhetisch-kulturelle Bildung bedeutet das, Angebote zu schaffen, die vielfältige Ausdrucksformen ermöglichen und bewusst diskriminierender Alltagspraxis entgegenwirken – dabei aber in der pädagogischen Arbeit zugleich die kulturellen Erfahrungen von Kindern und Jugendlichen mit und ohne Migrationshintergrund zu berücksichtigen.

Ergänzend gilt es Angebote zu schaffen, die Kindern und Jugendlichen die Möglichkeiten bieten, Zugänge zu künstlerischen Erfahrungen (rezeptiv wie produktiv) aus verschiedenen Kulturräumen zu erhalten und zugleich das Bewusstsein zu schärfen, dass „Künste" und kulturelle Ausdrucksformen nicht zwischen Ländergrenzen zu verorten sind und transnationale biografische Verwobenheit sowie hybride Einflüsse sichtbar werden können. Unter diesen Anforderungen an die kulturelle Bildungspraxis knüpft die Idee an, ein Fortbildungskonzept DiKuBi für Multiplikatoren zu entwickeln.

ZUR STRUKTUR DES FORTBILDUNGSKONZEPTES

Das erstmals im März 2015 gestartete Weiterbildungskonzept DiKuBi soll Multiplikatoren in der Kulturellen Bildung stärken, die eigene Haltung zu Diversität zu reflektieren und in der Vermittlungsarbeit bewusster damit umzugehen. Gleichzeitig werden auch Ausgangspunkte für die eigene Praxis gegeben, das Thema Diversität mit künstlerischen und ästhetischen Mitteln erfahrbar zu machen.

Tabelle 1: Themenfelder des Weiterbildungskonzeptes „Diversitätsbewusste Kulturelle Bildung"

Ebenen	Themenfelder Theorie und Praxis
Persönliche Ebene: Grundlagen und Diskurse zu kultureller Diversität	• Kulturbegriffe, • Diversität und soziale Kategorien, • Identitätskonzepte, Lebenswelten, • Konstruktions- und Diskriminierungsmechanismen. • Reflexion zur kulturellen Bildungsarbeit im Kontext von Diversität im eigenen Umgang, im Umgang mit Zielgruppen sowie im Umgang mit den Künsten, • Übungen des inter-/transkulturellen Trainings.
Pädagogische Ebene: Handlungsstrategien	• Subjektorientierte Bildung: Identitätskonstruktionen und individuelle kulturelle Prägungen. • Praxisorientierte Handlungsstrategien: didaktischer Transfer, Methoden und Beispiele.
Künstlerische Ebene: Ästhetischer Perspektivwechsel und Transformation	• Thematisierung außereuropäischer und zeitgenössischer Kunstformen und Ästhetiken. • Entwicklung ästhetischer und künstlerischer Diversitätserfahrungen: Transformation der Techniken des inter-/transkulturellen Trainings in ästhetische und künstlerische Erfahrungsprozesse verschiedener Kunstsparten, • Zugänge, Methoden und Strukturen für transkulturelle künstlerische Vermittlungsarbeit.

Quelle: Keuchel/Öztürk (2014)

Strukturiert ist die Fortbildung in drei Kurswochen, mit einer Praxisprojekterprobung zwischen der zweiten und dritten Kurswoche. Die drei Kurseinheiten finden in der Akademie Remscheid statt, die Praxisprojekte in verschiedenen externen Einsatzstellen. Während der dritten Kurswoche werden abschließend die Projekte präsentiert und beratend reflektiert.

Abbildung 1: Fortbildungsstruktur

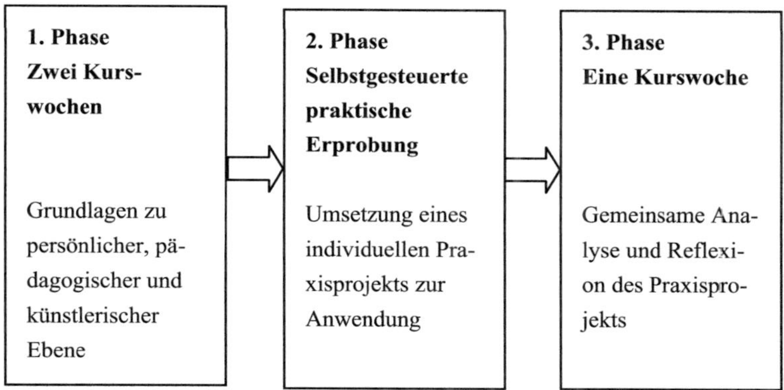

Quelle: Keuchel/Öztürk (2014)

ZIELE, INHALTE UND METHODEN DER WEITERBILDUNG

Gehen Weiterbildungen oftmals von einem nachweisbaren Kompetenzzugewinn aus, strebt die Fortbildung mit dem Schwerpunkt Diversität primär die Persönlichkeitsentwicklung der Teilnehmer an. Die innere Haltung, geprägt von Authentizität, Wertschätzung und Offenheit, wird als Schlüssel im Umgang mit Gruppen gesehen. Statt klar messbarer Lernziele stehen daher die Bewusstseinsbildung für das Thema Diversität sowie die Stärkung einer eigenen Haltung diesem gegenüber im Fokus. Gleichzeitig arbeiten die Teilnehmer der Weiterbildung an ihrem Selbstvertrauen und an der Empathie-Entwicklung für andere (vgl. Öztürk 2014: 81 ff.).

Auf drei Ebenen findet eine Steigerung des Diversitätsbewusstseins statt: Durch die Vermittlung von Grundlagen und Diskursen werden die Teilnehmer für das Thema Diversität sensibilisiert und in die Lage versetzt, fundiert Position dazu zu beziehen, die sie wiederum in der eigenen Vermittlungsarbeit in der Praxis anwenden und weitergeben können. Bleibt interkulturelles Training allgemein meist auf Übungen zum interkulturellen Umgang beschränkt, werden für die Kulturelle Bildung diese Erfahrungen um eigene künstlerisch-ästhetische Gestaltungsprozesse erweitert. Das Bewusstsein künstlerischer Vielfalt und transkultureller Ausdrucksformen schließlich unterstützt Veränderungen in der künstlerischen Perspektive und kreativen Arbeit.

Diversitätsbewusstsein auf persönlicher Ebene

Um räumliche und sprachliche Zugangsbarrieren sowie Diskriminierungen im Alltag zu erkennen und zu bekämpfen, ist Sensibilität erforderlich. Inhaltlich werden dazu zunächst Grundlagen und Diskurse dargelegt. Die Teilnehmer setzen sich mit Kulturbegriffen, sozialen Kategorien von Diversität sowie mit Konstruktions- und Diskriminierungsmechanismen und Identitätskonzepten auseinander. Die Fortbildung macht etwa darauf aufmerksam, wie Darstellungen von Diversität in der Öffentlichkeit und in den Medien die Wahrnehmung beeinflussen und die Wirklichkeit mitgestalten. Dem gegenüber steht die Bewusstmachung der vielen verschiedenen kulturellen Hintergründe und Facetten, die individuelle Identitäten ausmachen.

Daneben ist die Reflexion permanenter Bestandteil der Weiterbildung. In der ersten Phase hinterfragen die Teilnehmer eigene Vorurteile und Sichtweisen und setzen sich mit der eigenen kulturellen Bildungsarbeit im Kontext von Diversität auseinander: Wie gehen sie selbst mit Diversität um? Wie im Umgang mit den Zielgruppen und mit den Künsten? Ein Schwerpunkt der Selbsterfahrung der Teilnehmer und des Transfers für die pädagogische Arbeit wird dabei auf das Thema Identität gelegt. Mit der Biografiearbeit werden individuelle Stärken und Lebenswelten in den Blick genommen. Indem Wünsche und Fiktionen einbezogen werden, eröffnen sich neue Potenziale und kreative Möglichkeiten. Vielfalt wird auf diese Weise selbstverständlicher als zuvor.

„Diversität war mir eigentlich schon immer bewusst, aber ich habe sie nie so verbalisiert […]. Ich weiß, dass es viele unterschiedliche Menschen gibt, die bildeten aber für mich eine Einheit. Bei Diversität ist aber auch jeder für sich gesehen etwas Positives. Ich finde auch sehr gut, dass es so ist. In dieser Diversität, so für mich, bildet sich auch wieder eine Einheit. Alles bereichert sich gegenseitig und fließt ineinander ein. [...]. Mir ist das erst hier so aufgekommen, dieser Begriff der Diversität." (Textildesignerin, Köln, Teilnehmerin der ersten Fortbildung in der Akademie Remscheid)

Diversitätsbewusstsein auf pädagogischer Ebene

Die zweite (Reflexions-)Phase der Fortbildung beschäftigt sich mit dem Umgang mit heterogenen Gruppen in der pädagogischen Bildungsarbeit. Zur Professionalisierung werden zunächst praxisrelevante Grundlagen vermittelt. Nachdem in der ersten Kurseinheit Diversität vor allem im allgemeinen Kontext thematisiert wurde, entwickeln die Teilnehmer im Weiteren daraus konkrete Handlungsansätze für ihre Arbeit. Kulturspezifika sowie sensible Punkte, wie Erwartungen, Schwierigkeiten oder Befürchtungen bei der Initiierung und Umsetzung von Projekten, stehen dabei im Mittelpunkt. Ein Aspekt ist etwa die Frage nach der Gewinnung von Teilnehmern aus unterschiedlichen Lebenswelten für ein gemeinsames Projekt. Neben Stolpersteinen und Türöffnern werden verschiedene Institutions- und Kooperationsformen (auch mit ihren verschiedenen Fördermodellen) thematisiert. Die Weiterbildung zeigt Möglichkeiten auf, wie eine Gruppenumgangskultur aufgebaut werden kann, in der Diversität gemeinsam verhandelt wird, es aber auch klare Regeln und Grenzen gibt.

Die Teilnehmer identifizieren dabei u.a. Faktoren, die für eine diversitätsbewusste Ansprache und Begleitung von Kindern und Jugendlichen wichtig sind. Vor dem Hintergrund, dass in einer Gruppe die individuellen Sichtweisen der Einzelnen unabhängig von ihrer Kultur sein können, regt die Fortbildung zu einer wertschätzenden, kultursensiblen Umgangs- und Gesprächskultur an.

Durch die Auseinandersetzung werden Unsicherheiten und Missverständnisse abgebaut und die Fähigkeit unterstützt, mit Andersartigkeit und Abweichungen besser umzugehen sowie Gruppendynamiken besser zu verstehen und zu steuern.

Ergänzend zu fachlichen Diskursen findet die praktische Vermittlung von Spielen, Übungen und Methoden statt, die sich in der inklusiven und diversitätsbewussten Kulturellen Bildung bewährt haben. Teilweise stammen diese aus dem interkulturellen Training, teilweise aus der kreativen Gruppenarbeit bzw. performativen Pädagogik. Alle Formen sind in der Erwachsenenbildung bzw. der kreativen Arbeit mit Kinder- und Jugendgruppen erprobt. Mit zahlreichen Methoden für Gruppenprozesse erhalten die Teilnehmer ein Grundgerüst an Instrumenten, das sie in der pädagogischen Arbeit einsetzen können. Darüber hinaus werden Impulse und Erfahrungen zur Nutzung der künstlerischen Kompetenzen geschaffen. Die Teilnehmer erhalten Handreichungen, Tipps für Methoden und Beispiele aus der pädagogischen Arbeit von gelungenen (wie auch weniger gelungenen) Projekten.

Der Großteil der vorgestellten Inhalte und praktischen Übungen dient dazu, im gesamten pädagogischen Feld eingesetzt zu werden. Daher werden diese immer im Transfer für Kinder und Jugendliche mitgedacht und diskutiert. Es erfolgen Ergänzungen zu speziellen Bedingungen und möglicherweise auftretenden Grenzen und Herausforderungen. Das partizipative Vorgehen wird als Forschungsansatz zur Erprobung der Arbeit an gesellschaftsrelevanten Themen mit künstlerischen Mitteln begriffen.

Darüber hinaus konkretisiert diese Phase der Fortbildung ein Konzept für ein Praxisprojekt, das die Teilnehmer zwischen den Fortbildungswochen durchführen. Die Initiierung wird bereits am Ende der ersten Woche angesetzt, damit bis zur zweiten Woche inhaltliche Ideen reifen und organisatorische Rahmenbedingungen frühzeitig angefragt werden können. Auf Basis des Inputs der ersten Woche und im Austausch mit den anderen Teilnehmern entstehen erste Konzepte. Bereits entwickelte Ideen werden am Ende der zweiten Kurseinheit einzeln vertieft. Die Teilnehmer stellen hier ihre künstlerisch-pädagogischen Konzepte vor. Nach Kunstsparten oder ähnlichen Ansätzen bilden sie Kleingruppen, in denen sie die Umsetzbarkeit ihrer Projekte diskutieren. Inhaltliche, pädagogische und organisatorische Hilfestellungen werden sowohl im großen Kreis wie auch in Einzelgesprächen gegeben. In der dritten Kurseinheit präsentieren die Teilnehmer Erfolge, aber auch Schwierigkeiten bei der Umsetzung ihrer Projekte. Gemeinsam mit der Gruppe werden Handlungsstrategien reflektiert und diskutiert.

„Viele kleine Momente […] z.B., das hatte ich auch erlebt, das mit dem Handgeben, so als Beispiel. Wie macht man das bei muslimischen Mädchen? Das fand ich super." (Schauspieler, Köln, 53 Jahre, Teilnehmer der ersten Fortbildung in der Akademie Remscheid)

„Bereichernd für meine pädagogische Arbeit [sind] auf jeden Fall die ganzen Methoden, die ich einsetzen kann. Die haben mir schon auch eine gewisse Kraft gegeben. Das heißt, wenn ich das jetzt weitermache mit Kindern und Jugendlichen, dass man auch eine gewisse Standhaftigkeit für sich hat. [...] Dass man noch etwas im Repertoire hat. Dass man auch, und das finde ich gut, in diese Sensibilisierung für die Gruppe kommt. [...] Dass man ... offen ist für die Gruppe und man da schaut, wie komme ich am besten an mein Ziel. Wie kann ich das Beste [...] mit dieser Gruppe machen, was ich denen geben kann, [...] und was sie mir auch geben können [...]. Auch in der kreativen Arbeit. Ich finde, das eine bedingt [...] das andere. Wenn man eine gewisse Atmosphäre durch diese Sachen geschaffen hat, kann man ganz anders miteinander arbeiten, auch im kreativen Sinne. (Textildesignerin, Köln, Teilnehmerin der ersten Fortbildung in der Akademie Remscheid)

Diversitätsbereicherung auf der künstlerischen Ebene

Das Besondere der Weiterbildung ist die kreativ-künstlerische Auseinandersetzung mit Diversität. Eine künstlerische (Weiter-)Entwicklung ist sowohl rezeptiv als auch produktiv intendiert. Innerhalb der Themenfelder werden Impulse und Freiräume für individuelles Schaffen und Erleben geschaffen. So werden ästhetische Perspektivwechsel initiiert. Durch Beispiele und eigene Recherchen zu außereuropäischen Kunstformen und Ästhetiken wird der Blick auf Künstler anderer Kulturräume ausgeweitet. Anhand dieser Beispiele verschiedener Sparten diskutieren die Teilnehmer Unterschiede und Irritationspotenziale (z.B. afrocosmopolitische Literatur, arabische Klangkombinationen, Dramaturgie und Bildgestaltung des indischen oder nigerianischen Films, Mode und Design etc.).

Gleichzeitig wird ein Bewusstsein für eingeschränkte Rezeptionsgewohnheiten, Zuschreibungen und Exotismus geschaffen. Es soll eine Sensibilität gegenüber Klassifizierungen und unterschiedlichen Vorstellungen von Kunst sowie eine kritische Auseinandersetzung bezüglich häufigen Euro- und Nordamerikazentrismus in persönlichem wie institutionellem Rahmen eröffnet werden.

Beispiele von Institutionen, Projekten oder Ausstellungen zeigen neue Ansätze einer kosmopolitischen Auseinandersetzung und Präsentation internationaler Kunst und Kultur. Die Sparten Tanz und Theater stehen hinsichtlich ihrer Ensemblebesetzungen und Rollenmuster zur Diskussion.

Im Sinne ästhetischer Perspektivwechsel werden auch aktuelle jugendkulturelle Ausdrucksformen thematisiert. Dabei werden auch die Geschichte, die Funktion und der Wandel von Jugendkulturen beleuchtet. Anhand von Bildern entschlüsseln die Teilnehmer Zeichen und Zugehörigkeiten und ordnen sie verschiedenen Gruppen zu. Es wird über Bildsprache, Symbole und Mehrdeutigkeiten diskutiert, ebenso wie über die Beschäftigung mit Mode, Musik, Video und Foto, Comic, Street Art oder Hip-Hop als Mittel des kreativen Ausdrucks und der Selbstbefähigung.

Aktuelle gesellschaftliche Trends werden angesprochen, wie eine verminderte Sichtbarkeit und unklarere Abgrenzungen von Interessensgruppen Jugendlicher sowie ein Veralten ehemals motivierender Formen von Subkultur.

Im Rahmen künstlerischer Auseinandersetzung stehen die Bewertung und Reflexion verschiedener Einflüsse und kultureller Hintergründe im Fokus. Anhand von Künstlerbeispielen, die verschiedene kulturelle Hintergründe vereinen, können die Teilnehmer eine transkulturelle Mischung im Ausdruck beobachten. Diese kann durch Migration, durch verschiedene Regionen oder Sozialräume sowie beispielsweise durch subkulturelle Prägungen entstanden sein.

Für die Künstler sollen die eigenen, verschiedenen kulturell-künstlerischen Hintergründe klarer und die eigenen künstlerischen Regeln bewusster werden. Dadurch werden neue Impulse gesetzt und Diversität in der eigenen Arbeit künstlerisch-ästhetisch erfahrbar gemacht. Im Rahmen individueller Freiräume sollen als Pionierarbeit in einem weiteren Schritt, experimentelle Techniken des inter- und transkulturellen Trainings in ästhetische und künstlerische Erfahrungsprozesse transformiert werden. Ausgangspunkt dazu ist die Auseinandersetzung mit verschiedenen künstlerischen Ausdrucksformen wie Tanz,[1] bildende Kunst, Schauspiel, Literatur etc. Gleichzeitig erweitert ein interdisziplinärer Ansatz – der Umgang mit verschiedenen künstlerischen Ausdrucksformen – den künstlerischen Horizont der Teilnehmer.

---

1 Beispiele aus dem Bereich Tanz finden sich im Beitrag von Ronit Land in diesem Band, S. 225 ff.

AUSGANGSPUNKT

Ein Beispiel aus dem interkulturellen Training: „Interkulturelles Mau Mau" oder „Barnga"[2]

Ein bewährter Klassiker im interkulturellen Training, der aufgrund des unmittelbaren Erlebens von Fremde jedes Mal Aha-Momente schafft, ist das „Interkulturelle Mau Mau" oder ursprünglich „Barnga". Was zunächst wie ein einfaches Kartenspiel, ähnlich dem „Mau Mau" wirkt, offenbart im Spielverlauf einige Hindernisse.

Die Teilnehmer werden in Kleingruppen mit mindestens vier Spielern pro Tisch unterteilt. In der ersten Runde machen sich diese mit den auf den Tischen liegenden Regeln vertraut, ab der zweiten Runde ist Kommunikation dann auf die Gestik beschränkt. Nach jeder Runde werden die Gewinner zwischen den einzelnen Tischen getauscht.

Im Verlauf geht es darum, sich in der fremden Umgebung, der neuen Spielegruppe nonverbal zurechtzufinden. Der Effekt des Spiels wird dadurch erzeugt, indem den Tischen unterschiedliche Regeln (zwei oder mehrere verschiedene) vorliegen, was die Teilnehmer zunächst nicht wissen. Sie geraten bei einem Tischwechsel so überraschend in andere Regelwerke und können sich zur Klärung auch nicht sprachlich verständigen. Innerhalb der immer neuen Gruppenzusammensetzung müssen daher nonverbal Regeln ausgehandelt werden. Dabei entstehen vielseitige Strategien und Schlüsse zum Miteinander zwischen Menschen unterschiedlicher „Herkunft".

Wie bei allen Übungen finden im Anschluss eine Auswertung und ein Transfer statt, der genügend Raum für Diskussion und Reflexion bietet.

„[...] sich mal mit nichteuropäischen, nichtamerikanischen Künstlern auseinanderzusetzen, da glaube ich schon, dass man jetzt mehr über den Tellerrand schaut. Allein bei der Recherche dazu gab es so viel Interessantes, wo man mehr wissen will. [...]. Das kreative Schreiben, wo ich mich so ausgedrückt habe, wie ich mich noch nie ausgedrückt habe, war unglaublich spannend und ... befreiend. Auch die Methodik dazu zu lernen. Diese Bewegungssache [...] da war so eine Grenzerfahrung [...]

---

2 Siehe die ausführliche Anleitung unter: www.dija.de, Toolbox „Interkulturelles Lernen".

Uhh, was machst Du hier? Aber vom Ergebnis super positiv – Grenzen überschritten, ja.“ (Bildende Künstlerin, Kürten, Teilnehmerin der ersten Fortbildung in der Akademie Remscheid)

„Für mich ist Diversität nichts völlig Neues, damit setze ich mich täglich auseinander. Für mich war der springende Punkt, wie verschränkt sich das mit der Kunst, das war so die Hauptintention auch. Fazit, das geht!“
(Bildende Künstlerin, Solingen, Teilnehmerin der ersten Fortbildung in der Akademie Remscheid)

TRANSFORMATIONSPROZESS

Übertragung einzelner Aspekte dieser Übung in die künstlerische Praxis

Nach der Simulationsübung zum aktiven Erleben von Fremdheit und der Wirkungslosigkeit eigener bekannter Regeln wird diese Thematik auf Strategien künstlerischen Handelns übertragen. Als Einstieg setzen die Teilnehmenden sich mit folgenden Aspekten auseinander: Welchen gesellschaftlichen und persönlichen Regeln unterliegt das eigene künstlerische Arbeiten? Wie wird Fremdartigkeit dabei erlebt? Werden verschiedene kulturelle Hintergründe erlebbar und wie sind diese ausgeprägt?

Daraufhin reflektieren die Teilnehmenden eigene Regeln, nach denen sie im eigenen schöpferischen Akt handeln bzw. die sie für ihre Kunst aufgestellt haben. In Kleingruppen wird darüber diskutiert.

Auf Basis dessen sollen künstlerische Arbeiten als kreative Auseinandersetzung mit dem Thema entstehen, die bewusst die eigenen Regelsysteme durchbrechen und ein Befremden des Betrachters erzeugen sollen.

Diese Aufgabenstellung erzeugte zunächst Irritation und Ablehnung. Die künstlerische Arbeit soll einem „Regelsystem“ unterliegen, wo man sich doch um Freiheit bemüht? Können einem persönlich wichtige Grundsätze und Ansprüche übergangen werden?

Wenn der künstlerische Grundsatz ist, die Regeln zu brechen, wie kann dann ein Regelbruch erfolgen und können in der Kunst Dinge noch Befremden erzeugen oder Tabus brechen?

Schnell vertieften die Künstler sich intensiv in diese Fragestellungen und entwickelten Ergebnisse, die sie über ihre Grenzen brachten, bei den Betrachtern und besonders ihnen selbst Befremden erzeugten. Gleichzeitig wurde deutlich, dass das eigene Befremden oder die Einschätzung von Ablehnung beim Betrachter nicht übereinstimmte mit den Rezipienten. Zudem wurde das Bewusstsein der vielfältigen Einflüsse – gesellschaftlicher und individueller Systeme – auf das eigene künstlerische Handeln geschärft. Beispiele, die aus diesen Aufgabenstellungen entstanden sind, waren: Ein Medienkünstler, der versuchte, gesellschaftliche Tabusymbole zu kombinieren. Eine abstrakte Malerin überwand sich dazu, Blumen in ihr fremden Farben darzustellen. Ein Schauspieler, der nach dem Credo arbeitet, niemals langweilen zu wollen, erläuterte den Hintergrund jedes Gegenstands seiner Tasche – unterschätzte jedoch den Reiz dessen für die Zuschauer. Eine Konzeptkünstlerin manipulierte in ihrer Intervention die Gruppe unmerklich und ließ sie bis zu ersten Weigerungen Bewegungen im Raum ausführen.

ZUR ZUSAMMENSETZUNG DER FORTBILDUNGSGRUPPE

Die Teilnehmer wurden so gewählt, dass sich eine möglichst heterogene Gruppe ergab. Diversität sollte bereits in der Form als Vielfalt an Lebensumständen und Erfahrungen sichtbar werden. Häufig beschäftigen sich Kulturschaffende ähnlicher Hintergründe mit dem Thema – nicht selten ohne Einbeziehung von Betroffenen. Durch die Heterogenität der Fortbildungsteilnehmer lassen sich jedoch unmittelbare Bezüge herstellen und entlastende Hilfestellungen einbeziehen.

Die Teilnehmer unterschieden sich daher nach Geschlecht, Alter, Herkunft und Wohnort, Kunstsparte sowie Praxiserfahrungen etc. Die Erfahrungen der ersten Fortbildung haben bestätigt, dass die große Heterogenität eine Bereicherung darstellt, andere Sichtweisen kennenzulernen und sich künstlerisch in verschiedene Richtungen zu erproben.

Wichtig für die intensive und sehr persönliche Auseinandersetzung mit dem Thema Diversität ist der Aufbau eines Schutzraums. Daher sollte die Gruppe nicht mehr als 20 Personen umfassen. Zum einen ist dazu die Haltung und der Umgang der Dozenten wichtig, zum anderen das Vertrauen der Gruppenmitglieder untereinander. Nur so können offene Diskussionen mit sensiblen Inhalten und künstlerisch experimentelle Auseinandersetzungen stattfinden. Mittel dazu ist das gegenseitige Kennenlernen und Wertschätzen sowie das Etablieren von Regeln und Umgangsformen. Dieses ist ebenso übertragbar auf die pädagogische Arbeit mit jugendlichen Zielgruppen.

„Ich hatte keine Panik, dass ich einen tierischen Fauxpas begehe, weil ich ein Wort benutze und dann fallen alle über mich her, sondern der Rahmen war einfach geschützt, sodass eine Offenheit möglich war, auch eben über meine Grenzen zu gehen.“ (Bildende Künstlerin, Solingen, Teilnehmerin der ersten Fortbildung in der Akademie Remscheid)

ZU DEN PRAXISPROJEKTEN INNERHALB DER FORTBILDUNG

„Diversität – das habe ich am Anfang nicht so gedacht. Ich dachte, naja, so Leute, die einen anderen Hintergrund aus einem anderen Land haben und wie geht man damit um. Und da finde ich, sind wir in diesem Kurs – und ich glaube, das geht den meisten so – ziemlich sensibilisiert worden. [...] Also ich bin auch gleich nachdem ich diese Woche gemacht habe hier, das nächste Mal in meinen Grundschulkurs anders reingegangen. [...] Es [das Diversitätsverständnis, Anm. S.K, M.D.] hat sich auf jeden Fall geändert, weil ich habe so nicht darüber nachgedacht. Jetzt weiß ich, dass es eben nicht nur damit zu tun hat, kommt jemand aus einem anderen Land, spricht nicht meine Sprache, ist es ein Flüchtling. Menschen sind einfach alle verschieden. [...] Das ist mir jetzt aufgefallen. Verschiedenheit kann sehr bereichernd sein – und das lässt man ja oft außer Acht, also ich jedenfalls. Ganz oft denkt man: [...] die verstehen mich nicht, zu langsam, zu schnell, zu frech, zu hibbelig auch. Was mache ich damit? Da kann man viel mit machen, wirklich viel mitmachen!“ (Schauspieler, Köln, Teilnehmer der ersten Fortbildung in der Akademie Remscheid)

Wichtiger Ansatz des Weiterbildungskonzeptes ist die direkte Erprobung der vermittelten Inhalte und Methoden im Praxisfeld. So können die Selbsterfahrung während der Kurseinheiten auf die pädagogische Arbeit übertragen und individuelle Ansätze erprobt werden.

Die vielfältigen Grundlagen für die pädagogische Arbeit im diversitätsbewussten Kontext werden in den Kurseinheiten vermittelt – wie oben beschrieben. Indem die praktischen Erfahrungen unmittelbar zurück in die Gruppe getragen werden, können sie professionell und aus verschiedenen Perspektiven reflektiert sowie Hilfestellungen für aufgetretene Schwierigkeiten gegeben werden. Auch die bereits vorhandenen Erfahrungen und Strategien der Einzelnen werden in der Gruppe genutzt und geteilt. Das neu gewonnene Netzwerk aus Kollegen fördert darüber hinaus den nachhaltigen Austausch und die mögliche Zusammenarbeit über die Weiterbildung hinaus.

So unterschiedlich die Sparten und Hintergründe der Teilnehmer der Weiterbildung, so vielfältig gestalteten sich auch deren zwischen zweiter und dritter Kurswoche durchgeführten Praxisprojekte. Alle erprobten mit gestärkter Sensibilität für das Thema Diversität zahlreiche Methoden, die in der Weiterbildung vorgestellt wurden.

Auch wenn einige der Teilnehmer bereits Zugang zu Kinder- und Jugendgruppen hatten, initiierten alle neue Konzepte und die meisten von ihnen mit ihnen unbekannten Kindern und Jugendlichen. Die Bandbreite der Praxisprojekte reichte von Kursen im Künstleratelier, ersten Erfahrungen mit heterogenen Schulklassen zu großstädtischen Brennpunkten und freien Jugendtreffs. Die Kinder und Jugendlichen der Workshops brachten wiederum unterschiedlichste Hintergründe mit ein. Auffallend häufig wurden gezielt Projekte für Kinder von Flüchtlingen geplant und durchgeführt, da dort das Thema Interkulturalität und kulturelle Teilhabe als besonders akut wahrgenommen wurde.

Zwei Projektbeispiele:

Projektbeispiel Hamburg: „Eine lange Tafel zur Begegnung“

Abbildung 2: Tafel zur Begegnung

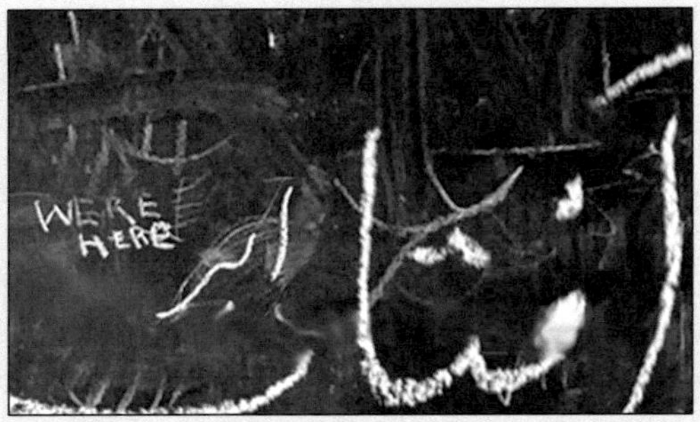

Quelle: Ulrike Schüchler

Wie überall bestehen und entstehen in Hamburg derzeit zahlreiche Flüchtlingsunterkünfte. Mit ihrem Projekt haben zwei Teilnehmerinnen als Kunstaktion einen neuen, neutralen Raum initiiert. Dieser ermöglicht Begegnungen zwischen ortsansässigen Jugendlichen und neu hinzugekommenen und gibt damit Impulse für den Dialog zwischen Menschen aus dem Stadtteil und geflüchteten Menschen.

Formales künstlerisches Element ist dabei ein Zelt mit langem Tisch in Form einer Tafel vor der Flüchtlingsunterkunft, an dem man sich mit Neugier und Respekt gemeinsam niederlässt und visuell wie verbal mithilfe von Kreide miteinander in Verbindung tritt. Die Begegnungen hinterlassen neben den persönlichen Perspektivwechseln Kreidespuren, die auf diesen „Tafelbildern“ sichtbar und anschließend ausgestellt werden. Die Beteiligung von Kooperationspartnern und ein begleitender Internet-Blog lenken bereits zu Beginn vor Ort die Aufmerksamkeit und stärken die Vernetzungsmöglichkeiten. Nach diesem Pilotprojekt sollen weitere Kunstprojekte mit Jugendlichen folgen, die nachhaltig „Spuren der Begegnung“ hinterlassen sollen.

Projektbeispiel Dortmund: „Mosaiken mit beeinträchtigten Kindern"

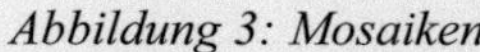

Abbildung 3: Mosaiken

Quelle: Tanja Moszyk

Die Gruppe von zwei Teilnehmerinnen aus Dortmund setzt sich aus Kindern mit unterschiedlichen Sehbehinderungen und teilweise geistiger Beeinträchtigung zusammen. Als weitere Herausforderung kommen unterschiedliche Muttersprachen hinzu. Im Rahmen eines Schnuppertages und einer darauf aufbauenden Projektwoche, haben die beiden Leiterinnen ein künstlerisches Angebot entwickelt. Ausgehend von einer bunt gemischten Steinkiste wählt jedes Kind einen individuellen Stein aus. Die Begründungen für die jeweilige Wahl fallen so unterschiedlich aus, wie die Steinmischung und die Gruppe selbst verschieden sind. Phasen von Einzelarbeit wechseln sich mit Gruppenarbeit ab. Die Kinder legen ihren einzelnen Stein im Raum zu einer Schlange zusammen. Dies erfordert Fingerspitzengefühl und Teamwork, dient aber gleichzeitig dazu, eigene Fähigkeiten zu entdecken. Beim Wiederfinden des eigenen Steins beweisen die Kinder ihre haptische Stärke. Im Anschluss legt jedes Kind ein eigenes Mosaik, welches später durch Steinbrücken mit den Mosaiken der anderen verbunden wird. Das kreative haptische Erlebnis in der Gruppe begeistert die Kinder und regt sowohl zum gemeinsamen Arbeiten an als auch zum individuellen Gestalten mit Objekten. Die Ergebnisse sollen für Besucher am Ende einer Projektwoche im Dortmunder U präsentiert werden.

WEITERENTWICKLUNG DES FORTBILDUNGSKONZEPTES IM RAHMEN DER WISSENSCHAFTLICHEN BEGLEITUNG UND EVALUATION

Die Entwicklung und Durchführung der Weiterbildung DiKuBi wird begleitend von der Westfälischen Wilhelms-Universität Münster evaluiert. Innerhalb von drei Jahren finden drei Erprobungen des Konzeptes statt. Diese werden dokumentiert, ausgewertet und reflektiert. So können die Ergebnisse und weiteren Bedarfe für den nächsten Durchlauf berücksichtigt und das Konzept mit Experten weiter modifiziert werden. Bei den Teilnehmern werden sowohl vorab und nach Abschluss der Fortbildung persönliche Kenntnisse und Haltungen erfragt (Input- und Output-Evaluation). Jeweils nach den einzelnen Kurswochen steht die Erhebung der Ergebnisse und Einschätzungen an (Prozess-Evaluation). Abschließend ergänzen qualitative Interviews die Fragebogenerhebung (Produkt-Evaluation). Darüber hinaus kommunizieren die Kursteilnehmer kontinuierlich ihre Erwartungen und Befürchtungen und geben Rückmeldungen zu den Methoden und Inhalten in informeller Form im Rahmen der Reflexion (Öztürk/Reiter 2015).

Abbildung 4: Verlauf der wissenschaftlichen Begleitung und Evaluation der Weiterbildung

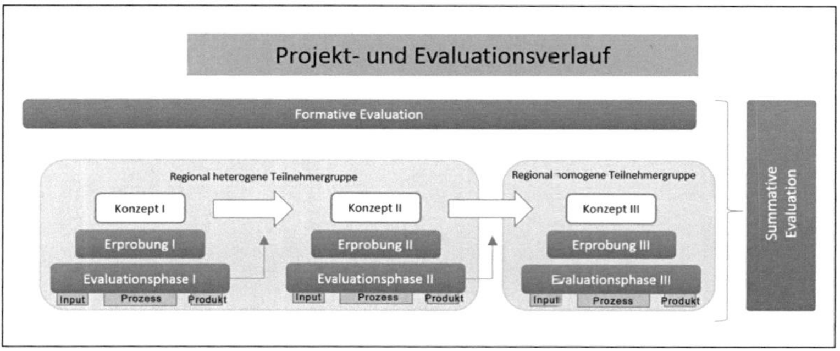

Quelle: Öztürk/Reiter (2015)

LITERATUR

DIJA (Datenbank für Internationale Jugendarbeit) (o.J.): Spielsalon der Begegnung oder „Interkulturelles Mau Mau". Methodenbox zum Interkulturellen Lernen [www.dija.de/fileadmin/medien/downloads/Methodenbox/IKL_Download_SpielsalonMauMau_Anleitungen_Spielregeln.pdf, zuletzt aufgerufen am: 20.07.2015].

Keuchel, Susanne (2012): Das 1. InterKulturBarometer. Migration als Einflussfaktor auf Kunst und Kultur. Köln: ARCult Media.

Keuchel, Susanne/Larue, Dominic (2012): Das 2. Jugend-KulturBarometer. Köln: ARCult Media.

Keuchel, Susanne/Öztürk, Halit (2014): Projektpräsentation auf der Kick-Off-Veranstaltung zum BMBF-Förderschwerpunkt „Förderung von Entwicklungs- und Erprobungsvorhaben zur pädagogischen Weiterbildung von Kunst- und Kulturschaffenden" am 13.11.2014 in Bonn.

Keuchel, Susanne/Weil, Benjamin (2010): Lernorte oder Kulturtempel. Infrastrukturerhebung: Bildungsangebot in klassischen Kultureinrichtungen. Köln: ARCult Media.

Öztürk, Halit (2014): Migration und Erwachsenenbildung. Reihe Studientexte für Erwachsenenbildung des DIE. Unter Mitarbeit von Sara Reiter und Daniela Schuldes. Bielefeld: W. Bertelsmann Verlag GmbH.

Öztürk, Halit/Reiter, Sara (2015): Teilprojektpräsentation auf dem zweiten Vernetzungstreffen des BMBF-Förderschwerpunkts zur „Förderung von Entwicklungs- und Erprobungsvorhaben zur pädagogischen Weiterbildung von Kunst- und Kulturschaffenden" (Arbeitsgruppe Evaluation, Theorien und Methoden) am 23. und 24. März 2015 in Berlin.

Sinus Sociovision (Hg.) (2007): Die Milieus der Menschen mit Migrationshintergrund in Deutschland. Heidelberg: Sinus Sociovision.

Terkessidis, Mark (2003): Kulturarbeit in der Einwanderungsgesellschaft. In: Institut für Kulturpolitik der Kulturpolitischen Gesellschaft (Hg.): Jahrbuch für Kulturpolitik 2002/03, Bd. 3, Thema: Interkultur, S. 173-186.

Welsch, Wolfgang (1995): Transkulturalität. In: Institut für Auslandsbeziehungen (Hg.): Migration und kultureller Wandel. Schwerpunktthema der Zeitschrift für Kulturaustausch, 45. Jg., Nr.1, S. 39-44.

Welsch, Wolfgang (1999): Transculturality – The Puzzling Form of Cultures Today. In: Featherstone, Mike/Lash, Scott (Hg.): Spaces of Culture. City, Nation, World, S. 194-213.

Yildiz, Safiye (2009): Interkulturelle Erziehung und Pädagogik: Wiesbaden: VS Verlag für Sozialwissenschaften/GWV Fachverlage GmbH.

Zentrum für Audience Development (2009): Migranten als Publika von öffentlichen deutschen Kulturinstitutionen [www.geisteswissenschaften.fu-berlin.de/v/zad/media/ zad_migranten_als_publika_angebotsseite.pdf, zuletzt aufgerufen am: 27.02.2015].

Digitale Helden – globale Helden?

Kulturelle Diversität in Games

HORST POHLMANN UND MARIETHERES WASCHK

In den Augen von Kindern und Jugendlichen, aber auch zunehmend von Erwachsenen, sind Figuren aus Computer- und Videospielen selbstverständlicher Bestandteil der realen Welt geworden. Als Medienkanon stammen die Abenteuergeschichten der Games aus aufwendigen Kino-Produktionen, Serien-Formaten sowie Comic- und Buch-Umsetzungen. Deren Protagonisten finden sich als Spielfiguren von Brettspielen, als Action-Figuren sowie als Spielzeug in vielen Kinder- und Jugendzimmern wieder. Bei dieser Omnipräsenz von Games oder ihren Helden im Lebensalltag von Heranwachsenden stellt sich die Frage, wie im Rahmen Kultureller Bildung damit umgegangen werden kann und auch muss.

Ein weiteres Themenfeld für die kulturelle Medienbildung ergibt sich durch eine globale Betrachtung der Gaming-Kultur: Die meisten Computer- und Videospiele, die auf dem deutschen Markt verfügbar sind und gespielt werden, werden im amerikanischen Kulturraum entwickelt, gefolgt vom asiatischen, hier vor allem in Bezug auf Videospiele für Spielkonsolen, wie beispielsweise die Mario-Reihe. Produktionen aus Deutschland oder Europa sind zwar in den letzten Jahren, auch dank staatlicher Förderungen, auf dem Vormarsch, dennoch erreichen sie nicht die Umsatz- und Absatzmarken der weltweit operierenden Branchenriesen. Nicht zuletzt spielt die Vermarktung via Internet eine immer größere Rolle und es ist ein Leichtes, Spiele auf im Ausland ansässigen kommerziellen Plattformen mittels Online-Bezahlsystemen zu kaufen, online zu spielen oder (aber auch illegal) herunterzuladen. Lässt man Jugendmedienschutz-Problematiken an dieser Stelle außen vor, bleibt die Frage, welchen Einfluss Games auf die kulturelle Identität Heranwachsender haben, ob Kulturräume mithilfe des Mediums aufgebrochen werden und wie eine konstruktive Auseinandersetzung im Rahmen von Diversität aussehen kann.

INTERDISZIPLINÄRE KULTURELLE MEDIENBILDUNG

Spätestens mit der Entscheidung des Deutschen Kulturrates im Sommer 2008, Computerspiele als Kulturgut anzuerkennen (vgl. Deutscher Kulturrat 2008), sollte sich auch die kulturelle Medienbildung mit Möglichkeiten auseinandersetzen, Games in pädagogisch ausgerichtete Projekte zu integrieren. Dies kann zwar im Rahmen einer rein medienpädagogischen Ausrichtung erfolgen, doch erscheint es wesentlich vielversprechender, über die Grenzen eines Fachbereichs hinaus zu denken und Schnittstellen zu suchen, das digitale Leitmedium Heranwachsender mit anderen kulturellen Arbeitsfeldern zu verknüpfen: „Eine nachhaltige und zukunftsorientierte kulturelle Bildungsarbeit setzt sich daher mit digitalen Medien in ihrer Wechselwirkung zur analogen Welt konstruktiv auseinander", heißt es in der Definition von „kultureller Medienbildung" der Bundesvereinigung Kulturelle Kinder- und Jugendbildung (vgl. BKJ o.J.). Getreu dem pädagogischen Leitspruch „Kinder dort abzuholen, wo sie stehen", können sich in fachübergreifenden Ansätzen neue Möglichkeiten auftun, Kinder für andere Inhalte und Beschäftigungen jenseits des Bildschirms zu begeistern, die sie vielleicht sonst gar nicht erst kennengelernt hätten.

Ein Beispiel für einen solchen Ansatz entwickelten die beiden Fachbereiche Spiel und Medien an der Akademie Remscheid für Kulturelle Bildung e.V. In einer Fortbildung „Digitale Helden und ihre Geschichten" für Fachkräfte der Kinder-, Jugend-, Kultur- und Bildungsarbeit standen Games-Protagonisten mit ihren Geschichten, Hintergründen und Aufträgen im Fokus. Die primären Ziele der Fortbildung waren, auf Seiten der Pädagogen Schwellenängste gegenüber Games abzubauen und Schnittstellen ins Analoge zu finden, die zu Projektansätzen mit altbekannten Methoden der Spiel-, Theater- und Medienpädagogik führen. Vor dem Hintergrund, dass Kinder und Jugendliche meist die wahren Experten beim Gaming sind, Pädagogen aber häufig Teile dieser (Spiel-)Welt unverständlich sind, sollten Projektideen erarbeitet werden, in denen die Gamer Experten ihrer Medienwelt bleiben und die Pädagogen deren Interessen und Know-how lediglich auf ein ihnen vertrautes Terrain überführen. Die folgende Beschreibung des Fortbildungsablaufs verdeutlicht, wie eine solche interdisziplinäre Herangehensweise gestaltet werden kann und welche Inhalte in Projekten thematisiert werden können.

GAMING UND ANALOGE SCHNITTSTELLEN

Als Ausgangsbasis für die Fortbildung wurde folgendes Szenario beschrieben:

> Super Mario rettet Spiel um Spiel das Leben von Prinzessin Peach, die sich immer und immer wieder von der bösen Stachelschildkröte Bowser entführen lässt. Wenn Mario dann seinen Auftrag findet, nämlich erfährt, dass Peach mal wieder entführt wurde – der Held verspürt weder ein Déjà-vu noch vergeht ihm in der Wiederholung die Lust, die Prinzessin zu retten – nein er sprintet los, springt über Berge und Schluchten, sammelt Münzen und Pilze ein, zerstößt sogar für seine Angebetete Mauern mit dem Kopf, bis er endlich Bowser zu besiegen versucht. Kein Zögern, kein Hadern stellt sich bei ihm ein, obwohl er Spiel um Spiel eigentlich das Gleiche erlebt. Da tun sich Fragen auf, wie z.B. was Mario, Peach und Co. machen, wenn die Konsole dann mal aus ist …

Im Mittelpunkt der Fragen der Teilnehmer stand, was Kinder und Jugendliche an den Spielen und vor allem den Spielfiguren fasziniert und wie konkret die Schnittstellen zu analogen Spielideen aussehen könnten, die die Zielgruppe in ihrer Faszination für die Games abholen. Dabei sollten aber auch gleichzeitig die Rollen, Figuren und Spielmechanismen hinterfragt werden, ohne mit dem pädagogischen Zeigefinger zu drohen, dass das Spielen von Games die Spieler sozial isolieren, ihren Wortschatz verlieren und unsportlich und dumm werden lasse (um nur einige Klischees zu nennen).

Wichtig erschien zunächst den Mitarbeitern aus der Kinder- und Jugendarbeit, das Gaming an sich näherzubringen und zwar auf ganz analoge Art und Weise. Die Teilnehmer füllten für sich erst einmal einen „Helden-Pass“ aus, der auf Grundlage eines typischen Charakterbogens aus Pen-and-Paper-Rollenspielen mit den Eigenschaften der Spielfigur und ihren besonderen Fähigkeiten erstellt wurde. Hier trafen dann im Kurs „The incredible

Captain Tofu Hammer", Sohn von He-Man und Hulk, die Bibliothekarin „Mrs. Murphy", mit ihrer Helden-Geheimidentität, und „14 09" aufeinander. Zu den Charakteren wurden Biografien ersponnen, denn „14 09", der als Adoptivkind bei zwei Mathematikprofessorinnen, deren Lieblingshörsaal die Nummer 14 09 ist, aufwuchs, ist eigentlich das Kind eines Zauberers und eines Drachen.

Bei den besonderen Fähigkeiten, die die Teilnehmer ihren Avataren gaben, fanden vom überdurchschnittlich guten Kochen über das Schweben-Können bis hin zu Zeit-Reisen oder das Fliegen zahlreiche kreative Ideen ihren Platz, der Fantasie waren keine Grenzen gesetzt. Und schon beginnt die Suche nach den ersten analogen Schnittstellen: Captain Tofu Hammer ist im wirklichen Leben Vegetarier, das Schweben-Lassen war die Spezialfähigkeit einer Pädagogin, die sich im Jonglieren übt, und Mrs. Murphy arbeitet auch in der realen Welt in einer Bibliothek.

Abbildung 1: Digitale Helden – Captain Tofu Hammer

Quelle: Akademie Remscheid

Anschließend wurden typische Computerspielinhalte im „analogen Heldentrainingscamp" nachgeahmt: Oftmals vorkommende Kettenreaktionen in den Games wurden beim team-orientierten Bau einer Dominobahn nachempfunden, der Ego-Shooter mit Softbällen gespielt und die (über-)sinnlichen Fähigkeiten durch Kim-Spiele geschärft.

AVATAR-GESTALTUNG UND DER REAL-WELTLICHE BEZUG

Nicht jeder Erwachsene muss in den Spielgenres auch zum Profi werden, um die Kinder und Jugendlichen zu erreichen und ihre Faszination für die Spielfiguren in analoge Projekte wieder einzubetten. Doch die Erfahrung des Spielens sollten die Teilnehmer auch schon einmal gemacht haben, und so wurden gemeinsam zumindest die Tutorials von ausgewählten Computer- und Konsolenspielen getestet. Dabei stellte sich die Frage, wie sich der Aufbau der Geschichte entfaltet, was Spieler schon in einer vermeintlich kurzen Sequenz von drei Stunden über die Spielfigur, ihren Charakter, ihre Umwelt und ihren Heldenauftrag erfahren. Je nach Spielgenre sind die Informationen äußerst karg, da dauert es, bis die Spieler genau wissen, was ihr Held für eine Mission in genau dieser Spielwelt zu erfüllen hat.

Im interdisziplinären Wissenschaftszweig der „Game-Studies" (2012) wird diskutiert, ob Computer- und Videospiele eher als reine Spielform oder als interaktive Geschichte zu definieren sind. Ein Spiel würde auch ohne Hintergrundgeschichte oder Erzählung auskommen, wenn die Spielforderungen, das Spieldesign und das Regelwerk im Mittelpunkt stünden. Die Spieler müssen lediglich einzelne Aufgaben meistern und die Geschichte ist maximal ein nettes Beiwerk, das aber für das Spielen an sich irrelevant ist. Dies trifft zumindest auf bestimmte Game-Genres zu, allen voran Jump & Run Spiele oder Autorennen, wie z.B. in den Mario-Reihen. Adventures oder Rollenspiele legen hingegen großen Wert auf das digital Storytelling und in komplexen Online-Rollenspielen werden sogar die Spieler mit ihren Avataren selbst zu Geschichten-Erzählern, wenn die Handlungen ihrer Spielfiguren die Spielwelt und den Fortgang der Spielgeschichte direkt beeinflussen können. Hier kommt den Avataren, den digitalen Stellvertretern der Spieler in der digitalen Welt, eine gesteigerte Bedeutung zu.

So können in einigen Games die Spielfigur, der Held oder der Avatar, von den Spielern selbst gestaltet werden. Man wählt Geschlecht, Haarfarbe, Statur, Rasse und manchmal sogar Gesichtszüge, Narben und Hautfarbe aus. In komplexen „Avatar-Generatoren" kann so die Erstellung des eigenen Spielcharakters mehrere Stunden in Anspruch nehmen, bis man mit allem zufrieden ist und das eigentliche Spiel beginnt. Dies ist ein guter Moment, um mit Spielern in den Dialog zu kommen, warum genau diese Attribute gewählt werden. Fragen dahinter können sein, wie man sich in der

Online-Welt präsentieren möchte, welche äußerlichen Merkmale der Spielfigur für welche Eigenschaften stehen. So kann man dann auch eine Art Foto-Shooting, analog zum prämierten Fotografie-Projekt „Alter Ego: Avatars and their Creators" des Künstlers Robbie Cooper (Popova o.J.), umsetzen, indem man Spieler und Avatar gemeinsam fotografiert und gegenüberstellt. Anschließend kann man daraus eine Ausstellung mit den Teilnehmern gestalten oder ein Memory, in dem man die Bilder vom Avatar den jeweiligen Spielern zuordnen muss, herstellen und spielen.

SPIELGESCHICHTEN UND IHRE ÜBERTRAGUNG IN DIE REALE WELT

Der eigentliche Aufbau eines Computerspiels ist in vielen Fällen auch aus Erzählungen oder aus der Literatur bekannt: Jump & Run Games folgen oftmals dem Prinzip einer Reihengeschichte, oder Adventures und Rollenspiele beinhalten die klassische Heldenreise, wie Campbell sie 1999 als Jahrhunderte alte Erzählform über Kulturgrenzen hinweg in seinem Buch „Der Heros in tausend Gestalten" beschrieben hat. Im Fall von komplexen Spielgeschichten und Rollenspiel-Welten in Computer- und Videospielen durchleben Spieler die Heldenreise mit ihren zwölf Stationen in Gestalt ihrer Avatare vermeintlich selbst, wodurch die Bindung zwischen Spielern und Spielfiguren zusätzlich gestärkt wird. Dies findet sich beispielsweise in von Spielern niedergeschriebenen eigenen (Spiel-)Abenteuern, wieder. Das Element der Heldenreise wird von Game-Designern häufig bei der Konzeption von Games eingesetzt, wie der Videospiel-Designer Troy Dunniway (2000) beschreibt.

Und hier finden sich weitere Ideen, die digitalen Spiele in analoge Projektideen zu überführen. Die Reihengeschichte kann mittels selbst gemalter Bilder der Helden auch schon von Kindern einfach dargestellt und wunderbar mit dem Erzähltheater Kamishibai[1] präsentiert werden. In einem Erzählkreis können sich die klassischen Elemente der Heldenreise in jeder Runde wiederfinden, vom Beschreiben der Umwelt und der Helden über den Auftrag, dem motorischen Moment (der Reise) bis hin zum Höhepunkt

1 Ein Kamishibai ist ein japanisches Papiertheater bzw. ein Märchenbilderschaukasten. Texte und Geschichte werden explizit für diese Erzählform erarbeitet.

und der Wiederkehr in die Alltagswelt. Wichtig ist nur, dass dabei der Charakter der Heldenfigur gut erfasst wird. Einen Schritt weiter kann Campbells Heldenreise nicht nur als Bestandteil der Auseinandersetzung mit Literatur oder Filmen, sondern auch anhand von Computer- und Videospielen analysiert und thematisiert werden.

Abbildung 2: Digitale Helden – Captain Tofu Hammer im Kamashibai

Quelle: Akademie Remscheid

Ein spannendes interdisziplinäres Projekt haben das Amt für Kinder, Jugend und Schule in Mülheim an der Ruhr, das ComputerProjekt Köln e.V., das Institut Spielraum der Fachhochschule Köln und der Waldritter e.V. drei Jahre hintereinander als Ferienspielaktion in den Herbstferien umgesetzt. Im „Quest in Mittelmülheim" wurde die Story eines bekannten Computerspiels zu einem Live-Rollenspiel weiterentwickelt. Die rund 50 jugendlichen Abenteurer schlüpften in die Rollen von Rittern, Magiern und Heilern, gründeten in Kleingruppen hierbei je eine eigene Gilde, komponierten einen eigenen Gilden-Song, schneiderten ihre eigenen Kostüme und durchlebten ein Schwertkampf-Training. Schließlich trafen sie in einem Live-Rollenspiel auf die gegnerischen Orks, die sie in spiel- und erlebnispädagogischen Quests und Aufgaben gemeinschaftlich besiegen mussten, um das Königreich zu retten (vgl. Heinz/Kohring o.J.).[2]

DIE STORY VON GAMES-HELDEN IN MEDIENPÄDAGOGISCHEN PROJEKTEN

Aber was erfahren Spieler eigentlich über die Games-Helden? Am Beispiel der bekannten Spielfigur Mario kann dies deutlich gemacht werden: Mario ist italienisch-amerikanischer Herkunft, von Beruf ist er Klempner. Er hat einen Bruder namens Luigi und lebt im Pilzkönigreich. Dort regiert Prinzessin Peach, die immer wieder von der mutierten Stachelschildkröte Bowser entführt wird. Mario kann schnell rennen und springen. Er versucht, Peach immer wieder zu retten. Dabei sammelt er unterwegs etwa Pilze und Sterne, um seine Fähigkeiten zu steigern. Seine Garderobe ist immer die gleiche: rote Schirmmütze, weiße Handschuhe, ein blaues Shirt und eine rote Latzhose. Auch sein Wortschatz ist recht begrenzt, neben „Mamma Mia" ruft er noch Drei-Wort-Sätze wie etwa „It's a me – Mario!".

Aber sind die Geschichte und der Hintergrund eines digitalen Helden für das eigentliche Spiel überhaupt von Bedeutung? An dieser Stelle kann sich eine Analyse und Diskussion über Spielinhalte, Spielforderungen und Rahmengeschichten entfalten: Von der Übertragung der Kernaussagen des „Homo ludens" von Johan Huizinga (2009), in dem er das Spiel als ein kulturelles Grundelement beschreibt, über die Definition von „Flow" von Mihaly Csikszentmihalyi (2004), die die Gebundenheit im Schaffensrausch innerhalb einer erfüllenden Tätigkeit definiert, bis hin zum Begriff der Immersion (vgl. Wikipedia 2015) von Spielern in virtuelle Spielwelten lassen sich wissenschaftliche Theorien in Gruppenarbeit oder Diskussionsrunden im Kontext von Games thematisieren und vermitteln.

Einige digitale Helden entspringen der Literatur, häufig dienen dann Comic-Hefte als Vorlage. So finden sich auch in Computer- und Videospielen die Superhelden Superman, Spiderman und Batman oder aber auch Asterix wieder, die in erster Linie durch ihr Erscheinen in Printmedien bekannt sind. Sie sind in diesen Spielgeschichten in ihrem fantastischen kultu-

2 Siehe auch die Video-Dokumentation „InstitutSpielraum" auf YouTube: www.youtube.com/institutspielraum.

rellen Hintergrund eingebunden: Batman wirkt in Gotham City, einer erfundenen Stadt in den Vereinigten Staaten von Amerika, Asterix läuft durch ein historisches Gallien, das nicht komplett von den Römern besetzt ist, und Captain America vollführt seine Heldentaten im Dienste der USA.

Welche Auswirkungen haben aber diese Hintergründe auf das Spielen von Games und auch auf analoge Projektideen mit Kindern und Jugendlichen? Welche analogen Schnittstellen findet man zur realen Welt aus diesen Informationen, z.B. bei der bekannten Figur Mario?

- Mario hat einen Migrationshintergrund,
- Mario hat seine Berufswahl erfolgreich getroffen,
- Mario ist womöglich in Peach verliebt,
- Mario rennt und springt schnell,
- Mario hat seinen eigenen Stil gefunden, den er durch seine Kleidung ausdrückt,
- Mario redet nur gebrochen die Sprache seiner jetzigen Heimat.

Mögliche Umsetzungen für (medien-)pädagogische Projekte dazu:

- Helden mit Migrationshintergrund:
  Der Held befindet sich nicht in seiner gewohnten Umgebung. Was würde Superman in Hogwarts bei Harry Potter machen? Wie käme Mario in Gotham City zurecht? Was macht Spiderman im Pilzkönigreich? Geschichten können erfunden und in Zeitungsmeldungen, Tagebüchern, Foto-Geschichten oder szenischem Spiel dargestellt werden.

Abbildung 3: Mario im Wald

Quelle: Akademie Remscheid

- Mario und Peach: Starke Männer – hübsche Mädchen?
  Wie sehen die klassischen Rollen von Männern und Frauen in Computerspielen aus? Lara Croft in „Tomb Raider“ ist vielleicht eine ruhmreiche Ausnahme, aber in vielen Spielen werden die weiblichen Figuren einfach nur gerettet und sind selbst ansonsten kaum aktiv. Auch die grafische Darstellung von Games-Figuren, ganz gleich ob weiblich oder männlich, ist mitunter extrem geschlechtsbetont. Hier kann man die Teilnehmergruppe nach Jungen und Mädchen aufteilen, damit sie sich kritisch mit den Frauen- und Männerrollen auseinandersetzen. Die männlichen Teilnehmer können mittels einer Fotogeschichte die Idee von ihrem Mädchen-Alltag festhalten und die weiblichen Teilnehmer ihre Vorstellung davon, was Jungs den ganzen Tag so machen. Die Fantasien werden einander anschließend als Dia-Show am Beamer präsentiert und von der jeweiligen anderen Gruppe negiert oder verifiziert. In der Großgruppe werden dann Klischees und Vorurteile der unterschiedlichen Rollen aufgezeigt.
- *„Mamma Mia!“* Was sagt Mario und was meint er damit? Welchen Ausdruck würden wir dafür verwenden? Und welchen würde man im Wörterbuch dafür finden? Das Vokabular Marios lässt sich durch die Analyse festhalten.
  Mario: Mamma Mia! –Umgangssprache: Voll krass! – Wörterbuch: atemberaubend, faszinierend.

SUPERHELDINNEN IM KULTURELLEN KONTEXT

In der Fortbildung „Digitale Helden und ihre Geschichten" hat die Teilnehmerin Nathalie Grooss ein bekanntes Geländespiel in die Welt von Superheldinnen transferiert. Die Teilnehmer des Geländespiels können einen Charakter einer Superheldin wählen, diesen dann mit Stärkepunkten bestücken und so ins Spiel ziehen. Und hier müssen sich Kinder und Jugendliche damit auseinandersetzen, dass es auch Superheldinnen gibt. Besonders an diesem analogen Spielprojekt, dem Spielen des Geländespiels „Stratego", steht die Konfrontation mit verschiedenen Charakteren mit unterschiedlichen Hintergründen im Fokus. In Comic-Heften und Zeichentrickserien spielen die Umgebung und die Mission, die aus dem kulturellen Erbe mit entspringt, eine zentrale Rolle.

Batman, Superman und Spiderman kennt nahezu jedes Kind, aber wie verhält es sich mit Superheldinnen? Bei der Recherche zu Superheldinnen, die im Gegensatz zu ihren männlichen Kollegen eher rar gesät sind, stieß sie dabei auf neue interessante Charaktere. Wonderwoman und Supergirl sind durch ihr Erscheinen in Comic-Reihen in unserem Kulturkreis bekannt, einige Figuren aus Manga-TV-Serien, wie z.B. Sailor Moon, auch. Doch neuerdings hat auch der bekannte Comic-Verlag Marvel eine Heldin erschaffen, die in Amerika einen pakistanischen Migrationshintergrund und als Muslimin auch einen kulturell anderen Hintergrund besitzt. Die jugendliche Heldin heißt Kamala Khan und allein der Vorname lässt durch seine Assonanz eine Verbindung zur muslimischen Friedensnobelpreisträgerin Malala Youszafai erahnen. Beiden ist darüber hinaus gemein, dass sie gemäß der Aussage von Malala Youszafai in ihrer Rede vor den Vereinten Nationen „Die Feder ist mächtiger als das Schwert" für das Recht auf Bildung kämpfen (Spengler 2013). Ihr Erfinder G. Willow Wilson äußert sich in einem Interview zur „neuen Ms. Marvel" wie folgt:

„The Ms. Marvel mantle has passed to Kamala Khan, a high school student from Jersey City who struggles to reconcile being an American teenager with the conservative customs of her Pakistani Muslim family. So in a sense, she has a ‚dual identity' before she even puts on a super hero costume. Like a lot of children of immigrants, she feels torn between two worlds: the family she loves, but which drives her crazy, and her peers, who don't really understand what her home life is like. [...] Islam is both an essential part of her identity and something she struggles mightily with. She's not a poster girl for the religion, or some kind of token minority. She does not cover her hair -most American Muslim women don't- and she's going through a rebellious phase. She wants to go to parties and stay out past 9 PM and feel ‚normal'. Yet at the same time, she feels the need to defend her family and their beliefs." (Wheeler 2013)

Hier greift Marvel also ein Thema auf, das nicht nur bezogen auf die USA, sondern auch in Europa die gesellschaftlichen und kulturellen Probleme einer Einwanderung von Personen, und gerade Kindern und Jugendlichen, mit anderem kulturellem und religiösem Background in den Fokus rückt. Dabei ist es nicht die Tatsache, dass die Protagonistin Muslimin ist, was sie zu einer ungewöhnlichen Superheldin macht, sondern dass in den Comic-Erzählungen Religion an sich und ihr positiver Einfluss auf das Alltagsleben im Mittelpunkt stehen. Dies alles fügt sich in den Rahmen des Superhelden-Stils, der von vorneherein eine positive Identifikation mit der Protagonistin zum Ziel hat. Die innovative Heldinnen-Figur kommt bei Comic-Fans gut an, ist sie doch „just like everyone" (Berlatsky 2014) oder „the most important Superhero in the world" (McGlynn 2014) und somit für das Marvel-Universum gewöhnlich und ungewöhnlich zugleich.

Ebenso spannend liest sich die Geschichte der Heldin Burka Avenger, die in Pakistan als Grundschullehrerin wirkt und deren Superheldinnen-Outfit eine Burka ist. Ihr Erfinder Haarun Rashid in einem Interview:

„She is a schoolteacher in her everyday life but disguises herself in a Burqa-like costume to fight the baddies. I have always been anti-guns and I wanted to reinforce the message that the pen is mightier than the sword. So her weapons are books and pens. Literally she clonks the bad guys over the head with books. Her motto is ‚Justice, peace and education for all'. Instead of a movie it ended up being an animated TV series which worked out great because there is hardly any local entertainment for children. The Burka Avenger is a great role model to the kids of Pakistan and the show's women empowerment themes and importance of education for girls are essential. The show imparts these great messages and morals without being preachy." (Shedd o.J.)

Abbildung 4: Burka Avenger Poster new

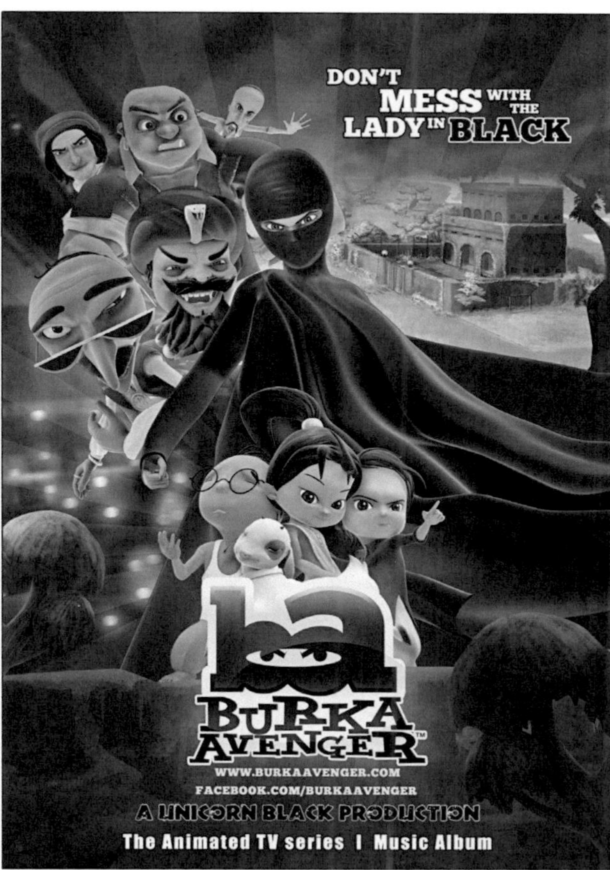

Quelle: Unicorn Black

Kamala Khan ist Migrantin und zerrissen zwischen der tradierten kulturellen Welt in ihrem häuslichen Umfeld und ihrer nun westlichen Heimat. Burka Avenger agiert direkt in ihrem Land, Pakistan, kämpft gegen Unterdrückung und für Bildung. Ihre Waffen sind Bücher und Stifte und sie verhindert beispielsweise die Schließung von Schulen und kämpft in jeder Folge gegen andere soziale Missstände in ihrem Land. Während der Mediengigant Marvel seine Superheldin Kamala Khan von vorneherein global und cross-medial vermarktet und zu erwarten ist, dass die Comics, Spiele sowie mögliche Film- und Serien-Umsetzungen auch hierzulande rezipiert werden, ist Burka Avenger (zunächst) für die pakistanische Zielgruppe konzipiert. Dennoch hat die Zeichentrickserie mit ihren 13 Episoden in der ersten Staffel, nicht zuletzt durch zahlreiche Auszeichnungen, globales Medienecho erfahren und auf der Internetseite (in englischer Sprache) wird deutlich, dass der komplette Medienkanon aus Apps für Smartphones und Tablets über ein Musik-Album und Musik-Videos sowie regelmäßige Newsletter bis hin zu Online-Games bedient wird.[3]

GAMES GLOBAL

Die Gaming-Community versteht sich als globale Gemeinschaft. Vor allem die Anbindung von Spielen zum Internet, durch die es möglich ist, zusammen mit Gamern aus der ganzen Welt in den virtuellen Online-Spielwelten zu interagieren, scheint diesem Selbstverständnis Rechnung zu tragen und Kulturkreise zu erweitern. Einfach zu bedienende und grafisch gestaltete Programmierumgebungen für Games ermöglichen es zudem, dass in fast jedem Land und von jeder Person Computer- und Videospiele programmiert werden, jedoch vollzieht sich deren Vermarktung länderspezifisch und viele Spiele erreichen keine internationale Beachtung. Mit Ausnahme der eingangs erwähnten amerikanischen und asiatischen Produktionen, die auf dem europäischen, und speziell deutschen Markt, eine Rolle spielen, schaffen es in den letzten Jahren allerdings zunehmend auch von Independent-Programmierern gestaltete Spiele hierzulande auf die Computer und Smartphones von Gamern.

Dies wird möglich, da global operierende Online-Spieleplattformen, wie z.B. der Branchen-Platzhirsch Steam oder App-Stores, wie der Google-PlayStore oder Apples i-Store, es auch Einzelpersonen oder kleinen Software-Firmen ermöglichen, ihre Spiele international zu veröffentlichen und online durch Eigenvermarktung zu verkaufen. Entscheidend für die Verbreitung und den Erfolg sind meist innovative Spielkonzepte und vor allem positive Rezensionen von Nutzern. Die Titel können zwar meist durch die geringen Budgets nicht mit den grafisch opulent gestalteten Werken der

3 Siehe die Internetseite zu „Burka Avenger“: www.burkaavenger.com.

großen Firmen mithalten, doch überzeugen sie häufig durch Spielwitz und entsprechen in ihrer Aufmachung der Retro-Gaming-Welle, die zurzeit selbst über 30 Jahre alten Spielen ein Revival beschert. Im Hinblick auf Storytelling und Gameplay müssen sie sich aber nicht hinter den Großen verstecken (vgl. Pohlmann 2013), wie z.B. neuere Titel wie „FTL – Faster than light“[4], „Knights of Pen & Paper“[5] oder Klassiker, wie „Day of Tentacle“[6] beweisen. Voraussetzung ist, dass sie zumindest in englischer Sprache verfügbar sind und mit entsprechenden Sprachkenntnissen gespielt werden können.

Neben neu programmierten Spielen erarbeiten aber auch Gamer selbst sogenannte Mods, indem sie Spiele modifizieren und so Spiel-Abwandlungen erschaffen, die sowohl komplett neue Spiele sein können oder lediglich neue Szenarien zur Verfügung stellen. Hier sind beispielsweise „Dear Esther“[7] zu nennen, das als Forschungsprojekt zu alternativem Gameplay und Storytelling als Mod des Spiels „Half-Life 2“ umgesetzt wurde, oder das prämierte Serious-Game „1378 (km)“[8], das Spieler in die Rolle eines DDR-Grenzsoldaten versetzt, der verhindern soll, dass Flüchtlinge die Grenze überqueren bzw. in die Rolle der Flüchtenden, die an den Grenzsoldaten vorbeikommen müssen (ebenfalls ein Mod von „Half-Life 2“).

Unter den Mods finden sich auch Spiele, die vermeintliche US-propagierende Inhalte der Original-Spiele in ein neues Setting übertragen, wie z.B. „Special Force 2 – Tale of the Truthful Pledge“[9], in dem Spieler auf Seiten der Hisbollah gegen Israel ins Feld ziehen und das (unlizensiert) mit der in Deutschland entwickelten Cry-Engine der Crytek-Studios grafisch programmiert wurde. Stefan Werning beschreibt es als „Akt der ‚An-

4 Siehe Internetseite zu „Faster than Light“ aus dem Jahr 2011: www.ftl game.com.

5 Siehe die Internetseite zu „Knights of Pen & Paper“ aus dem Jahr 2013: http://beholdstudios.com.br/games/knights-of-pen-paper.

6 Siehe die Fansite „TentakelVilla“ zu den „Adventures“ aus dem Jahr 2010 von LucasArts und LucasFilm Games: www.tentakelvilla.de/dott/dott.html.

7 Siehe Internetseite zu „Dear Esther“ aus dem Jahr 2007: http://dear-esther.com.

8 Siehe Internetseite zu „1378 (km)“ aus dem Jahr 2013: http://1378km.de.

9 Siehe Internetseite zu „Special Force 2“ (Archiv-Zugriff über WayBackMachine): https://web.archive.org/web/20150124093933/http://specialforce2.org/english/index.htm.

eignung‘ und ‚Umwidmung‘ […], in dem die vermeintliche Dominanz (medien-)technologischen Vorsprungs ausgehebelt und kulturpolitisch instrumentalisiert wird.“ (Werning 2014: 66)

In seinem Beitrag skizziert Werning „Game Design als Form kulturellen Ausdrucks“, wenn beispielsweise Games länderspezifische historische Entwicklungen vermitteln, die in westlichen Titeln nicht oder nur unzulänglich dargestellt werden, oder wenn Haltungen transportiert werden, die einen direkten Bezug zum jeweiligen Kulturraum oder zur Autobiografie haben. Das Bedürfnis nach ökonomischer Partizipation findet sich auch in Computerspielproduktionen wieder, was letztlich auch zu einem „differenzierteren Blick auf die zunehmende Transkulturalität aktueller Spieleindustrien und -kulturen“ beitragen kann (ebd.).

Eine weitere Chance zur Gestaltung interkultureller Spielräume bietet sich bei den sogenannten Open-World-Games, die es Spielern ermöglicht, die Spielwelt selbst (mit-)zugestalten. Ein prominentes Beispiel hierfür ist „Minecraft“, in dem allein oder kollektiv Landschaften oder Gebäude erschaffen und von anderen Spielern erarbeitet werden können. In komplexen Online-Rollenspielen, die weltweit vermarktet werden, zählen darüber hinaus per se bereits Elemente verschiedenster Kulturräume zum festen Bestandteil der Spielwelt. Hier sind es vor allem ökonomische Gesichtspunkte, die Hersteller dazu veranlassen, Kulturgrenzen im Spiel aufzuheben, um eine größere Käuferschicht gewinnen zu können, ohne aufwendige Lokalisierungen für einzelne Länder oder Kulturräume herstellen zu müssen. Bei der Programmierung und Gestaltung wird indes zunehmend auf die Zusammenarbeit in international besetzten Teams gesetzt, was wiederum Einfluss auf den kulturellen Austausch der Spieldesigner und das jeweilige Endprodukt hat.

Diese Chance der interkulturellen Zusammenarbeit bei der Games-Entwicklung folgt auch die Idee der „Global Game Jams“[10], einer Non-Profit-Veranstaltungsreihe, die über 48 Stunden mit internationaler Ausrichtung Game-Designer an verschiedenen Orten und über das Internet zusammenbringt, um gemeinsam Spiele zu entwickeln. Die Ziele der Veranstaltung:

10 Siehe die Internetseite der Global Game Jam: www.globalgamejam.org.

„It is the growth of an idea that in today's heavily connected world, we could come together, be creative, share experiences and express ourselves in a multitude of ways using video games – it is very universal. [...] The GGJ encourages people with all kinds of backgrounds to participate and contribute to this global spread of game development and creativity."

Es bleibt spannend zu beobachten, wie sich kulturelle Diversifizierung in und rings um Games zukünftig weiter gestalten wird und ob die Gaming-Community ihrem globalen Gemeinschaftsanspruch gerecht werden kann und will. In der Zwischenzeit möchten wir zumindest dazu anregen, fachspezifische Ansätze in Projekten interdisziplinär miteinander zu verbinden, nach Schnittstellen zwischen virtuellen und realen Welten zu suchen und dem Anspruch einer ganzheitlichen Kulturellen Bildung gerecht zu werden.

LITERATUR

Berlatsky, Noah (2014): What Makes the Muslim Ms. Marvel Awesome: She's Just Like Everyone. The Atlantic, 20.03.2014 [www.theatlantic.com/entertainment/archive/ 2014/ 03/ what-makes-the-muslim-em-ms-marvel-em-awesome-shes-just-like-everyone/284517, zuletzt aufgerufen am: 14.06.2015].

BKJ (Bundesvereinigung Kulturelle Kinder- und Jugendbildung) (o.J.): Kulturelle Medienbildung – Medienkompetenz vermitteln und den Digitalen Wandel mitgestalten. Remscheid [www.bkj.de/kulturelle-bildung-dossiers/kulturelle-medienbildung.html, zuletzt aufgerufen am: 14.06.2015].

Campbell, Joseph (1999): Der Heros in tausend Gestalten. Frankfurt a.M.: Insel.

Csikszentmihalyi, Mihaly (2004): Flow, the Secret to Happiness. TED-Talk 02/2004 [www.ted.com/talks/mihaly_csikszentmihalyi_on_flow.html, zuletzt aufgerufen am: 14.06.2015].

Deutscher Kulturrat (2008): „Computerspiele: Kulturpolitischer Streit zeigt positive Wirkungen". Pressemitteilung, 14.08.2008. Berlin [www.kulturrat.de/detail.php?detail=1371&rubrik=72, zuletzt aufgerufen am: 14. 06.2015].

Dunningway, Troy (2000): Using the Hero's Journey in Games [www.gamasutra.com/view/ feature/3118/using_the_heros_ journey_ in_ games.php, zuletzt aufgerufen am: 14.06.2015].

Game Studies (2012): The International Journal of Computer Game Research. Vol. 12, Issue 2, December 2012 [http://gamestudies.org/1202, zuletzt aufgerufen am: 13.07.2015].

Heinz, Daniel/Kohring, Torben (o.J.): Quest in Mittel-Mülheim. Praxisbericht: Rollenspielprojekt. Wissen, was gespielt wird. Der pädagogische Ratgeber zu Computer- und Konsolenspielen [www.spieleratgeber-nrw.de/?siteid=2617, zuletzt aufgerufen am: 14.06.2015].

Huizinga, Johan (2009): Homo ludens. Vom Ursprung der Kultur im Spiel. Reinbek: Rowohlt.

McGlynn, Anthony (2014): Why Kamala Khan Is The Most Important Superhero In The World. The Mary Sue, 10.12.2014 [www.themarysue.com/kamala-khan-important, zuletzt aufgerufen am: 14.06.2015].

Pohlmann, Horst (2013): Die Narrativität im Digitalen – Auf der Suche nach virtuellen Geschichten und ihren digitalen Überlieferungen. In: Jahrbuch Kulturpädagogik der Akademie Remscheid [http://akademie-remscheid.de/fa/user/ Fachbereiche/Medien_-_Kommunikation / Publikationen/Pohlmann_2013_Die_Narrativitaet_im_Digitalen.pdf, zuletzt aufgerufen am: 14.06.2015].

Popova, Maria (o.J.): Alter Ego. Portraits of Gamers Next to Their Avatars [www.brainpickings.org/2011/12/14/alter-ego-robbie-cooper, zuletzt aufgerufen am: 14.06.2015].

Shedd, Matt (o.J.): Interview mit Haroon, Creator of Burka Avenger [www.peabodyawards.com/ stories / story / interview-with-aaron-haroon-rashid-creator-of-burka-avenger, zuletzt aufgerufen am: 14.06.2015].

Spengler, Johannes (2013): Teenage Burka Ninja Turtle. In: Süddeutsche Zeitung, 30.07.2013 [www.sueddeutsche.de/medien/cartoon-serie-burka-avenger-teenage-burka-ninja-turtle-1.1733225, zuletzt aufgerufen am: 14.06.2015].

Werning, Stefan (2014): Welt-Spiele – Aspekte der Produktion, Distribution und Vermarktung von nicht-westlichen Computerspielen. In: Kaminski, Winfred/Lorber, Martin (Hg.): Spielwelt – Weltspiel – Narration, Interaktion und Kooperation im Computerspiel. München: kopaed, S. 66.

Wheeler, Andrew (2013): All-New Marvel Now! Q&A: MS. Marvel. G. Willow Wilson and Sana Amanat talk about creating a new hero, the work of Adrian Alphona and more [http://marvel.com/news/comics/21466/ all-new_marvel_now_qa_ms_marvel, zuletzt aufgerufen am: 14. 06.2015].

Wikipedia (2015): Immersion (Virtuelle Realität) [http://de.wikipedia.org/w/index.php?title=Immersion_%28virtuelle_Realit%C3%A4t%29&oldid=142961726, zuletzt aufgerufen am: 14.06.2015].

Choreografie einer Diversität

Transkulturelle Methoden aus der Tanzpädagogik

RONIT LAND

Die Fremde erstreckt sich als Sehnsuchtsbogen, die man sich beim Tanzen im Zwischenraum zwischen sich und den anderen wünscht. Das Fremde ist nicht außerhalb unserer Wahrnehmung, sondern ein zentraler Bestandteil von ihr. Es ist der verborgene Schatten in unserem Gesicht, der Raum, der uns weggenommen wird, die Zeit, in der wir unser Mitgefühl verloren haben. Da die eigene Reflexion schmerzhaft sein kann, werden Wut und Angst auf den anderen projiziert.

Dieser andere wird, über seine objektive Fremdheit hinaus, von uns als subjektiver Fremder wahrgenommen. Diese Subjektivität darf nicht nivelliert, im Tanzgeschehen überspielt oder vergessen werden. Sie soll als harmonischer Klang in das choreografische Handeln integriert werden und, wie bei einer Bach'schen Fuge, die Musik der Wirklichkeit begleiten (Kristeva 1988: 9 ff.). Tag für Tag entwickelt sich für uns eine neue Dimension des Sehens und Beobachtens von neuen sich bewegenden Körpern. Die Menschen, denen man im tänzerischen Experiment mit der Fremde begegnet, sind Tänzer der neuen Räume. Sie tanzen in einer neuen Zeitdimension, in einem neuen Wirklichkeitsverständnis. Von Augenblick zu Augenblick erschließen sich bewegende Existenzen vor den Augen der Tänzer. Wir lernen, das Fremde als Metapher für die räumliche Distanz zu erkennen und erleben, dass diese Distanz von uns selbst ausgeht und unsere ureigenen

Grenzen und Befremdlichkeiten widerspiegelt. Unser tänzerisches Selbst agiert als mehrstimmige Widersprüchlichkeit, die wir im tänzerischen Experiment als eine inspirierende Ressource einsetzen (ebd.: 144). Was für unser Selbst zählt, ist der Mut, sich in all seinen verkörperten Facetten zu präsentieren.

Der Gewinn von neuen Einblicken aus dem tänzerischen Experiment im Rahmen der Fortbildung „Diversitätsbewusste Kulturelle Bildung" (DiKuBi) (vgl. Keuchel/Dunz in diesem Band, S. 185 ff.) an der Akademie Remscheid im Frühjahr 2015 schärfte die Verantwortung, selbst präsent zu sein, um das Fremde und das Bekannte sozusagen miteinander zu „komponieren". In der Unmittelbarkeit der befremdeten Tanzimprovisation entdeckt der Mittänzer eine inspirierende Unruhe und ein essenzielles Unbehagen. Der gemeinsame Versuch, einen festen Boden zu finden, auf dem das Brodeln zur Ruhe kommt, kann ein erster pädagogischer Schritt der Annäherung sein und zu einer schöpferischen Intensität aller Mitwirkenden führen.

Das Hauptanliegen der transkulturellen Bildungsarbeit ist die Dynamik, in der Prozesse der Verbundenheit beobachtet werden und Begegnungsmomente die Stoßrichtung für ästhetische Erfahrungen geben. Dieser Arbeitsprozess entwickelt neue Spielregeln, die mindestens so stark und prägend sein können, wie die alten Spielregeln des Umgehens miteinander. Sie werden im pädagogischen Raum explizit ausgehandelt und unterliegen den Prinzipien der tänzerischen Dynamik. Darüber hinaus besitzen sie die Fähigkeit, in jedem tänzerischen Begegnungsmoment ihre angemessene Rolle einzunehmen und Handlungskompetenz für die nächste dynamische Veränderung zu zeigen. Zu dieser Kompetenz gehörten auch die kritischen Auseinandersetzungen mit den methodischen Interventionen, die ich in meiner Leitungsfunktion eingebracht habe und die im Sinne von Ulrich Beck (vgl. 2011) im Kontext der kosmopolitischen Menschenwürde diskutiert wurden.

DAS FREMDE ALS NEUER WIRKLICHKEITSRAUM

Wir sind zu der Erkenntnis gekommen, dass der Fremde ein Individuum ist, das gezwungen ist, seine künstlerische und alltägliche Identität jeden Tag aufs Neue herzustellen, sich in seine eigenen kulturellen Wachstumsprozesse zu begeben und sich den Gegensätzen der neuen Wirklichkeit zu stellen.

Er ist im Gruppenprozess erfinderisch und nachdenklich zugleich und spielt mit den Gegebenheiten und mit den Grenzen der ästhetischen Freiheiten. Seine Reflexion ist nie zurückhaltend. Sie bildet den Rohstoff für seine neuen künstlerischen Handlungen und beschleunigt seine Bewegungsprozesse im neuen Wirklichkeitsraum. Er muss aber die Grenzen der Freiheit im Rahmen einer extremen Ungleichheit von Anregungen und Gegebenheiten immer neu definieren und ein neues Instrumentarium für die eigene Reflexion entwickeln. Die neue Situation bringt neue Gefahren für ihn mit sich, wenn er seinen individuellen Handlungsraum nicht klar definiert.

Um die Angst vor Ausgrenzung zu minimieren, gehen die Teilnehmer in Kontakt. Sie entwickeln eine Vielfalt von Kommunikationsmodi und überprüfen sie in einem für sie fremden Kulturraum. Sie halten aber gleichzeitig an Bildern fest, die sie an Erfahrungen der Ausgrenzung erinnern. Diese Erinnerungen können neben der Sprache, in der sie ihre Erlebnisse und Erinnerungen wahrnehmen und kommunizieren und die Gegenstand ihres mentalen und emotionalen Zustand sein können, auch ästhetische Formen von „Abreisen, Ankünften, Abschieden, Exil, Heimweh, Nostalgie, Zugehörigkeit" sein (Said 2000: 9).

BIOGRAFISCHER TANZ ALS GRENZRAUMERFAHRUNG

Die scheinbar unbegrenzten Explorationsmöglichkeiten, die in der Tanzimprovisation ausprobiert und reflektiert wurden, ermöglichten, aus der pädagogischen Perspektive eine unverwechselbare Prägung der eigenen Flexibilitätskompetenz zu entwickeln. Die Frage, was es bedeute, in der Fremde zu sein und doch bei sich zu bleiben, wurde zu einer biografisch-tänzerischen Fragestellung, für die eine neue Wahrnehmungs- und Reflexionskompetenz nur langfristig entwickelt und geschult werden kann. Diese Kompetenz kann sich ausschließlich aus der beweglichen Pluralität von praktisch orientierten Prozessen erschließen und zusammensetzen lassen. Der Prozess des ästhetischen Handelns brachte am Beispiel des Tanzes die nötige Großzügigkeit und Offenheit zum Ausdruck und thematisierte die menschliche wie auch die künstlerische Perspektive der Kulturellen Bildung. Leitung und Teilnehmergruppe waren sich aber auch gleichzeitig der Gefahr bewusst, dass unangemessene Akzente gesetzt und unausgesprochene Bedürfnisse verkannt werden können. (Da wäre es pädagogisch zu empfehlen, bekannte

Erwartungen und Vorstellungen zu verlassen und die Aufmerksamkeit auf die Dynamik von neuen Impulsen zu richten. Widersprüchliche Bedürfnisse müssten losgelassen werden, um gemeinsame Wünsche und Erwartungen neu benennen zu können).

Die Idee des Transfers von sozialen, kulturellen und biografischen Ausgrenzungserfahrungen in den Tanzprozess und ihre unmittelbaren Folgen auf die Gruppenarbeit wurde für die Teilnehmergruppe so anschaulich evaluiert, dass die persönliche Sicht zum Unterbau der künstlerischen Arbeit wurde. Die Frage: „Was habe ich mit dem Thema zu tun?" wurde durch eine transdisziplinäre Erfahrung beantwortet. Die Vorstellung, dass die Begegnung mit einem fremden Phänomen mittels kultureller Praxis erlebt, wahrgenommen, reflektiert und integriert werden kann, wurde, von den Teilnehmern, als Ergebnis benannt.

VIELFALT AN REALITÄTEN STEHENLASSEN, ABER UNTERSCHEIDEN KÖNNEN

Auch die Freiheit, offene Fragen im Raum stehenzulassen, wurde als wichtiger Bestandteil der praktischen wie auch der theoretischen Anteile der kulturellen Arbeit bezeichnet. Diese Freiheit beruht auf der Annahme, dass die Kunst ein System ist, das polykontextuelle Realitäten zulässt und damit die „Pluralität und Komplexität" einer postmodernen Gesellschaft widerspiegelt. Die Kunst, und in diesem Fall die Tanzimprovisation, kann das Generieren von Konfliktpotenzialen in den Kunstprozess integrieren und sowohl „Gelungenes als auch Misslungenes" stehenlassen und aushalten (Luhmann 1995: 494 f., 506 f.). Es wurde allerdings auch die Symbiose zwischen dem Erlebten und der ästhetischen Form hinterfragt. In einem System, in dem sowohl die Erfahrung als auch die Form zum kommunikativen Bestandteil werden, müsste ein zusätzliches Instrumentarium entwickelt werden, um zwischen den *diversen* Perspektiven der biografischen Betrachtung, oder genauer formuliert zwischen der empathischen Perspektive auf die Erfahrungen des *anderen* und der erlebten Selbstreferenz, unterscheiden zu können. Das Ziel eines postmodernen Paradigmenwechsels im Sinne von Gadamer und Bauman, anzuregen und den Lernprozess so anzulegen, dass jeder von allen lernt (vgl. Hudzik 2011), muss voraussetzen, dass eine nachhaltige, teilnehmende Reflexion stattfindet. Es geht nämlich in diesem Lernprozess um eine Kunst, so zu lernen, dass nicht das Wissen um die Sache im Mittelpunkt steht, sondern die Symbiose zwischen der „Selbst- und der Fremdbeobachtung" ermöglicht wird (Luhmann 1995: 92 ff.).

ENTFREMDUNG IM HEIMATRAUM DURCH TANZ

Die Spannung in der dialektischen Beziehung zwischen einem fremden Sein und einem bekannten Sein spaltet das Bewusstsein vieler zeitgenössischer Künstler. Sie sind in unserer Zeit Nomaden, die einen Begegnungsdialog mit anderen Kunstschaffenden suchen. Dieser Dialog basiert auf einer Sprache, die sich jenseits eines kulturell heimatlichen Bodens entwickeln muss. Ein neuer künstlerischer Heimatraum muss gestalten werden, der von der biografischen Ursprungheimat radikal abweicht. Dieser neue (Tanz-)Raum entsteht da, wo gemeinsam mit anderen Kunstschaffenden neue Dimensionen von Ideen, Gedanken, Gefühlen und Vorstellungen entwickelt werden.

Das Ziel der ästhetischen Bildung ist dann, ein Forum zu schaffen, in dem die starke Ausdruckskraft der Menschen im Mittelpunkt steht und in dem sie ihre Vorstellungen von Heimaträumen künstlerisch thematisieren können.

Die Auseinandersetzung mit Vertreibung und Heimatlosigkeit stärkt noch einmal die persönliche Wahrnehmung für Raum und Zeit. Die Dimensionen der Raumvorstellungen verändern sich, wenn sich die wahrgenommene Zeit verändert. Jede bedrohliche Erfahrung in der eigenen Biografie ist eine einmalige Korrespondenz von Raum, Dynamik, Intensität und Zeit. Der ästhetische Handlungs- und Beobachtungsprozess ermöglicht, im Gegensatz zur biografischen Erfahrung, das Phänomen der Bedrohung zu reflektieren und künstlerisch zu entfremden. Der ästhetische Raum ermöglicht dem Körper und der Wahrnehmung eine Metamorphose von schmerzlichen Erlebnissen. Das Erschließen-Wollen neuer Terrains in der tänzerischen Handlung ist im metaphorischen Sinne das Erschließen von neuen Raumvorstellungen, auch im gesellschaftlichen und politischen Sinne. Die Ritualisierung der Erinnerung schafft Raum für ein neues Zuhause-Sein. Ein Tanz- oder Bühnenraum ist oft eine bewusste und freie Entscheidung für eine Reise in ein „fremdes Land". Der Abschied von überholten ästhetischen oder kulturellen Formalismen korrespondiert mit anderen Lebensbereichen und kann in der neuen Wirklichkeit als Überlebensstrategie angewendet werden und die Wahrnehmung für die Kontextabhängigkeit von Raum und Zeit schärfen.

ÄSTHETISCHE ERFAHRUNGEN UND ALLTAGSWIRKLICHKEIT

Um den anderen im Tanzraum zu begegnen, brauchten die Teilnehmer eine Brücke, ein Symbol des Übergangs. Gezielt eingesetzte Darstellungen, die bewegungslose Personen auf einer Brücke oder in einem leeren Raum zeigten, erzeugten bei den Teilnehmern ein Gefühl von Ungleichgewicht, von einem Prozess, der nicht abgeschlossen wurde.

Dieses Ungleichgewicht verkörperte aber gerade die prozessorientierte Handlung sowie das Erleben einer kulturellen Diversität und stand künstlerisch für das Nichtbewältigte, das Nicht-irgendwo-angekommen-Sein.

Als Rahmen für die kulturelle Entfaltung des Fremden reicht eine institutionelle Förderung Kultureller Bildung nicht aus. Für die Verbindung und Verankerung verschiedener Zivilisationen braucht es ein von der Basis auf durchdachtes soziales System. Politikwissenschaftler aus dem islamischen Raum, wie z.B. Bassam Tibi (vgl. 1996), betrachten die Synthese zwischen dem Prinzip der transparenten Systeme und dem Prinzip der kulturellen Entfaltung als grundlegend für ein befriedigendes Zusammenleben von religiös und ethnisch verschiedenen Segmenten.

Das Gleichgewicht zwischen Flexibilität und Stabilität ist eine körperliche Erfahrung, die sich von räumlichen und zeitlichen Empfindungen ableitet. Die Verankerung der ästhetischen Erfahrung in der Alltagswirklichkeit wird für die Teilnehmer zu einer neuen Wirklichkeit ihrer Biografie werden. Eine Existenz, die von Bedrohungs- und Ausgrenzungsängsten geprägt war, könnte mit dem aus der Fortbildung mitgenommenen Instrumentarium weiter reflektiert und als Strategie zum Schutz vor weiteren Ausgrenzungserfahrungen verwendet werden.

DAS SEIN ALS *CITOYEN* ODER *CITIZEN* NEU DEFINIERT

Das Konzept des *Citoyens*, der vom Politikwissenschaftler Bassam Tibi als Alternative zum *Fremden* definiert wurde, ist eine Strategie, die der Fremde sich aneignen könnte, um semantische Begriffe, die seine Entkörperung stigmatisieren, in einen angemessenen Diskurs zu bringen und in sein Umfeld zu integrieren. Um im Tanzraum handlungsfähig zu sein, wurde dieser Denkimpuls körperlich umgesetzt und als Bewegungsimpuls für eine Vielfalt von Improvisationen eingesetzt. Bei diesem Konzept wird das Individuum nach seiner Vielfalt gefragt und soll die Diversität seiner Identitäten kulturell und gesellschaftlich in Einklang bringen. Da die postmoderne Gesellschaft und damit die europäische Identität auf einer konsensuellen und nicht auf einer ethnischen Gemeinschaft beruht, muss ein neues Denkmodell „von Bürgern im Sinne von Citoyen/Citizen" entwickelt werden (ebd.: 377), in dem die ethnisch-exklusive Zugehörigkeit eine neue Rolle spielt. Übertragen auf die ästhetische Bildung und damit auch auf die Tanzpädagogik, bedeutet dieser Ansatz eine Arbeitsmethode, die das Exklusive wie auch das Inklusive eines Individuums in den Vordergrund eines kulturellen Dialogs stellt. Die enge Beziehung zwischen Bewegung, Dynamik und Raum stärkte in der Fortbildung das Gleichgewicht von Flexibilität und Stabilität und hat zu einem neuen Diskurs über zwischenmenschliches Vertrauen und Misstrauen geführt. Sie hat Normen des Umgangs miteinander thematisiert und systemische Strukturen künstlerisch umgesetzt. Die Fähigkeit zum kreativen Diskutieren und Umsetzen neu erlernter kultureller Inhalte erleichterte den Umgang mit einem unbekannten gesellschaftlichen Relativismus und bot ein Spielfeld für die Verkörperung des eigenen Seins.

VERSCHMELZUNG AUS ALTEM UND NEUEM FÜHRT ZU NEUEM BEWUSSTSEIN

Um unterschiedliche kulturelle Botschaften zu integrieren, bedarf es im Sinne von Gaston Bachelard (vgl. 1987) einer Klärung der Begrifflichkeit des *Außen* und *Innen*:

> „Draußen und Drinnen bilden eine Zerstückelungsdialektik [....]. Sie hat die scharfe Deutlichkeit der Dialektik des Ja und des Nein, die alles entscheidet. Ohne dass man es merkt, macht man daraus eine Basis von Bildern, die sämtliche Gedanken des Positiven und des Negativen beherrschen." (Ebd.: 211)

Die Beherrschung des kulturellen Lebensraumes bedeutet, dass wir der Überzeugung sind, dass Botschaften aus fremden Kulturen unseren eigenen sozialen, ästhetischen und emotionalen Erwartungen entsprechen müssen. Eine von Grund auf veränderte Einstellung zum Draußen und zum Drinnen bzw. zum Fremden und zum Bekannten kann ausschließlich durch einen Prozess der wechselseitigen Erfahrungen unterstützt werden. Der Bruch mit den eigenen kulturellen Normen kann dabei unvermeidbar sein. Da sich dabei allerdings neue Dimensionen des Verständnisses entfalten, könnte er ein Anreiz für weitere ästhetische Erfahrungen werden.

Körperliche Prozesse können aber nur aus biografischer Sicht durchlaufen und erlernt werden, was bedeutet, dass auch in der Fortbildung körperliche Lernprozesse nicht ganz vorurteilsfrei abgelaufen sind. Eine wichtige Erkenntnis der Teilnehmer war, dass körperliches Lernen nur aus den schon vorhandenen Ressourcen denkbar ist. Das Alte wird in der Auseinandersetzung mit dem Neuen zu einem neuen Bewusstsein, einem neuen Sinn. Es findet für alle beteiligten Seiten ein Umlernen von alten Mustern statt. Jeder neue Ausdruck, der vorgebracht wird, spiegelt das „Bedürfnis nach einem anderen Ausdruck, dass das Sein alsbald zum Sein eines anderen Ausdrucks werden muß." (Ebd.: 213 f.)

Die Verletzung der körperlichen Integrität löst eine Kettenreaktion von Angst und Wut aus und spiegelt für den Betroffenen seine Rolle in einem befremdeten Lebensraum. Diese Befremdung kann schnell zur Bedrohung werden, vor allem, wenn die Bedeutung des unverletzten Körpers eine andere Rolle in der Ursprungkultur spielt. In der Absicht, Angst und Agitationen zu verhindern, müssen Formen eines postmodernen Kommunikationssystems gelernt und geübt werden. Ich verstehe die nächste Phase der kulturellen Vielfalt als Phase des authentischen und gegenseitigen Altruismus, bei dem ein Dogmatismus in der Fragestellung wie in der Begriffsfindung vermieden wird. Die Rolle der transkulturellen Bildung ist diesbezüglich, den dogmatischen Egoismus durch einen flexiblen Altruismus zu ersetzen, in dem zivilisatorische Integration und die Bewahrung der eigenen Identität Hand in Hand gehen. Dazu gehört auch eine grundlegende kulturpolitische Diskussion, die die vorhandenen Konfliktbereiche ohne Scheu zum Ausdruck bringt und sie praktisch umsetzt. Diese Diskussion muss politische Innovationen thematisieren, damit sie mit Mitteln der Kulturellen Bildung umgesetzt werden und nicht nur als politisches Postulat verkommen.

ANDERS-SEIN ALS AUSHANDLUNGSPROZESS PERSÖNLICHER BEDÜRFNISSE

Zum Abschluss möchte ich ein Plädoyer für eine Leichtigkeit und eine Gelassenheit im Umgang mit diesem Thema aussprechen. Das Heranwachsen, die Orientierung und das künstlerische Handeln in mehreren Kulturen gleichzeitig kann eine schmerzhafte Erfahrung sein. Oft fühlt man sich, wie Edward Said (2000) seine Autobiografie genannt hat, „Am falschen Ort". Auch der künstlerische Ort kann, nach Said, von widersprüchlichen Wirklichkeiten geprägt sein. Er plädiert diesbezüglich für Distanz und Ironie in jedem Umgang mit kultureller Diversität. Beide Methoden „färben" die Identitätsfindung sowie das Selbstbewusstsein und das Wahrnehmen des anderen. Unserer dynamischen Identität, die jeder von uns immer von neuem reflektieren sollte, täte es gut, wenn sie sich ihrer Brüchigkeit, aber auch ihrer Virtuosität, ihrer Inspiration und ihrer emotionalen Komplexität bewusst wäre. „Anders"-Sein ist nämlich ein lebenslanges explizites Erforschen der persönlichen Bedürfnisse, das auf einen gereiften Blick auf die kulturelle, räumliche und zeitliche Distanz zwischen einem Möglichkeitsraum und einem Wirklichkeitsraum nicht verzichten kann. Die Perspektive auf das inhärent Kosmopolitische im eigenen Dasein begleitet den anderen in jeder seiner Entscheidungen und Handlungen. Vielleicht gerade weil es so unverzichtbar ist, fällt es uns so schwer, in einem Kaleidoskop von Diversitäten und schöpferischen Ressourcen zu leben und die kulturelle Heterogenität als zeitgemäße Alternative zur Homogenität zu entdecken.

LITERATUR

Bachelard, Gaston (1987): Poetik des Raumes. Frankfurt a.M.: Fischer Verlag.

Beck, Ulrich (2011): Global Inequalities and the Human Rights Regime. The Sixth Annual Lecture on Human Rights 2011. The Minerva Center For Human Rights [www.youtube.com/watch?v=qvfAm7qGlOk, zuletzt aufgerufen am: 13.07.2015].

Hudzik, Agnieskzka (2011): Europa ist ein Sprachgewirr. Könnte die Literatur Europa auf neue Ideen bringen? Der polnische Soziologe Zygmunt Bauman im Gespräch über unsere europäische Identität im Roman. In: Zeit Online, 23.09.2011 [www.zeit.de/kultur/literatur/2011-09/zygmunt-bauman-interview, zuletzt aufgerufen am: 13.07.2015].

Kristeva, Julia (1988): Etrangers á nous-mémes. Paris: Artheme Fayard.

Luhmann, Niklas (1995): Die Kunst der Gesellschaft. Frankfurt a.M.: Suhrkamp.

Said, W. Edward (2000): Am falschen Ort. Berlin: Berlin Verlag.

Tibi, Bassam (1996): Der wahre Imam. München: Piper.

Transkulturelle urbane Räume

Perspektiven Kultureller Bildung

Ernst Wagner

Abstract

Dass Diversität in der Kulturellen Bildung eine zentrale Rolle spielt – und spielen muss, ist spätestens seit dem Zeitpunkt Konsens, mit dem sich die Zielgruppen der Kulturellen Bildung durch Migration massiv verändert haben. Diese Veränderungen sind zunächst in der außerschulischen Jugendbildung angekommen, die sich – will sie überleben – präzise auf ihr Publikum einstellen muss. Doch auch die schulische Bildung hat in der Zwischenzeit deutlich aufgeholt. Dem einhelligen Konsens, dass die Diversität der Teilnehmer berücksichtigt werden muss, steht aber eine tiefe Ratlosigkeit über das „Wie" gegenüber. Auch wenn einzelne (und immer mehr) Projekte gelingen, so fehlt doch immer noch eine systematische Verortung der Ansätze. Erst eine solche Klärung des Feldes kann aber den Akteuren Souveränität im Gestaltungsprozess kultureller Bildungspraxis geben. Im Folgenden wird deshalb versucht, eine erste, vorläufige und dennoch systematische Matrix multi-, inter- oder transkultureller Praxis[1] aufzustellen und diese an einem Beispiel, der Auseinandersetzung mit dem urbanen Raum, zu konkretisieren.

1 Zur Diskussion der Begriffe und zur Darstellung der jeweils spezifischen Potenziale der drei Ansätze, siehe S. 241 f.

GRUNDLEGUNG: KULTURELLE BILDUNG – GLO*K*AL

Transkulturelle Bildung ist Bildung im Zeitalter der Globalisierung. Die rapide ansteigenden Wanderungsbewegungen führen Menschen aus sehr verschiedenen kulturellen Kontexten nach Deutschland und Deutsche in Länder mit anderen Codes und Normen. Darüber hinaus wandern Waren, Bilder und Informationen. In diesen neuen Dynamiken muss sich Bildung anders positionieren als dies bis vor kurzem noch notwendig war. Dabei ist entscheidend, dass Bildung immer im Feld stattfindet, ein Feld, das von der Spannung zwischen Globalisierung und gegenläufigen Lokalisierungstendenzen (nationale Identitäten, Community-Bewusstsein, Besinnung auf das eigene kulturelle Erbe, regionale Identität) geprägt ist. Kulturpädagogik muss auf beides eingehen, also neben der Globalisierung auch den Aspekt des Regionalen, Lokalen berücksichtigen. Diese Doppelfigur, die Gleichzeitigkeit von global und lokal, prägt die Wahrnehmung der Menschen, seien sie Akteure oder Adressaten der Kulturellen Bildung.

Dabei erleben wir in der aktuellen Situation ein Paradox. Die im Moment vorherrschenden Vielfalts- bzw. Diversitykonzepte beziehen sich vor allem auf Differenzen, letztlich also auf regional oder ethnisch definierte, d.h. „lokale" Identitäten. Globalitätskonzepte, die sich auf ältere Ideen von Weltbürgertum und Kosmopolitismus beziehen, werden dagegen eher kritisch beäugt. Die Konzepte, wie z.B. *Global Citizenship*, globale Jugendkulturen, globale Märkte, postmigrantische Kulturen, beziehen sich im Gegensatz zu Diversity vor allem auf das jeweils Verbindende, Gemeinsame – in globaler Dimension. Im Hinblick auf die Praxis zeitgemäßer Kultureller Bildung kann jedoch nur ein Abwägen beider Aspekte zu einem Gelingen von Maßnahmen und Praxen führen. Die Vorstellung von „Glo*k*alisierung", einer Idee, die beide Aspekte in Beziehung bringt, kommt diesem Gedanken am nächsten. Für Kulturelle Bildung im Zeitalter der Glo*k*alisierung, für den Kontext von Lokalisierungstendenzen und weltweiter Migration (von Kommunikation, Praxen, Menschen, Waren, Marken, Identitätsangeboten und Werten), ergibt sich damit eine mögliche glokale Handlungs- und Reflexionsmatrix:

Tabelle 1: Reflexionsmatrix

	Globale Konzepte	**Lokale Konzepte/ Konzepte vor Ort**	**Glokale Konzepte**
Ebene der kulturellen und künstlerischen Praxen	„Global Art" (z.B. durch die Migration von Künstlern, Formen, *Creative Industries*, Kunstmärkten und Events) „Global Culture" durch globale Kommunikation in digitalen, alle Grenzen überschreitenden Medien sowie globale Warenströme, globale Brands/Marken, globaler Konsum, globale Lifestyles	Unterschiedliche Vorstellungen von Kultur und Kunst in verschiedenen Regionen, Kulturen, Ethnien, Religionen und die daraus folgenden Praxen (örtliches Brauchtum, regionale Volkskultur, Kunsthandwerk, regionale „Schulen" künstlerischer Praxis) Regionale Kulturgeschichte	Hybridformen, entstanden aus der permanenten Begegnung von lokalen Traditionen mit grenzüberschreitenden Einflüssen und Wanderungsbewegungen
Ebene der Konzepte	Internationale oder globale Leitvorstellungen, internationale Definition des Begriffs „Arts Education", etwa bei UNESCO, OECD, den in der World Alliance for Arts Education zusammengeschlossenen NGOs, der Europäischen Union, dem International Network for Research in Arts Education etc.	Unterschiedliche Kultur- und Bildungsbegriffe verschiedener Regionen/Kulturen Paradigmenwechsel bei den fachdidaktischen Konzepten vor Ort als Reaktion auf globale Entwicklungen im Kunst- und Bildungsbereich auf lokaler Ebene „Diversity" als Leitmetapher	Hybridformen, entstanden in der Auseinandersetzung, z.B. in wissenschaftlichen Diskursen oder durch normative Anpassungen (internationales und nationales Recht)

Daraus ergeben sich mögliche Leitfragen einer glo*k*alen Kulturpädagogik:

Tabelle 2: Grundlegung möglicher Praxis

	Globale Aspekte: Analyse von Phänomenen im internationalen Kontext	**Lokale Aspekte: Vergleich verschiedener kultureller Ausprägungen**	**Hybride Aspekte: Herausarbeiten des Hybridcharakters**
Auf der Ebene der kulturellen Praxen	Sind *Global Culture* und *Global Art* neue Kategorien kultureller Produktion, die sich aus der Migration (der Kreativen, von Formen, der Märkte und Ausstellungen) speisen? Warum können sich globale Konzepte oder *Global Icons* in ganz verschiedenen Kulturen durchsetzen?	Welches Verständnis von Kunst und Kultur ist an einem bestimmten Ort zentral? Wie sind die Vorstellungen von Künstlern oder die von der künstlerischen Produktion in der jeweiligen tradierten Kultur?	Kann die europäische Kunstgeschichte als Hybridgeschichte im Kontext von grenzüberschreitenden Einflüssen und Reise-/Wanderungsbewegungen neu geschrieben werden? Wie werden *Global Icons* in verschiedenen Kulturen adaptiert? Wie kann der transkulturelle Hybridcharakter von Objekten der eigenen Kultur dargestellt werden?
Auf der Ebene der Konzepte	Wie wird der Begriff *Arts Education* etwa bei der UNESCO oder bei NGOs definiert und wie werden die damit verbundenen Konzepte in der internationalen Bildungs- und Kulturpolitik umgesetzt? Gibt es Universalien in diesem Kontext?	Wodurch unterscheidet sich die Kulturelle Bildung, der Kulturbegriff, die Auffassung von Kunst in verschiedenen Ländern/Kulturen?	Kulturpädagogische Paradigmenwechsel vor Ort als Reaktion auf globale Entwicklungen

WIE VERHÄLT SICH „GLO*K*ALE KULTURPÄDAGOGIK" ZU DEN IDEEN VON MULTIKULTUR – INTERKULTUR – TRANSKULTUR?

Bislang war von Glo*k*aler Kultureller Bildung, definiert aus ihrem Gegenstand (der jeweiligen kulturellen Ausprägung), die Rede. Unter dem Blickwinkel der Interaktion zwischen kulturellen Ausprägungen, des lokalen oder globalen Untereinander, ergeben sich andere Perspektiven. Hier greift die klassische Unterscheidung von multi-, inter- und transkulturellen Ansätzen besser und beide Ansätze können sinnvoll aufeinander bezogen werden. Glokale wie globale Inhalte – in den nachfolgenden Tabellen oben jeweils in der rechten oder linken Spalte – korrespondieren am ehesten mit einem transkulturellen Zugang, während die lokalen Inhalte (mittlere Spalte) am besten auf Multi- und Interkultur zu beziehen sind.

Dabei dienen die Begriffe *Multikultur – Interkultur – Transkultur* (und die damit verbundenen Denkformen bzw. Wahrnehmungskonzepte)[2] dem Verständnis kultureller Interaktionsprozesse, unabhängig davon, ob sie zwischen Gruppen, Milieus, Ethnien, Religionen, Nationen stattfinden: Der Begriff *Multikultur* betont vorrangig das Nebeneinander unterschiedlicher, vielfältiger Lebenswelten, Lebenskonzepte, Milieus und Kulturen, die jeweils gemeinsam in einem Raum gegenseitiger Wahrnehmung existieren. *Interkulturalität* wiederum akzentuiert den Aspekt der Selbstdefinition, der Definition des „Eigenen" in Bezug auf die Definition des jeweils „Anderen". Der Begriff *Transkulturalität* schließlich betont insbesondere die Verschmelzungsprozesse und den durch diese Prozesse bedingten Fluss von Neuausprägungen der Lebenswelten sowie die Möglichkeiten multipler und variabler Orientierungen.

Als deskriptive, analytische Begriffe, die jeweils die Empirie beschreiben – also nicht als normative Begriffe, die durch Werteentscheidungen begründete Ziele definieren –, können sie genutzt werden, die jeweils spezifischen Potenziale genauer zu bestimmen. *Multikulturalität* etwa bietet folgende Entwicklungspotenziale zur Erreichung wichtiger Kompetenzen in kulturpädagogischen Bildungsprozessen:

---

2 Die hier getroffene Unterscheidung lehnt sich im Wesentlichen an die in Göhlich et al. im Jahr 2006 entwickelte Argumentation an (vgl. Göhlich et al. 2006: 20 ff.).

- Die Beteiligten können im eigenen Lebensumfeld Fremdheit/Alterität wahrnehmen, akzeptieren und in ihrer Bedeutung für sich selbst einschätzen und bewerten.
- Sie können milieuspezifische Unterschiede für sich persönlich ebenso wie für das Zusammenleben fruchtbar machen.
- Kunstwerke und alltagsästhetische Gegenstände können sie als Ausdruck von gesellschaftlichen Zuständen und als kreative Äußerungen im jeweiligen Kontext verstehen.
- Die Teilnehmer können verschiedene Kulturen als Muster symbolischer Formen interpretieren, sie vergleichen, auch um kulturelle Vielfalt als Wert zu schätzen, individuelle Erfahrungsräume zu erschließen und zu gestalten.
- Sie können aus einer „Vielfalt" bewusst auswählen und ihre Wahl begründen.

Das Konzept *Interkulturalität* wiederum bietet vor allem die Möglichkeit, dass die Teilnehmer lernen,

- Kulturen als Entwürfe aufeinander zu beziehen,
- Interaktionen zwischen Kulturen wahrzunehmen und zu interpretieren,
- kulturelle Phänomene anhand von persönlichen, gruppenspezifischen und universellen Kriterien (z.B. Menschenrechte) zu bewerten,
- Dialog- und Interaktionsformen zu initiieren und selbst zu gestalten,
- Konfliktpotenziale erkennen und abschätzen zu können,
- auf Menschenrechte bezogene Formen kultureller Interaktionen umsetzen zu können.

Dagegen birgt das Konzept der *Transkulturalität* wiederum Chancen,

- übergreifende Mechanismen der Kulturbildung entdecken zu können,
- kulturelle Phänomene als transkulturelle zu dekodieren,
- Intentionen und Konsequenzen abzuschätzen,
- Hybridität zu erproben und zu gestalten,
- in öffentlichen Kontexten mit transkulturellen künstlerischen Konzepten agieren zu können.

Ein multi-inter-transkulturelles kulturpädagogisches Kompetenzmodell für die Kulturelle Bildung zu entwickeln, ist im Moment noch ein Desiderat. Vielleicht können jedoch solche ersten Überlegungen zu einer entsprechenden fälligen wie notwendigen Entwicklung beitragen.

PRAXIS IM URBANEN RAUM

Jede der oben in Tabelle 2 entwickelten Leitfragen muss in Praxiserprobungen überprüft und ausdifferenziert werden. Dies soll im Folgenden an einem konkreten Beispiel versucht werden. Studierende der Kunstpädagogik der Ludwigs-Maximilians-Universität München hatten im Rahmen eines zweisemestrigen Seminars „Fremde Bilder – Beiträge zu einer interkulturellen Kunstpädagogik" begonnen, ihre eigene räumliche Umgebung, d.h. den Stadtraum München, als transkulturelles Forschungsobjekt zu nutzen. Kann ein bestimmter urbaner Raum als „Lokalbahnhof von Weltkultur" begriffen werden? Können Spuren der Auseinandersetzung bzw. der Begegnung mit dem jeweils „Anderen" (hier am Beispiel islamisch geprägter Kultur) gefunden und untersucht werden? Können Phasen und Typologien der Auseinandersetzung, der Aneignung, der Verschmelzung, der Unterdrückung, der Abgrenzung, der Faszination modelliert werden? Oder ganz konkret: Warum gibt es in München Moriskentänzer? Warum reiste Kandinsky von München aus gerade in ein islamisch geprägtes Land auf der Suche nach ästhetischen Wahlverwandtschaften? Was macht das orientalische Flair des Bahnhofviertels aus? Und warum gibt es eine Türkenstraße in München? Letztlich ging es um die Fragen: Welche Wurzeln hat die Kultur unseres Stadtraums? Und: Können wir nicht die vertraute Umgebung erst durch das Phänomen der Kulturbegegnungen verorten und damit verstehen?

Um all diesen Fragen nachzugehen, sind die Studierenden auf die Suche gegangen, haben entsprechende Spuren in der Stadt (als einem definierten Raum) gesucht und erforscht. Eine lange Liste möglicher Orte und Plätze entstand. Die Studierenden wählten aus ihr einzelne Bespiele – nach eigenen Interessen und Vorlieben – aus und bearbeiteten diese genauer.

Die Resultate wurden auf einer temporären Website veröffentlicht.[3] Nach Abschluss des gesamten Projekts haben wir, nachdem die Nachfrage groß war, in einem zweiten Schritt die wichtigsten Objekte nochmals intensiver bearbeitet und die Ergebnisse dieser Arbeit als Stadtführer unter dem Titel „Isar-Arabesken – Spuren des Orients in München" publiziert (Wagner/Wimmer/Sedghi 2013).

Die Erforschung der hybriden, transkulturellen Struktur eines gewachsenen urbanen Raums hat gezeigt, dass „München" hier eine besondere Herausforderung darstellt. München ist auf der einen Seite eine Stadt mit hoher Integrationskraft. So hat z.B. der Münchner Stadtrat im Jahr 2008 in einem „Interkulturellen Integrationskonzept" Grundsätze und Strukturen im Umgang mit Migration formuliert, die deutschlandweit als vorbildlich wahrgenommen wurden und werden. München ist aber auch eine Stadt, in der Brüche und Diskontinuitäten offensichtlich wenig geliebt werden und in der Ungleichzeitigkeiten, Differenzen deshalb gern (und vor allem auch immer möglichst prächtig) verdeckt oder übertüncht wurden und werden. Das gilt im Hinblick auf die Gegenwart, aber auch für die Vergangenheit. Dennoch haben die vielfältigen und diskontinuierlichen Begegnungen und Auseinandersetzungen mit anderen Kulturen tiefe Spuren hinterlassen – sie werden jedoch kaum sichtbar. Dies gilt für viele „Vergangenheiten", und eben auch für die Begegnung mit dem Orient oder mit islamisch geprägten Kulturen.

Der Orient, der „Osten", ist hier mehr als ein geografischer Begriff. Orientalisch sind die Länder und Regionen um die Ostküste des Mittelmeers, die italienische Händler (nach der aufgehenden Sonne) „Levante" nannten, die Arabische Halbinsel und Vorderasien bis nach Indien und in

3 Mit dieser Veröffentlichung war – neben der Dokumentation – ein politisches Signal an die Stadtgesellschaft bewusst mitintendiert: Die Website hatten wir als Beitrag zur Diskussion um ein künftiges „Islamischen Museum" der Stadt verstanden und deklariert. Dieses Museum wurde zur Entstehungszeit gerade im Rahmen der Initiative „Zentrum für Islam in Europa" initiiert und in München kontrovers diskutiert. In diesem Selbstverständnis als auch als politischer Beitrag haben die Studierenden dann auch das Projekt im Münchner Rathaus sowie auf dem Ökumenischen Kirchentag vorgestellt – was prompt entsprechende, hasserfüllte Reaktionen und Anfeindungen auf zwei rechtpopulistischen Websites zur Folge hatte.

die Steppen um Samarkand und Buchara an der Seidenstraße. Über Nordafrika greift der Orient aber bis Marokko auch nach Westen aus. Schließlich befand sich das arabische Andalusien am westlichsten Rand des Abendlandes und war deshalb eigentlich „Morgenland". Dieser Orient war immer auch ein Teil Europas. Nicht nur auf dem Balkan ist er bis heute sehr präsent. Griechenland, die Keimzelle europäischer und christlicher Identität, war lange Teil des Orients und gehört und gehörte schon geografisch zu Europa *und* zu Kleinasien. Im Orient, nicht in Europa, lag das Christentum in der Wiege, und wie Europa nie „nur christlich" war und bleibt, war und bleibt der Orient nie „nur islamisch". Dennoch kreisen die Facetten der Auseinandersetzung immer wieder auch um religiöse Abgrenzung, gerade auch wieder in den letzten Jahren und bis heute.

ISAR-ARABESKEN – PHASEN DER ORIENTBEGEGNUNG UND -AUSEINANDERSETZUNG

Der Orient bedeutete darüber hinaus in verschiedenen Epochen immer wieder etwas ganz anderes. Generell können im Hinblick auf den Münchner Stadtraum, aber sicher auch darüber hinaus, vier Phasen unterschieden werden.

1) Biblische Geschichten, die vor allem das Mittelalter prägten, erzählen von reichen Weisen aus dem Morgenland und auf Altarbildern gab es „edle Mohren". In der Stadt traten exotische Tänzer „à la morescha" auf. Und es kamen sagenhafte Reichtümer wie Bücher, medizinische Traktate, Gewürze, Kunsthandwerk hinzu, die oft als Importgut höchste Wertschätzung erfuhren. Es handelte sich also um einen Orient, der trotz kultureller Kontakte zur arabisch-islamischen Welt durch Handel oder Kreuzzüge kaum lokalisierbar war. Es bildete ein sagenhaftes Morgenland, und so die Basis für eine fruchtbare Epoche, die zur Übernahme vieler kultureller Produkte aus der kulturell überlegenen, islamischen Welt führte. Diese Phase dauerte ungefähr bis zur ersten Belagerung Wiens durch die Türken (1529) an.
2) Ihr folgte eine lange Zeit, in der die Abwehr gegen die nun vorrangig „Ungläubigen", die ja auch militärisch immer näher rückten, prägend war. Feindbilder waren jetzt gefragt. Im Mittelpunkt stand die konkrete

Macht mit einem abgrenzbaren Territorium, dem Osmanischen Reich, in dem man den Orient verorten konnte. Die („Rück"-)Eroberung Griechenlands im 19. Jahrhundert durch die westeuropäischen Mächte (darunter Ludwig I. von Bayern als glühender Philhellene) war das letzte Ereignis in dieser Phase – auch wenn bis heute das Muster immer wieder reaktiviert wird: Als Rekurs auf den Kreuzzugsgedanken in der Auseinandersetzung zwischen dem „Westen" und einem militanten radikalen Islam oder – in Osteuropa – ein ähnlicher Reflex auf den „Amselfeld-Mythos".

3) Erst nach dem erfolgreichen Zurückschlagen des Osmanischen Reichs mit Waffengewalt konnten sich wieder Formen der Anerkennung der anderen Kultur durchsetzen. Barocke Türkenmode prägte das Bild der Schlösserwelt europäischer Fürsten und damit auch der bayerischen. Goethes „West-östlicher Diwan" wurde in München ebenso gelesen wie Mozarts „Entführung aus dem Serail" besucht. Orientreisen der Eliten bildeten eine wichtige Quelle. Und in den 1960er Jahren gab es das „Türkendolch", das beste Kino Münchens. War der exotische Kulturraum Orient, der irgendwie von der Türkei über die arabische Halbinsel bis nach Persien reichte, bis in diese Zeit für die meisten noch weit entfernt, so waren es doch Orientalisten und orientalisierende Künstler, die frühe Brücken bauten – bis hin zu den Künstlern der Moderne, die in der Kunstauffassung des Islam ihre Wahlverwandtschaft fanden.
4) Bereits die Bagdadbahn hatte erste Touristen in den Orient geschickt. Nach dem Zweiten Weltkrieg wurde diese Bewegung zum Massentourismus. Und seit den 1960er Jahren kam mit den Arbeitsmigranten und mit der Globalisierung der Orient vor die Haustür, in die Trambahn, an den Arbeitsplatz. Seitdem ist wieder einmal alles anders und wie die ganze Welt muss sich auch die Stadt München entscheiden, ob sie den Weg des *Clash of Civilizations* oder den einer aufgeschlossenen, multi-, inter- oder transkulturellen Gesellschaft gehen will.

Interessant ist, an welchen Orten bzw. an welchen Objekten diese Phasen deutlich werden, Spuren zutage treten. Im Wesentlichen sind es drei verschiedene Kategorien: *Architekturdenkmäler* im öffentlichen Raum, ihre Form oder Ausstattung. Von ebenso großer Bedeutung sind auch *Einzelobjekte und Sammlungsbestände in Museen*, die hier als Tresore des kulturellen Gedächtnisses funktionieren, auch wenn sie dieses Potenzial oft genug viel zu wenig ausreizen. Und natürlich der aktuelle, lebendige, *öffentliche Stadtraum* mit seinen Menschen und Geschäften – vom Alltag bis zur aktuellen Kunstszene.

1) Für die erste Phase im Mittelalter und der frühen Neuzeit, geprägt von dem oben charakterisierten Orient-Bild als exotische, ferne Fremde, (als dieser Orient irgendwie „hinter Jerusalem" oder in Andalusien bzw. Nordafrika lag), finden sich in München Spuren vor allem in Museen (vom Stadtmuseum bis zum Kunstmuseum, wie etwa der Alten Pinakothek), in Architekturdenkmälern (wie bei den islamisch inspirierten Turmkuppeln der berühmten Frauenkirche). Darüber hinaus finden sich oft besonders wertvolle Kleinobjekte, etwa in der Handschriftenabteilung der Bayerischen Staatsbibliothek oder Objekte in der Schatzkammer der Residenz (vom fatimidischen Kristallgefäß, umgearbeitet als Kelch bis zum Straußenei-Objekt), die die Mär von dem sagenhaften, reichen, hochentwickelten Orient besonders gut transportieren konnten.

Abbildung 1: Screenshot der temporären Website, hier zur Frauenkirche

Quelle: Ernst Wagner[4]

2) Von der zweiten Phase, geprägt vor allem von der Bedrohung durch das Osmanische Reich im 16./17. Jahrhundert (Stichwort „Türken vor Wien"), sprechen etwa die Schlösser der bayerischen Herrscher (von Nymphenburg bis Schleißheim) und einzelne Objekte, wie z.B. ein Maria-Hilf-Bild als Anlass für Wallfahrten in der Peterskirche oder etwa die „Türkenfahne" in der Frauenkirche. Auch spätere Reflexe finden sich immer wieder, etwa in den öffentlichen Fresken des 19. Jahrhunderts (als Teil der Staatspropaganda des neu definierten Königreichs Bayern, z.B. in den Hofgartenarkaden) oder im späten Denkmal für den „Türkenbezwinger" von Max Emanuel.

4 Die Abbildungen sind Fotos des Verfassers. Nicht alle Urheber ließen sich recherchieren – trotz inständiger Bemühungen. Rechteinhaber, die nicht aufgeführt sind, mögen sich bitte mit dem Verfasser in Verbindung setzen.

Abbildung 2: Die erbeutete Türkenfahne in der Frauenkirche

Quelle: Ernst Wagner

3) Für die Phase der Idealisierung im 18., 19. und frühen 20. Jahrhundert wiederum steht der Orientalismus, der uns in den Kaffeehäusern und Tabakläden des 19. Jahrhunderts ebenso begegnet wie in der Orientbegeisterung König Ludwigs II. Der Orientexpress hatte seine Station in München, in der Malerei sind es dann auch die traumhaft lasziven Sujets der klassischen Orientmaler, die in Schwabing ihre Ateliers hatten, oder bekannte Künstler wie Carl Spitzweg oder Anselm Feuerbach, die die Begeisterung für die Ferne teilten. Einen besonderen Stellenwert nehmen in diesem Kontext Maler wie Paul Klee, Wassily Kandinsky oder August Macke ein, für die die islamisch geprägte Kunst eine besondere Bedeutung für ihre Experimente in Richtung Abstraktion hatte. Die legendären Tunis-Reisen bestätigten ihre Auffassung vom Abbildverbot als faszinierende Referenz.

4) Die letzte Phase schließlich führt uns in das Zeitalter der Globalisierung, das Zeitalter von Flucht, Migration und Tourismus, das zu ganz neuen Konstellationen führte. Der Münchner Bahnhof und das Bahnhofviertel sind dafür ebenso Zeugnisse wie etwa zeitgenössische Moscheen oder Ausstellungen und Aktionen von Studierenden der Münchner Kunstakademie oder zeitgenössischer Künstler, deren Herkunft und Bezugskultur „im Orient" liegen. Auf der anderen Seite reagieren die Stadtgesellschaft, städtische Einrichtungen und Referate sowie Kultureinrichtungen (wie Kammerspiele) mit einer wichtigen Form interkulturellen Mainstreamings – in programmatischen, politisch begründeten Neuordnungen und Orientierungen von Kulturpolitik und kulturpolitischen Maßnahmen und Programmen. So wurde z.B. aus dem „Völkerkundemuseum" vor kurzem das „Museum der fünf Kontinente".

Abbildung 3: Plakat „Typisch München" mit der Silhouette einer Moschee

Quelle: Ernst Wagner

Abbildung 4: Arbeit in der Theatinerkirche im Rahmen der Ausstellung „belief unlimited", 2009

Quelle: Ernst Wagner

Die Studierenden, so zeigte die Erfahrung im Seminar, hatten bei der Beschäftigung immer wieder Aha-Erlebnisse, die auf die Entdeckung verblüffender Parallelen zu ihrer eigenen, heutigen Wahrnehmung hinwies. Das heißt, es wurden nicht nur der tagtäglich erlebte Stadtraum als ein hybrid geformter erkannt, sondern darüber hinaus Muster erkannt, Bezüge hergestellt und in diesem Zusammenhang das eigene Selbstverständnis reflektiert: Wie steht es mit meinen eigenen „transkulturellen Wurzeln"?

DISKUSSION

Betrachtet man den öffentlichen Raum, z.B. den Stadtraum, als „Erzieher", als Ort, der die Menschen, die sich in ihm bewegen, beeinflusst, in ihrem Handeln, ihren Einstellungen und ihrem Wissen, dann ist der Stadtraum nicht per se nur ein Ort der Kulturellen Bildung, sondern auch ein (eigenständiger) Akteur der Kulturellen Bildung. Er formt die Wahrnehmung und damit die, letztlich politische, Einstellung, das Selbstverständnis. Es ist noch nicht lange her, da wurden andere Stadträume, etwa Nürnberg als „urdeutsche Stadt" oder Chemnitz bzw. Karl-Marx-Stadt als Ort des sozialistischen Aufbruchs verstanden und wahrgenommen. München, als hybrider, transkultureller Raum, ist entstanden aus der permanenten Begegnung von lokalen Traditionen mit grenzüberschreitenden Einflüssen und Wanderungsbewegungen (siehe Tabelle 1, S. 237). Er wird als adäquater (und wahrer) Raum, mit einer anderen Sichtweise und einer anderen, der Verständigung verpflichteten, politischen Einstellung gerecht. Die in Tabelle 2 (siehe S. 238) gestellte Frage „Wie kann der transkulturelle Hybridcharakter von Objekten in der eigenen Kultur dargestellt werden?" wurde durch das Projekt „Isar-Arabesken" beantwortet: Er lässt sich reproduzieren, indem man sich unter einer bestimmten Fragestellung auf die Spurensuche begibt, hartnäckig und geduldig die Dinge befragt, um ihnen ihr jeweiliges „transkulturelles Geheimnis" zu entlocken, die Ergebnisse dokumentiert und veröffentlicht, um die eigne Wahrnehmung der gestalteten Umgebung, aber auch die Wahrnehmung vieler Menschen zu beeinflussen.

Abbildung 5: Stadtplan München (Innenstadt) mit Punkten für die recherchierten Objekte

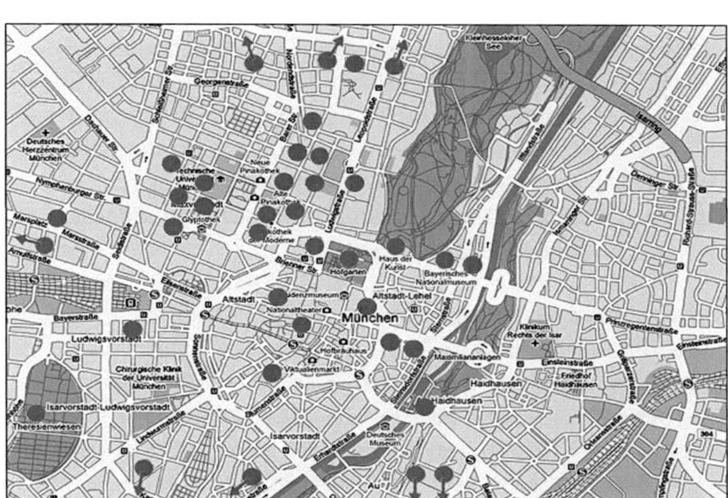

Quelle: Ernst Wagner

In diesem spezifisch transkulturellen Ansatz konnten so, in Bezug auf die oben entwickelten Kompetenzen (siehe Liste S. 239 ff.), folgende spezifischen Potenziale zum Tragen kommen:

- Die Studierenden konnten am Beispiel des eigenen Stadtraums übergreifende Mechanismen der Kulturbildung entdecken.
- Sie lernten kulturelle Phänomene (Baudenkmäler ebenso wie einzelne Objekte) als transkulturelle kennen und erlangten die Fähigkeit, ihren transkulturellen Gehalt zu dekodieren.
- Und sie haben sich durch ihre öffentlichen Präsentationen im politischen Raum positioniert (was, wie erwähnt, zu entsprechenden Reaktionen in rechten Kreisen geführt hat, siehe Fußnote 3).

TRANSFER

Die Notwendigkeit einer Erprobung und Ausdifferenzierung der eingangs formulierten Leitfragen in der Praxis wurde oben bereits eingehend erläutert und am Beispiel der „Isar-Arabesken" konkretisiert. Auf der Ebene der Konzepte, der Leitfrage nach dem Kunstbegriff, soll die Möglichkeit eines Transfers abschließend kurz umrissen werden. Dabei wird hier wieder der Fokus auf bildende Kunst und Bilderwelten gelegt.

In einem solchen Kontext können – im Sinne einer Komparatistik – dann folgende Aspekte bedeutsam werden:

- In welche Gattungen differenzieren sich Kunst und Kultur in verschiedenen Kulturen/Milieus aus?
- Gibt es die Auffassung von Stadtraum als kulturelles Phänomen?
- Ist Architektur oder Stadtplanung eine Kunst, die erlernt werden kann?
- Gibt es einen Kunst- oder Kulturbegriff als Überbegriff (wie in den meisten europäischen Sprachen)? Mit welchen Themen beschäftigen sich diese?
- Gibt es Tabus?
- Welche Systeme haben sich in der jeweiligen Geschichte ausgeprägt?
- Haben Bilder und urbane Räume auch magische, kultische, religiöse, dekorative, diskursive, kontemplative Funktionen?
- Welches sind die jeweiligen Leitmedien?
- Werden Themen der Kunst und der Stadtgestalt in der Gesellschaft diskutiert? Wenn ja, welche und wie?
- Welche Leitbegriffe sind in aktuellen Diskursen entscheidend (z.B. Erbe, Avantgarde, Moderne, Entwicklung, Innovation)?
- Welche Legitimationsfiguren gibt es für die Auffassung des Stadtraums als gestalteter Ort (Teilhabe am Schönen, Kunst als das „Andere" etc.)?
- Wie ist das Verhältnis von Kultur und Religion? Kultur und Staat?
- Gibt es eine Trennung zwischen Volks- und Hochkunst, zwischen Alltagsästhetik und Kunst, zwischen U- und E-Kultur?
- Gibt es einen zu unserem deutschen Wort „Kitsch" analogen Begriff? Einen Begriff von Jugendkultur?
- Wie werden in öffentlichen Räumen Bilder aufgehängt (und welche)?
- Gibt es eine Hierarchie von Gattungen?

- Welche Vorstellungen gibt es von einem Künstler, einem Architekten, einem Stadtplaner?
- Welche Vorstellungen gibt es von ihren Rollen? Wie ist ihr sozialer Status? Wie ist ihre Tätigkeit definiert?
- Gibt es eine Theorie des künstlerischen, stadtplanerischen, gestaltenden Akts?
- Gibt es ein Konzept von Kreativität, von schöpferischer Tätigkeit?
- Welches sind die Rezeptionsmodelle?
- Wie sollen sich die Betrachter im Stadtraum bewegen und verhalten?
- Gibt es Unterschiede in den Sehkulturen?
- Welche Funktion haben kulturelle Objekte für die Gesellschaft?
- Und natürlich: Welche dieser Aspekte sind für die Kulturelle Bildung im jeweiligen Land besonders wichtig?

Deutlich wird, dass bereits eine solche erste und vollkommen vorläufige Sammlung von Fragen (dazu nur in einem Feld) bereits Anregungen für unendlich viele mögliche Praxiserprobungen bietet.

LITERATUR

Göhlich, Michael/Liebau, Eckart/Leonhard, Hans-Walter/Zirfas, Jörg (2006): Transkulturalität und Pädagogik. Interdisziplinäre Annäherungen an ein kulturwissenschaftliches Konzept und seine pädagogische Relevanz. Weinheim/München: Juventa.

Wagner, Ernst/Wimmer, Stefan Jakob/Sedghi, Leyla (2013): Isar-Arabesken. Spuren des Orients in München. München: Allitera-Verlag.

Autorinnen und Autoren

Bahouth, Chadi, Dr. phil., ist Journalist, Politologe und Autor. Er ist außerdem 2. Vorsitzender der Neuen deutschen Medienmacher. Seine Arbeitsschwerpunkte sind: Kulturelle Bildung, Medientraining, Diversität, Interkulturalität, Migration, Integration, Internationale Beziehungen, Ressourcenkonflikte.

Dietze, Brigitte, ist Fachbereichsleiterin für Bildende Kunst an der Akademie Remscheid für Kulturelle Bildung. Nach einer Ausbildung zur Restauratorin von Stein und Wandmalerei studierte sie an der Universität Osnabrück Kunst und Kunstpädagogik mit den Nebenfächern Kunstgeschichte und Medienwissenschaften. Mit einem postgradualen Studium in Bochum ergänzte sie die Fächer Kunstkritik und kuratorisches Wissen.

Dunz, Maria, M.A., führt als Kunstvermittlerin und Kulturmanagerin Projekte im Bereich Kultureller Bildung für öffentliche Kunst- und Kultureinrichtungen durch, entwickelt Vermittlungsprogramme und Veranstaltungsformate. Als Wissenschaftliche Mitarbeiterin und Projektkoordinatorin ist sie bei „DiKuBi –Diversitätsbewusste Kulturelle Bildung“ an der Akademie Remscheid tätig.

Götting, Michael, ist Autor und Journalist. Er studierte an der Freien Universität in Berlin Neuere deutsche Literatur und Nordamerikastudien, schreibt für Zeit Online, den Tagesspiegel, Deutschlandradio u.a. Am Theater Ballhaus Naunynstraße ist er als Kurator tätig und inszenierte die Performance „Decolonize Bodies! Minds! Perceptions!“ Im Oktober 2015 ist sein Romandebüt „Contrapunctus“ erschienen.

Kelb, Viola, ist Diplom-Pädagogin und Diplom-Sozialpädagogin. Sie ist Studienleiterin der Akademie Remscheid für Kulturelle Bildung und Projektleiterin des Qualitätsverbunds „Kultur macht stark". Nach langjähriger Tätigkeit in der Jugendkulturarbeit, arbeitete sie anschließend von 2005 bis 2013 als Bildungsreferentin bei der Bundesvereinigung Kulturelle Kinder- und Jugendbildung (BKJ). Dort war sie zuständig für Bildungskooperationen von Kultur und Schule sowie lokale Bildungslandschaften.

Keuchel, Susanne, Prof. Dr., war geschäftsführende Direktorin des Zentrums für Kulturforschung (ZfKf), studierte Musikwissenschaft (HF), Germanistik und Soziologie an der Universität Bonn und promovierte an der Technischen Universität Berlin. Sie ist Direktorin der Akademie Remscheid, Honorarprofessorin am Institut für Kulturpolitik der Universität Hildesheim und Dozentin an der Hochschule für Musik und Darstellende Kunst in Hamburg.

Kolm, Eva, Mag. phil., studierte Kultur- und Sozialanthropologie und Pädagogik. Sie hat Ausbildungen zur Kuratorin für Kommunikation im Museum, zur Supervisorin und zur Kursleiterin für Deutsch als Zweitsprache absolviert. Sie ist Projektkoordinatorin bei KulturKontakt Austria in Wien, wo zu ihrem Arbeitsschwerpunkt die Kulturvermittlung in Museen zählt.

Land, Ronit, Dr., geboren in Israel, studierte Tanz, Tanzpädagogik und Tanzwissenschaft in Tel- Aviv, London, New-York und San-Francisco. Bis 1990 war sie Tanzbeauftragte am Bildungsministerium in Israel sowie Tanzredakteurin beim israelischen Rundfunk und TV. Sie leitete außerdem eigene Tanzensembles in San-Francisco, Brüssel, Tel-Aviv und Remscheid. Seit 1990 ist sie Leiterin des Fachbereichs Tanz an der Akademie Remscheid und hat Lehraufträge unter anderem in Israel, in der Türkei, in Frankreich und Deutschland.

Neundlinger, Barbara, Mag. phil., studierte Publizistik und Kommunikationswissenschaft an der Universität Wien. Sie ist Leiterin des Bereichs Kulturvermittlung und des Bereichs Artists-in-Residence-Programm bei KulturKontakt Austria in Wien. Zu ihren Arbeitsschwerpunkten zählen: Kulturelle Bildung, Kulturvermittlung mit Schulen in Österreich, Artists-in-

Residence-Programm, Vernetzung auf EU Ebene zum Thema Kulturelle Bildung.

Pohlmann, Horst, ist Diplom-Sozialpädagoge und Medien-Spiel-Pädagoge (M.A.). Bis 2006 war er in der Fachstelle Medienpädagogik/Jugendmedienschutz des Amtes für Kinder, Jugend und Familie der Stadt Köln tätig. Im Anschluss bis 2015 übernahm er die Co-Leitung von „Spielraum – Institut zur Förderung von Medienkompetenz" am Institut für Medienforschung und Medienpädagogik an der Fachhochschule Köln. Seit 2012 ist er außerdem Dozent für Kulturelle Medienbildung an der Akademie Remscheid für Kulturelle Bildung e.V.

Uslucan, Haci-Halil, Prof. Dr., geboren in Kayseri/Türkei, ist Diplom-Psychologe, M. A. Seit 2010 ist er Wissenschaftlicher Direktor des Zentrums für Türkeistudien und Integrationsforschung sowie Professor für Moderne Türkeistudien und Integrationsforschung an der Universität Duisburg-Essen (W 3). Zu seinen Forschungsschwerpunkten zählen: Intellektuelle Entwicklung im Kindesalter, Interkulturelle Familien- und Erziehungsforschung, Sozial- und kulturpsychologische Forschungen zu Vorurteilen, Stereotypen, Werten, Islam, Gesundheit und Integration von Minderheiten.

Wagner, Ernst, Dr. phil., ist Lehrer und Forscher an der Akademie der Bildenden Künste München sowie am UNESCO Lehrstuhl Kulturelle Bildung, Universität Erlangen-Nürnberg. Seine Arbeitsschwerpunkte sind: Transkulturelle Kunstpädagogik, Lehrerbildung, Kompetenzorientierung, Internationale Kulturelle Bildung.

Waschk, Marietheres, ist Diplom-Sozialpädagogin und Spielpädagogin. Sie führte Spiel- und kulturpädagogische Projekte am Bauspielplatz Friedenspark Köln durch und widmet sich der Abenteuerpädagogik. Sie ist außerdem Dozentin für Spielpädagogik an der Akademie Remscheid für Kulturelle Bildung e.V.

Wimmer, Michael, Dr. phil., ist Direktor der Forschungseinrichtung EDUCULT, Privatdozent an der Universität für angewandte Kunst und Politikberater. Zu seinen Arbeitsschwerpunkten zählen kultur- und bildungspolitische Fragen.